REGISTRAR
BOOKS

戸籍実務相談 III

—明快！解決へのアプローチ—

東京戸籍事務研究会　編

日本加除出版株式会社

発刊に当たって

わが国の戸籍制度は、明治以来、国民の重要な身分関係を登録し公証する制度として、行政上のみならず、国民の生活上においても重要な役割を果たして、今日に至っております。

ところで、近年は、国際交流の活発化、国民の個人情報への意識の高まりや社会の多様化を背景として、市区町村における戸籍事務の取扱いも一層複雑化しております。

毎月発行されている「戸籍時報」誌の「実務相談」コーナーにおきましては、市区町村における戸籍の窓口相談事例や戸籍の事務処理上において生じる種々の疑問について取り上げ、解説がされていますが、それらの事案については、右のような状況が背景にあるように考えられます。

本書は、平成一二年四月に刊行された「続・戸籍実務相談」の続編として、それに掲載された以降の「戸籍時報」№五〇三(平成一一年七月号)から№六〇〇(平成一八年七月号)の間に掲載された事例について、現在の戸籍実務に適応できるように見直したうえ、加筆修正を行い、これを取りまとめたものです。

編集に当たっては、戸籍実務の取扱いについて具体的な事例をあげ「問」と「答」の簡潔な形式で説明することにより、実践的で読者にわかりやすい構成をとるようにしています。

本書が前編の「続・戸籍実務相談―ズバリ・解決へのアプローチ」及び前々編「戸籍実務相談―解決のためのアプローチ」と同様に、戸籍事務に携わる方々の問題解決の一助となれば望外の幸せです。

おわりに、本書の編集に当たり格別のご指導をいただいた日本加除出版株式会社常任顧問の荒木文明先生(元東京法務局民事行政部戸籍課長）及び編集諸氏に対し衷心より感謝の意を表します。

平成一九年一一月

東京戸籍事務研究会

凡　例

一　本書は、月刊「戸籍時報」誌に「実務相談」と題して連載したもののうち、第五〇三号（平成一一年七月号）から第六〇〇号（平成一八年七月号）までの各編中の重要なものを厳選して、これに要旨を付し、その後の法改正等により変更されているものについては現在のものに書き改めたほか、全般の項目について加筆、修正をしてより分かりやすいものにした。また、項目については体系的に分類整理した。

一　文中の（　）内に掲げた引用条文は、条数を「一、二」、項数を「①、②」、号数を「Ⅰ、Ⅱ」と表示して検索の便に供した。例えば、（戸四九②Ⅰ）は、戸籍法第四九条第二項第一号のことである。

一　渉外的設問においては「法の適用に関する通則法」（平成一八年法律第七八号）の施行前の事例の場合、「法例」（明治三一年法律第一〇号）が適用されるため、これを【答】の中に引用するときは「法例」と「法の適用に関する通則法」の条文を併記することとした。

なお、「法例」は、「法の適用に関する通則法」が平成一九年一月一日に施行されたことにより全部改正されたが、「法の適用に関する通則法」は、渉外的親族関係の準拠法を定める条項について、「法例」の規定を現代語化し、一部の条項の配置を変更している。しかし、その実質的な規律自体は「法例」を維持している。

一　法令、先例、判例の引用及び出典については、次の略記法を用いた。

憲……憲法
国……国籍法
国規……国籍法施行規則
民……民法
民訴……民事訴訟法
戸……戸籍法
戸規……戸籍法施行規則
家審……家事審判法
家審規……家事審判規則
非訟……非訟事件手続法
通則法……法の適用に関する通則法
人訴……人事訴訟法
人訴規……人事訴訟規則
標準準則……戸籍事務取扱準則制定標準
任意後見……任意後見契約に関する法律
後見登記……後見登記等に関する法律
韓民……大韓民国民法
韓戸……大韓民国戸籍法
民国民……中華民国民法
昭和三四・四・八民事甲六二四通達
……昭和三四年四月八日付け法務省民事甲第六二四号法務省民事局長通達
平成二・一〇・二〇民二―五二〇〇通達
……平成二年一〇月二〇日付け法務省民二第五二〇〇号民事局長通達
昭和五二・五・一四民二―二六四七回答
……昭和五二年五月一四日付け法務省民二第二六四七号法務省民事局第二課長回答
最高裁昭和二七・一〇・三判決
……最高裁第二小法廷昭和二七年一〇月三日判決
民集……最高裁判所民事判例集
下民……下級裁判所民事裁判例集
家月……家庭裁判月報
訟月……訟務月報
判時……判例時報

目　次

第一　戸籍の記載・編製

第四　認　知

第五　縁　組

第六　離　　縁

第七　婚　　姻

第八　離　婚

第九　親　権

第一〇　未成年後見

第一一　死亡・失踪

第一二　氏の変更

第一三　転　　籍

第一四　戸籍訂正

第一五　追　完

第一六　その他

第一　戸籍の記載・編製

〔1〕外国人配偶者の称している氏に変更した日本人妻から、離婚後にその氏を変更の際に称していた氏に変更した後、婚姻中に出生した子の出生届と子が母と同籍する旨の入籍届がされた場合について

【問】　はじめまして、私はH区役所において戸籍事務を担当している者です。

今般、外国人夫と離婚した日本人妻から、離婚中に出生した子の出生届と子が母と同籍する旨の入籍届の届出がされました。出生子Aの日本人母甲女は、外国人乙男（アシュイン、ライアン）と婚姻と同時に戸籍法第一〇七条第二項の届出により、「丙野」の氏を外国人夫の氏「アシュイン」に変更し、その後にAを出産していますが、出生届は未了のまま父母は裁判上の離婚をし、甲女は離婚届と戸籍法第一〇七条第三項の届出を当H区長にし、同届書に基づいて戸籍の記載がされています。

なお、右の記載は、甲女の戸籍に他の在籍者がいないことから新戸籍は編製せず、戸籍事項欄にその旨が記載されています。

しかし、その後、前記の出生届と出生子が母と同籍する旨の入籍届がされました。この場合、どのように処理すればよいのか、ご教示願います。

【答】 一 父母の婚姻解消後になされた出生届について

出生届は、出生子（事件本人）が嫡出子であるかどうかを必ず届書上で明らかにしなければならないとされています（戸四九②Ⅰ）。また、民法上の嫡出推定を受ける子（民七七二）については、その夫との間の嫡出子として届出をすることとされています（昭和二四・九・五民事甲一九四二回答）。

そして、嫡出子であるか、嫡出でない子であるかによって届出義務者が異なり（戸五二①②）、入籍すべき戸籍についても、嫡出子は父母の氏を称して（民七九〇①）父母の戸籍に入籍すべきものとされ（戸一八①）、嫡出でない子は母の氏を称して（民七九〇②）母の戸籍に入籍するとされています（戸一八②）。

なお、父母が婚姻中に出生した嫡出子で、父母の婚姻が解消した後にされた出生届の場合は、父母が在籍していた戸籍（婚姻解消当時の戸籍）に入籍することになります。

しかし、婚姻解消当時の戸籍が全員除籍で除かれている場合において、筆頭者である父又は母が、子の出生前に他籍に入籍しているときは、出生子をいったん同戸籍に入籍させると同時に、子について新戸籍を編製し、その戸籍に入籍させる取扱いです（昭和三八・一〇・二九民事甲三〇五八通達）。この場合、出生届書の「その他」欄に、父母離婚当時の戸籍は、出生前に除かれているため、出生子につき、同戸籍にいったん入籍させると同時に除籍し、同所同番地に新戸籍を編製する旨の記載をすることとなります。

二 入籍届について

入籍とは、広義には、新たに既存又は新設の戸籍に入ること、狭義には、ある戸籍から他の戸籍に入ることをいいます。入籍の届出の場合の入籍とは、ある戸籍から除籍されて他の戸籍に記載されることをいい、特に子が父又は母と氏を異にする場合に、父又は母の氏を称してその戸籍に入ることをいいます。子が父又は母の氏を称するためには、原則として、家庭裁判所の許可を得て、かつ、戸籍法第九八条の規定によって入籍の届出をしなければなりません（民七九一①）。

父又は母の氏を称する入籍の届出及び成年に達した子の復氏のための入籍の届出は、いずれも戸籍法に規定されている入籍届です。なお、父母（父又は母）と同氏の子が、戸籍を異にしている場合に、父母と同籍する旨の入籍届が戸籍の先例上認められています（昭和五九・一一・一民二―五五〇〇通達第２の４(2)イ・第２の４(1)カ、昭和六二・一〇・一民二―五〇〇〇通達第３の４(2)・第４の２(2)等）。この場合の届出は、家庭裁判所の許可は要しません。

三　戸籍法第一〇七条第三項の届出について

外国人と婚姻した日本人が、その氏を外国人配偶者の氏に変更した（戸一〇七②）後、婚姻を解消した場合に、社会生活上、変更前の氏を称することを望むことが多々あります。また、その必要性も強いと考えられます。

したがって、一般的に氏変更のやむを得ない事由があるものと認め、婚姻解消の日から三か月以内に限り、家庭裁判所の許可を得ることなく、その氏を変更の際に称していた氏に変更する旨の届出をすることができるとされています（戸一〇七③）。この変更届が許される第一の要件は、戸籍法第一〇七条第二項の氏変更の届出をした際に称していた氏に限定されます。したがって、他の氏に変更するようなことを希望する場合には、氏変更の原則（戸一〇七①）に戻り家庭裁判所の許可を得ることが必要となります。

第二の要件は、外国人との婚姻解消の日から三か月以内に限られています。婚姻解消後に相当期間にわたり婚姻中の氏を使用した場合には、氏変更をする必要性が乏しいものと推定されるからです。本項の氏変更の届出は、前記の期間内であれば、いつでもすることができますが、婚姻解消の日から三か月を経過した後において、本項の氏変更の届出をしようとする場合には、やはり氏変更の原則から、家庭裁判所の許可を得ることが必要とされます。

右の氏変更による戸籍の処理については、届出人の他にその戸籍に同籍者がいない場合には、戸籍事項欄に氏の変更事項を記載し、筆頭者氏名欄の氏の記載を更正します。しかし、この氏変更の届出の効果は届出人のみについて生ずるものであり、他の者に影響をおよぼさないとされています(前掲民二―五五〇〇通達第2の4(2)イ)。したがって、届出人の戸籍に同籍者があるときは、届出人についてのみ新戸籍を編製することになります（戸二〇の二①）。この場合に、氏変更前の戸籍に在籍している子については、呼称上の氏は異なりますが、民法上の氏は同じですから、変更後の日本人配偶者の新戸籍に入籍させるのであれば、前記**二**で述べた先例が認める同籍する旨の入籍届によって入籍することになります（前掲民二―五五〇〇通達第2の4(2)イ）。

四　本問についての検討

では、本問を検討してみましょう。

まず、出生届についてですが、甲女は、婚姻解消前に嫡出子のAを出生していますので、Aは出生当時の母の氏である「アシュイン」を称し母の婚姻中の戸籍へ入籍することになります。

ところが、Aの出生当時の母の戸籍は、Aの出生届の届出以前に、母は離婚し、離婚の届出と同時に外国人との離婚による氏変更届（戸一〇七③）によって「アシュイン」の氏から「丙野」の氏に変更しています。本問の場合、母の氏変更当時は、子Aの出生届がされていないため母甲女の戸籍に他に同籍者がいなかったことから、氏変更をしても新戸籍を編製することなく、戸籍事項欄に氏の変更事項を記載する取扱いがされています。

そこで、本問の子Aが入籍すべき戸籍について検討しますと、甲女の現在戸籍以外にはないことになりますが、前述のとおり子Aの称する氏と、甲女の氏変更後の氏とは、民法上の氏は同一でも呼称上の氏は異なっていますので、同戸籍にそのまま子Aを記載（入籍）することはできません。

このような場合には、戸籍法第一一三条又は同法第二四条第二項の戸籍訂正手続により、甲女の戸籍の離婚による氏変更に関する記載を消除し、その戸籍に子Aを入籍させ、母甲女については、氏変更による新戸籍を編製する取扱いとなります（昭和六〇・五・二二～二三第三七回四国地区連合戸籍事務協議会決議、昭和六〇・一一・二九戸第三二九号高松法務局長変更指示）。

なお、その後に母と同籍する旨の入籍届の処理をすることになります。

〔2〕 日本人女と婚姻中の日本人男から、同女と婚姻前にフィリピン人女と同国の方式により婚姻した旨の婚姻の証書謄本の提出、フィリピン人女の死亡届及び同女との間の子の出生届の届出がされた場合の戸籍の処理方法について

【問】 日本人甲男は、平成一一年一月一〇日にフィリピン人A女と同国の方式により婚姻しましたが、証書謄本は提出していませんでした。同年一〇月一〇日に長男Bが出生し、甲男は、A女と長男Bを連れて帰国するつもりでしたが、A女は日本での生活を望まないため、同女とは不仲になり、平成一二年三月単身帰国しました。

甲男は、帰国後、上司に紹介された日本人乙女と平成一二年七月一日に婚姻届をし、甲男を筆頭者とする新戸籍が編製されました。平成一三年三月には乙女との間に子が出生するため、甲男は、A女及び長男Bとの関係をきちんとしようと思い平成一二年一一月三〇日にフィリピン国にA女を訪ねたところ、A女は同年一〇月一日に甲男との間の子C（二男）を出生後、同月五日に死亡していました。A女には親族がいないため、甲男は、B、Cの二人の子供を連れて帰国しました。

同年一二月二〇日甲男は、乙女が右の事情について納得したので同女とは離婚しないままで、A女との婚姻証書の提出、A女の死亡届及び子B及びCの出生届をしたいとして、同男の住所地の当市役所に届出等の手続に来ました。各届書にはフィリピン国発行の証明書及び日本語訳文が添付されています。

これらの届出がされたとき、どのように処理すればよいでしょうか。

【答】　一　甲男とA女の婚姻届について

渉外的婚姻による準拠法については、法例第一三条（現行の通則法二四）に規定されており、実質的要件については、婚姻当事者の各々の本国法、形式的要件である方式については、婚姻挙行地の法律又は婚姻当事者の一方の本国法によることとされています。つまり、実質的要件については、甲男については日本民法が、A女については、フィリピン家族法が適用されます。形式的要件について、本問の場合は、日本法、フィリピン法、婚姻挙行地法のいずれかが適用されます。

本問においては、婚姻挙行地法でありA女の本国法でもあるフィリピン法を適用して婚姻が成立した旨の婚姻証明書が発行されていますが、婚姻が当然無効をきたすような実質的成立要件の欠缺がある場合は、受理することができないので（昭和五・九・二九民事八九〇回答）、戸籍法第四一条証書として受理するためには、各々の本国法について審査する必要があります。

まず、甲男の本国法である日本民法では、婚姻の要件として、婚姻当事者間に婚姻意思がなければならず、その意思を欠いているときは、婚姻は無効です（民七四二Ⅰ）。また、同法第七三一条ないし第七三六条において、婚姻適齢に達していること、重婚でないこと及び近親者間の婚姻でないこと等の要件が定められており、これに反したときは、取消原因になります（民七四四）。

次に、A女の本国法であるフィリピン家族法では、婚姻の要件として、男女双方が法定の行為能力を有すること及びその男女が自由意思により婚姻の合意をすることとされ（フィリピン家族法二）、同法第三五条以下において、婚姻の無効、取消しについて規定されています。婚姻適齢に達していないとき、重婚であるとき等は、その婚姻は無効であるとされています（フィリピン家族法三五）。

フィリピン人A女がその本国で婚姻を成立させていることから、A女の婚姻に無効原因、取消原因はないと考えられますので、この婚姻について証書の謄本が提出されたときは受理できることになります。

二　A女の死亡届について

外国人は、戸籍に記載されませんし、外国で死亡した外国人については、戸籍法は適用されないので、死亡届をする必要はありません。しかし、日本人の配偶者である外国人が死亡したときは婚姻が解消するので、日本人の戸籍の身分事項欄にその旨を記載しなければなりません（戸規三六①）。

そこで、本問の場合もA女は外国で死亡した外国人ですが、甲男の戸籍に、配偶者死亡による婚姻解消事項の記載をする必要がありますので、A女の死亡届は婚姻解消事項記載申出書として受理することになります（昭和二九・三・一一民事甲五四一回答）。

三　子の出生届について

長男は、甲男とA女の嫡出子であるので、出生により、日本国籍（国二Ⅰ）とフィリピン国籍（フィリピン共和国憲法一Ⅱ）を取得しましたが、日本の国籍を留保する意思表示をする三か月の期間を経過しているため、出生の時にさかのぼって日本国籍を喪失しています（国一二、戸一〇四）。

したがって、長男は外国で出生した外国人ということになりますから、その出生届は受理することができません。長男を甲男の戸籍に入籍させるためには、同人の法定代理人である親権者甲男（法例二一（通則法三二）、フィリピン家族法二一一）が、法務大臣に同人の日本国籍の再取得（国一七）の届出をして国籍を取得した上、国籍取得届（戸一〇二）をすることになります。

二男については、長男と同様に出生により日本国籍とフィリピン国籍を取得しておりますが、出生後三か月を経過していないので、出生届とともに日本国籍を留保する旨の届出をした場合は、受理されることになります。この場合、父母との続柄欄の記載は、外国籍の兄は戸籍に記載されませんが、父母を同一とする嫡出子ですので、二男となります（昭和二三・一〇・一四民事甲一二六三通達）。

四　甲男と乙女の婚姻について

前記一のことから、乙女との婚姻は重婚となる（民七三二）ので、この婚姻は、取消原因になります（民七四三・七四四）。

重婚の場合の取消請求権者は、各当事者、その親族又は検察官（ただし、検察官は、当事者の一方が死亡した後は、これを請求することができない。―民七四四①）、及び当事者の配偶者又は前配偶者とされています（民七四四②）ので、本問の場合は、甲男、乙女、甲男乙女の親族、検察官、A女（生存している場合）が婚姻取消しの請求をすることができます。

なお、A女の死亡によって重婚は解消しましたが、重婚の禁止違反の婚姻取消請求権は法文上は消滅する規定がありません。しかし、裁判例は、前婚が相手方当事者の死亡又は離婚によって解消され、その後も後婚が存続している場合については、後婚の違法性は解消時から将来に向かって治癒され、後婚は取り消すことはできないとしたものがあります（東京地裁昭和三六・一二・二〇判決・下民一二巻一二号三〇六七頁）。

五　甲男と乙女の出生予定の子について

甲男と乙女の婚姻は重婚ですが、それは無効原因ではなく、取消原因ですので、婚姻当初から無効になるのではなく、婚姻は取り消されるまで有効ということになります。

したがって、仮に子の出生前に婚姻が取り消されたとしても、平成一三年三月に子が出生すれば、婚姻成立の日から二〇〇日後、婚姻取消後三〇〇日以内の出生子となりますので、民法第七七二条第二項により嫡出子となり、甲男の戸籍に甲男乙女の長男（長女）として入籍することになります。

六　結論

以上のことから、本問の場合は、乙女と離婚しなくてもA女との婚姻証書謄本の提出は受理できること、A女の死亡届は外国で死亡した外国人なので死亡届としては受理できませんが、甲男の婚姻解消事項記載の申出書として受理できること、長男の出生届については、日本国籍留保の届出期間（三か月）を経過しているので、出生により取得した日本国籍を既に喪失しているため受理できませんが、法務大臣に届け出ることにより日本国籍を取得できること、二男の出生届については、外国で出生し、母の国籍を取得しているので、日本国籍を留保する旨の記載をすれば、国籍留保期間（三か月）を経過していないので受理できることになります。

なお、乙女との婚姻は重婚となり、重婚の禁止違反の婚姻取消請求権は法文上の消滅規定がないものの、A女が既に死亡し前婚が解消しているので、実質的には、後婚である乙女との婚姻の違法性は治癒され、もはや取り消すことはできないと解されます。

最後に、戸籍の処理について考えてみたいと思います。甲男については、乙女との婚姻により編製された戸籍（戸一六①）があります。そこで、それ以前に成立しているA女との婚姻証書謄本の提出により、改めてA女との婚姻で新戸籍を編製した上で（戸一六③）、乙女との婚姻事項を移記する等の戸籍訂正をするのが原則的な取扱いと考えられます。しかし、甲男については、A女との婚姻によって氏の変動がなく、また、既に乙女との婚姻により甲男を筆頭者とする新戸籍が編製されていること等を考えると、右のような原則的な取扱いをするまでもなく、A女との婚姻事項及び婚姻解消事項を、便宜、甲男の現在戸籍の身分事項欄に記載することで差し支えないと考えます。また、二男については、出生届により甲男の現在戸籍に入籍させることになります。

〔3〕 受理地の市区町村長から、当事者の一方の本籍地の市区町村長に送付した婚姻届書が未着となり、一方当事者の戸籍に婚姻による除籍の記載がされていない場合の戸籍訂正について

【問】　A区の山田正を筆頭者とする戸籍に在籍する山田太郎と当区（B区）の川野博を筆頭者とする戸籍に在籍する川野花子が、夫の氏で、新本籍地をA区と定め、平成五年一〇月一〇日に婚姻の届出をA区長にしました。ところが今般、当区の川野博戸籍について、花子の婚姻による除籍の記載がされていないことが本人からの申出により判明しました。

川野花子の婚姻による除籍事項を記載するためには、どうしたらよいでしょうか。A区の戸籍受附帳には、当区に届書を送付した旨の記載があり、新戸籍も編製されています。また、当区の戸籍は平成一二年五月一日にコンピュータ化されています。

【答】　**一　届書の未着について**

戸籍の記載は、届出、申請等が受理され、これに基づいてされるのが原則です（戸一五）。したがって、他の市区町村長において戸籍の記載をすべき必要がある場合には、当該届出書、申請書等（以下「届書等」という。）を受理した市区町村長は、遅滞なく届書等の一通を他の市区町村長に送付しなければなりません（戸規二五・二六等）。

また、こうした届書等の未着事故を未然に防止するための方策として、届書等が送付先の市区町村に到達したかど

うかを確認する取扱いを積極的に推進することとした民事局長通達も発出されています（平成七・一二・二六民二一四四九一通達）。

なお、届書の通数については、戸籍法第三六条により、戸籍の記載を要する市区町村と同数を必要とし、また、本籍地外で届出するときは、さらにもう一通提出することとされていますが、平成三年一二月二七日民二第六二一〇号民事局長通達により、届書の一通化を積極的に実施するものとされているので、届出人が一通のみ提出したときは、他の関連市区町村へ送付する分の届書については、受理した市区町村長において届書の謄本を作成し、送付することになります（戸三六③）。

本問は、受理地の市区町村長から妻の本籍地の市区町村長へ送付した届書が、未着のために戸籍に婚姻による除籍の記載がされなかった場合ですが、先例を参考にしつつ、このような場合における戸籍事務等の取扱いについて整理してみたいと思います。

二　届書が未着の場合の取扱い

市区町村長間において届書等の送付がされる場合の規定をみますと、婚姻、離婚、養子縁組、養子離縁、分籍、転籍等により、事件本人の本籍が他の市区町村に転属する場合については、戸籍法施行規則（以下「規則」という）第二五条により、届出又は申請を受理した市区町村長は、戸籍の記載をした後に、遅滞なく届書等の一通を、戸籍の記載をすべき他の市区町村長に送付しなければならないこととされています。本籍の転属には、①届出等を受理した市区町村から他の市区町村に対する転属、②他の市区町村から届出等を受理した市区町村に対する転属、③他の市区町村間の転属があります。

本問の婚姻届の場合は、A区に本籍を有する山田太郎については、本籍の転属は生じませんが、川野花子は婚姻届によりB区の戸籍から除かれてA区の新戸籍に入籍することになりますので、本籍がB区からA区に転属することになり、結果として②の場合に該当します。

さて、これら他の市区町村長へ送付すべき届書が未着の場合における戸籍事務の取扱いを大別すると、戸籍の記載は、前述のように届書等によることとなりますから、届書が保存されている場合は、その届書の送付を受けることになります。また、既に届書が廃棄されている場合には、戸籍受附帳の写しとともに既に他の本籍地で記載済みの戸籍の謄本の送付を受けて戸籍の記載をすることになります。以下、本問における婚姻の届書が保存されている場合と、その届書が既に廃棄済み等によって現存してない場合とに分けて整理してみます。

㈠　届書が保存されている場合

①届書の送付（再送付を含む。）について

受理地の市区町村長は当該届書の謄本を未着地の市区町村長へ送付します。この送付を受けた未着地の市区町村長は、戸籍受附帳へ送付分として記載した後、一般の届書が送付された場合と同様に戸籍に記載します。受理地が前記の**二**の本籍転属の①及び②の場合は、受理した市区町村も本籍地となりますので、届書は、受理地において戸籍記載後、管轄法務局へ送付され、二七年間保管されていることになります（戸規四九②）。そこで、受理地の市区町村長から届書を再送付するに当たっては、管轄法務局に保管中の届書に基づいて謄本を作成し、当該届書の謄本に戸籍事務取扱準則制定標準（以下「標準準則」という）第三五条の規定、つまり、送付日と受理者の表示をして送付することになります。なお、戸籍受附帳の備考欄には発送日を記載することになります。万一、郵送事故により再発送する場合は、その旨も記載することになります。

また、受理地が前記の**二**の③の場合、当該届書は、非本籍地で受理されることになりますが、この場合、非本籍地の市区町村長は、受理した届書等の一通を一年間保存するものとされています（戸規四八③）。したがって、当該届書の謄本を作成した上で、これを本籍地の市区町村長に送付することになります。送付を受けた市区町村長の処理については、本籍地の市区町村長から送付を受けた場合と同様に処理することになります。

②戸籍受附帳の処理

本籍分の届書の送付を受けた場合として通常の処理をすることとなります。

③記載例

届書が未着の場合で、届書の謄本の再送付があった場合、送付の年月日は、届書謄本が再送付された日を記載することになります。したがって、受理日から長い年月を経ている場合でも、届書が当時送付されていてその記載を遺漏している場合とは異なり、再送付の日をもって記載することになりますから、その結果通常の送付の場合と同様の記載となります。

なお、届書謄本の送付を受けて戸籍の記載をする場合は、過去には記載の原因である「届書謄本送付」の旨の記載をすることとされていたこともありましたが、実益に乏しいという理由から現在は記載しなくてもよい取扱いとなっています（昭和三六・九・一一民事甲二一九八回答）。

また、届出人から要請があった場合には、戸籍の記載の遅延事由を記載する取扱いとなっています。本問について、その要請がされた場合は「平成五年拾月拾日山田太郎と婚姻届出東京都A区長から届書送付未着につき平成拾五年○月○日再送付同区○○丁目○○番地に夫の氏の新戸籍編製につき除籍㊞」の振合いにより記載することになります（昭和五五・三・二六民二―一九一四通知、昭和五九・三・五民二―一二三六通知）。

(二)　届書が廃棄されている場合

この婚姻届書が既に廃棄されていて届書謄本を作成することが不可能な場合は、戸籍受附帳や関係戸籍謄本により、戸籍の記載ができる場合には、それらの送付を受けて戸籍に記載することになります。

この場合の戸籍受附帳の記載及び戸籍の記載については、届書が保管されている場合に準じます。

三　本問の検討

以上に述べた処理の手続を踏まえて本問を検討してみることにします。

婚姻届は平成五年に提出されていますから、届書は、A区を管轄する法務局において保管されています。したがって川野花子からの申出を受けたB区長は、届書を受理したA区長へ連絡し、A区長は当該届書の謄本をB区長へ送付するために、管轄法務局に保管されている届書に基づいて届書の謄本を作成して送付することになります（昭和二六・八・七民事甲一六一〇回答）。そしてこれに標準準則第三五条に規定する所定の記載をし、これをB区長へ送付することになります。なお、届書謄本の作成については、管轄法務局の長が証明した届書謄本でも足りるとされています（昭和九・一二・六民事甲一六三〇回答、昭和二六・一一・六民事甲二〇九五回答、昭和二七・一・三一民事甲四四回答）。したがって、この場合は、A区長は、管轄法務局の長へ当該届書の謄本交付を請求すればよいことになります。B区における川野花子が在籍する戸籍は、平成一五年にコンピュータ化されていますが、前述したとおり、届書謄本が送付された日をもって戸籍に記載することになりますので、川野花子の戸籍記載に当たっては、コンピュータ戸籍にのみ、婚姻による除籍の記載がされることになります。

参考までに、記載例を挙げると次のとおりです。

例

身分事項 婚　　姻	 【婚姻日】平成５年１０月１０日 【配偶者氏名】山田太郎 【送付を受けた日】平成１５年○月○日 【受理者】東京都Ａ区長 【新本籍地】東京都Ａ区○○町○丁目○番地 【称する氏】夫の氏

遅延事由の記載の申出がある場合は、次のとおり記載します。

【特記事項】東京都Ａ区長からの届書送付未着につき再送付

〔4〕 嫡出でない子の続柄更正に伴う戸籍の再製と戸籍法第一一条の二第一項の申出による再製を同時にする場合について

【問】 A男とB女は、平成一五年三月五日にB女の氏を称して婚姻しました。また、A男は婚姻届と同時に、B女の嫡出でない子であるC男を認知し、その結果C男は認知準正によりA男とB女の嫡出子となりました。

しかしその後、同年一二月一日にA男とB女は協議離婚をし、さらに、平成一六年二月三日に認知無効の裁判も確定した結果、同月一〇日に戸籍法第一一六条に基づく戸籍訂正がされ、C男はB女の嫡出でない子として「父母との続柄」欄も「長男」から「男」へと訂正されました。

今般、B女が、本籍を置いている当区役所の窓口にやって来て、C男の「父母との続柄」欄を「男」から「長男」への更正申出をするとともに、戸籍も再製して欲しいとの相談がありました。

この場合の再製方法はどのようにしたらよいでしょうか。

【答】 一　**嫡出でない子の続柄更正に伴う戸籍の再製について**

平成一六年一一月一日に戸籍法施行規則の一部を改正する省令(平成一六年法務省令七六号)が公布、施行されるとともに、「嫡出でない子の戸籍における父母との続柄欄の記載について」の通達(平成一六・一一・一民一―三〇〇八通達)が発せられたことにより、嫡出でない子の「父母との続柄」欄の記載方法が改正されました。

この通達により、嫡出でない子の出生届がされた場合は、子の父母との続柄は、母との関係のみにより認定し、母が分娩した嫡出でない子の出生の順により、嫡出子と同様「長男（長女）」、「二男（二女）」と記載することに改められました（前掲民一－三〇〇八通達1）。

一方、既に戸籍に記載されている嫡出でない子については、その父母との続柄である「男（女）」の記載を「長男（長女）」、「二男（二女）」等の記載に更正する申出があったときは、戸籍の記載を更正できることとなりました（前掲民一－三〇〇八通達2）。この場合、更正の申出ができる者は、事件本人（事件本人が一五歳未満のときは、法定代理人）か母（事件本人が一五歳以上の場合で、母が事件本人と同一戸籍に在籍するとき又は在籍していたときに限られる。）であり、対象となる戸籍は現在戸籍のみとなっています。

右の申出がされたときは、事件本人の身分事項欄に更正事項を記載し、父母との続柄欄を改めることになります。また、当該戸籍の再製の申出があったときは、再製することができるものとされました。再製申出の申出人は続柄更正の申出人に限られ、この続柄更正をしたことに伴う再製は戸籍法第一一条の滅失のおそれがある戸籍の再製の手続に準じることになります（前掲民一－三〇〇八通達4）。

再製戸籍の記載については、続柄欄の更正に係る事項は移記をしないことになります。

また、再製原戸籍の記載事項中に、重要な身分事項以外の事項が誤って移記されている場合や、誤って移記した事項を過誤として戸籍訂正により消除しているものについては、その記載は移記省略してよい（昭和三三・一〇・二八民二－五一七回答）とされています。さらに、市区町村長限りで訂正した事項については、すべて訂正後の事項を移記すれば足り、市区町村長の過誤により誤ってされた戸籍記載及びその訂正に関する記載は移記しないことになります（昭和三六・八・七民事甲一九四三回答、昭和四六・一二・二一民事二発一五五五通知）。

しかしながら原則としては、滅失のおそれがある戸籍の再製に準じることから、その他の再製原戸籍の記載事項はすべて移記することとなり、戸籍法施行規則第三九条に規定されている移記すべき重要事項以外の事項であっても移記することになります。

二　申出再製について

戸籍法第一一条の二による申出再製の手続は、虚偽の届出等により不実の記載がされた場合に対応するために、平成一四年法律第一七四号によって同条が新設され、さらに同年一二月一八日民一第三〇〇〇号民事局長通達が発出されたことによって制度化されました。これによって虚偽の届出等によって不実の記載がされ、その記載は戸籍訂正手続によって訂正された場合であっても、依然として訂正事項が残っている戸籍については、当該戸籍の公証機能が阻害されるとともに、国民感情にも沿わないことから、当事者から訂正事項の痕跡が残らない戸籍に再製して欲しいとの申出があったときは、再製ができるようになりました。

申出再製の対象となる戸籍は、戸籍法第一一条の二の規定から①虚偽の届出等若しくは錯誤による届出等又は市区町村の過誤によって記載がされ、かつ、その記載につき戸籍法第二四条第二項、第一一三条、第一一四条又は第一一六条の規定によって訂正がされた戸籍、又は、②市区町村長が記載をするに当たって文字の訂正、追加又は削除をした戸籍となります。

申出は、不実の記載について訂正がされた当該戸籍の在籍者すべてが申出人となることができます。

三　本問の検討

本問においては、子C男は、B女の嫡出でない子として出生しましたが、認知準正によっていったんは、A男とB女の嫡出子と記載されていました。その後、認知無効の裁判が確定したため、B女の嫡出でない子として、「父母との続柄」欄は「男」と訂正されていることから、嫡出でない子の父母との続柄の更正の申出の対象となる戸籍になります。また、申出ができるのは事件本人か母となりますが、本問では、同籍の母Ｂ女が申出をしていることから、Ｂ女が子Ｃ男の続柄更正の申出とそれに伴う再製の申出ができることになります。

このことにより、まず、子Ｃ男の戸籍の身分事項欄に更正事項を記載し、続柄欄が「男」から「長男」へと更正されます。

ここで、続柄更正に伴う戸籍の再製だけをすると、続柄を更正した事項は、再製後の戸籍には記載されないことになりますが、その他、認知無効による訂正事項は、続柄更正に伴う再製の手続では移記を省略することができないため、そのまま残ってしまうことになります。

認知無効により訂正された戸籍は、虚偽の届出等によって戸籍の記載がされ、それについて戸籍法第一一六条の訂正がされていますので、戸籍法第一一条の二第一項の要件を満たしているため、同項に基づく申出によって訂正事項が記載されていない再製ができることになります。母Ｂ女は子Ｃ男と当該訂正された戸籍に同籍していますので、Ｂ女は申出再製の申出人となることができます。

したがって、本問においては、嫡出でない子の続柄更正の申出をするとともに、再製については、続柄更正による再製の申出及び戸籍法第一一条の二による再製の申出をすることになります。なお、申出書は各別にすることなく、一件の申出書について二つの項目を列記することで足ります。

四　申出を受けた後の市区町村及び法務局での再製の手続について

戸籍法第一一条の二の申出再製の手続は、滅失のおそれがある戸籍の再製に準じて行うこととされていますが、処理の迅速化を図るために、市区町村長から管轄法務局等に対する報告に際して再製案が提出されているときは、管轄法務局等の長は再製の指示とともに調査完了の通知をすることができるとされました。この取扱いは、申出再製について認められた方法ですが、本件の場合は、対象となる戸籍が同一なので手続を二度に分ける必要はなく、続柄更正に伴う再製も同時に行うことになるので、再製原因を列記した上、一つの再製報告書で報告して差し支えありません。また、事務処理の迅速化を図る観点から、可能な限り再製案を報告とともに提出することが望ましいところです。

再製案の記載について検討してみますと、続柄更正に伴う再製の記載例は、再製戸籍の戸籍事項欄に「平成　年　月　日再製㊞」、再製原戸籍の同欄に「平成　年　月　日再製につき消除㊞」と記載します。

一方、戸籍法第一一条の二第一項の申出再製においては、再製戸籍の同欄に「平成　年　月　日再製㊞」、再製原戸籍の同欄に「平成　年　月　日戸籍法第一一条の二第一項の規定による再製につき消除㊞」と記載します。

しかし、それぞれの再製制度は、続柄の記載の更正事項や虚偽の届出による不実な記載、市区町村長の過誤による記載を残さないという趣旨から生まれたものであることからすれば、各再製の申出が連続して提出されているときには、これらをまとめて取り扱ったとしても問題はないと考えられます。

両者の記載例は異なっていますが、続柄更正に伴う再製の場合には、続柄の更正による再製である旨を記載することとはされていないことからすれば、戸籍法第一一条の二第一項の申出による再製である旨を戸籍事項欄に示すだけで特段の問題はないものと思われます。

〔5〕嫡出でない子の父母との続柄の記載が更正された後、子の父母が婚姻をしたことにより当該子が準正嫡出子となった場合の戸籍の再製について

【問】平成一〇年に出生し、父から認知を受けた嫡出でない子について、父母の続柄が「男」と記載がされていましたが、平成一六年一一月一日民一第三〇〇八号民事局長通達2に基づき、親権者の母からの申出により父母との続柄が「長男」と更正されました。
今般、当該子の父母が婚姻したことを受け、子は準正嫡出子となりましたが、このような場合、前記の通達4によって再製ができるでしょうか。

【答】一　**戸籍における嫡出でない子の父母との続柄欄の記載について**

父母との続柄欄の記載については、父母を同じくする嫡出子は、出生の順序に従い、「長男（長女）」、「二男（二女）」等と記載し（昭和二二・一〇・一四民事甲一二六三通達）、嫡出でない子については、単に「男（女）」と記載されていました。ところが、東京地方裁判所平成一六年三月二日判決（訟月五一巻三号五四九頁）において「父母との続柄欄における嫡出子と非嫡出子とを区別した記載は、戸籍制度の目的との関連で必要性の程度を超えており、プライバシー権を害している。」旨の指摘がされたのをはじめ、父母との続柄を改めたいとする国民からの要望等を踏まえ、平成一六年一一月一日に戸籍法施行規則の一部を改正する省令（法務省令第七六号）が公布、施行されました。また、同時に、嫡出でない子の戸籍における続柄欄の記載について、同日民一第三〇〇八号民事局長通達（以下「第三〇〇八号通達」という。）が

発出され、嫡出でない子の父母との続柄欄の記載方法が以下のとおり改正されました。

①嫡出でない子の出生届がされた場合、子の父母との続柄は、父の認知の有無にかかわらず、母との関係のみにより認定し、母が分娩した嫡出でない子の出生の順に「長男（長女）」、「二男（二女）」等と記載されることになりました（第三〇〇八通達１）。

②既に戸籍に父母との続柄が「男」、「女」と記載されている嫡出でない子について、嫡出でない子である本人（本人が一五歳未満の時は法定代理人）又は母（本人が一五歳以上で母が本人の現在戸籍に在籍するとき又は在籍していたときに限るものとする。）から、父母との続柄を「長男」、「長女」等の記載に更正する申出があった場合は、市区町村長限りで父母との続柄を更正をすることができるようになりました（前掲三〇〇八通達２）。さらに、申出人から当該更正に係る事項の記載のない戸籍の再製の申出がされたときは、滅失のおそれがある戸籍の再製の手続（戸規九）に準じて再製ができることになりました（第三〇〇八通達４）。

なお、この申出の対象戸籍は、当該子の現在戸籍のみで従前に在籍していた戸（除）籍は、対象にはなりませんので、留意する必要があります。また、父母との続柄の認定をするにあたり疑義があるときは、管轄法務局の長の指示を求めた上で処理することになります。

二　父母との続柄が申出により更正されたことにより、当該戸籍の再製の申出がされた場合の取扱いについて

さて、第三〇〇八号通達に基づき、続柄の更正申出がされた戸籍の記載と、その後に再製された戸籍の記載については、後掲の【**例１～４**】のとおりになります（第三〇〇八号通達２(5)参照）。

第三〇〇八号通達による再製は、父母との続柄の更正に係る事項の記載のない戸籍に再製をしてほしい旨の申出があった場合に限られますので、当該更正に係る事項について移記はされません。

したがって、再製戸籍には、単に再製した日付と、父母との続柄は、「長男」と記載がされることになります。ところで、父母の続柄について、この再製戸籍に記載がされる「長男」と再製前の戸籍の「長男」の記載は、同一の表記ではありますが、第三〇〇八号通達により、嫡出でない子について「長男」と記載がされても、当該子が民法上の嫡出子の身分を取得したことにはなりません。つまり、再製後に「長男」の記載がされても、嫡出でない子であることに変わりがありません。

三　本問について

前記**二**で説明したとおり、第三〇〇八号通達1により嫡出でない子として出生の届出がされ、父母との続柄が「長男」と記載がされた場合、又は同通達2により父母との続柄欄の記載が「長男」と更正された場合であっても、嫡出でない子であることに変更がないので、その後に、嫡出子の身分を取得した場合には、戸籍法施行規則（以下「規則」という。）附録第七号記載例及び同規則付録第二五号記載例（法定記載例一五・一六・七八・七九・八〇）に基づき続柄の訂正を要することになります（第三〇〇八通達2(7)、「戸籍時報」五九六号七九頁問一〇）。したがって、本問における当該子についても父母の婚姻により嫡出子の身分を取得することになりますので、父母との続柄は、法定記載例七八により「長男」に訂正されることになります（後掲【例5、6】参照）。

また、当該子は、前記**一**②の要件を満たしているので、申出があれば、子の在籍する戸籍は再製されることになります。

ところで、この第三〇〇八号通達による再製は、更正に係る事項のない再製の申出になりますので、再製後の戸籍は、当該更正に係る事項の移記はされません。しかしながら、同通達に基づく再製の手続は、滅失のおそれのある再製に準じることから、再製原戸籍の記載事項は、当該更正に係る事項以外の事項については、原則としてすべて移記されることになります。つまり、規則第三九条に規定されている移記すべき重要事項以外の事項であっても移記をすることになりますので、父母との続柄が①嫡出子でない子としての「男」から「長男」に更正され、その後に、②準正により父母との続柄が嫡出子としての「長男」に訂正された場合、父母との続柄が「男」と記載されていた事項以外はすべて移記事項となります。

この場合の再製後の戸籍は後掲**【例7、8】**のとおりになります。

①続柄の更正申出がされた戸籍（紙戸籍の場合）

【例1】再製原戸籍

再製原戸籍

本籍　○○市○○区△町一丁目一番地

氏名　山川梅子

平成○年○月○日編製㊞
平成○年○月○日再製につき消除㊞

平成拾年○月○日○市○区で出生○月○日母届出入籍㊞
平成拾壱年○月○日□市□区○町一番地乙川一郎認知届出㊞
親権者母の申出により平成○年○月○日父母との続柄の記載更正㊞

父　乙川一郎
母　山川梅子
~~男~~ 長男

太郎

出生　平成拾年○月○日生

【例2】再製戸籍

本籍　○○市○○区△町一丁目一番地

氏名　山川梅子

平成○年○月○日編製㊞
平成○年○月○日再製㊞

平成拾年○月○日○市○区で出生○月○日母届出入籍㊞
平成拾壱年○月○日□市□区○町一番地乙川一郎認知届出㊞

父　乙川一郎
母　山川梅子
長男

太郎

出生　平成拾年○月○日生

＊更正事項は移記しない。

②続柄の更正申出がされた戸籍（コンピュータ戸籍の場合）
【例３】再製原戸籍

再製原戸籍	全部事項証明書
本　籍 氏　名	○○市○○区△町一丁目１番地 山川　梅子
戸籍事項 戸籍編製 戸籍消除	【編製日】平成○年○月○日 【消除日】平成○年○月○日 【特記事項】再製につき消除
戸籍に記載されている者	【名】太郎 【生年月日】平成１０年○月○日 【父】乙川一郎 【母】山川梅子 【続柄】長男
身分事項 出　生	【出生日】平成１０年○月○日 【出生地】○○市○○区 【届出日】平成１０年○月○日 【届出人】母
認　知	【認知日】平成１１年○月○日 【認知者氏名】乙川一郎 【認知者の戸籍】□市□区○町１番地　乙川一郎
更　正	【更正日】平成○年○月○日 【更正事項】父母との続柄 【更正事由】親権者母の申出 【従前の記録】 【父母との続柄】男
	以下余白

【例４】再製戸籍

	全部事項証明書
本　　籍 氏　　名	○○市○○区△町一丁目１番地 山川　梅子
戸籍事項 　戸籍編製 　戸籍再製	 【編製日】平成○年○月○日 【再製日】平成○年○月○日
戸籍に記載されている者	【名】太郎 【生年月日】平成１０年○月○日 【父】乙川一郎 【母】山川梅子 【続柄】長男
身分事項 　出　　生	 【出生日】平成１０年○月○日 【出生地】○○市○○区 【届出日】平成１０年○月○日 【届出人】母
認　　知	【認知日】平成１１年○月○日 【認知者氏名】乙川一郎 【認知者の戸籍】□市□区○町１番地　乙川一郎
	以下余白

＊更正事項は移記しない。

③父母の婚姻により嫡出子の身分を取得したときの戸籍

【例5】紙戸籍の場合

本籍	○○市○○区△町一丁目一番地
氏名	山川梅子

平成○年○月○日編製㊞

平成拾年○月○日○市○区で出生○月○日母届出入籍㊞

平成拾壱年○月○日□市□区○町一番地乙川一郎認知届出㊞

親権者母の申出により平成○年○月○日父母との続柄の記載更正㊞

平成○年○月○日父母婚姻届出父母との続柄訂正㊞

父	乙川一郎
母	山川梅子
	~~男~~ 長男
名	太郎
出生	平成拾年○月○日生

【例６】コンピュータ戸籍の場合

	全部事項証明書
本　　籍 氏　　名	○○市○○区△町一丁目１番地 山川　梅子
戸籍事項 　戸籍編製	【編製日】平成○年○月○日
戸籍に記載されている者	【名】太郎 【生年月日】平成○年○月○日 【父】乙川一郎 【母】山川梅子 【続柄】長男
身分事項 　出　　生	【出生日】平成１０年○月○日 【出生地】○○市○○区 【届出日】平成１０年○月○日 【届出人】母
認　　知	【認知日】平成１１年○月○日 【認知者氏名】乙川一郎 【認知者の戸籍】□市□区○町１番地　乙川一郎
更　　正	【更正日】平成○年○月○日 【更正事項】父母との続柄 【更正事由】親権者母の申出 【従前の記録】 　　【父母との続柄】男
訂　　正	【訂正日】平成○年○月○日 【訂正事項】父母との続柄 【訂正事由】平成○年○月○日父母婚姻届出 【従前の記録】 　　【父母との続柄】長男
	以下余白

＊更正事項は移記しない。

④父母の婚姻により嫡出子の身分を取得後に再製された戸籍

【例7】紙戸籍の場合

本籍	○○市○○区△町一丁目一番地
氏名	山川梅子

平成○年○月○日編製㊞
平成○年○月○日再製㊞

平成拾年○月○日○市○区で出生○月○日母届出入籍㊞
平成拾壱年○月○日□市□区○町一番地乙川一郎認知届出㊞
平成○年○月○日父母婚姻届出父母との続柄訂正㊞

父	乙川一郎	長男
母	山川梅子	~~男~~長男
	太郎	
出生	平成拾年○月○日生	

＊更正事項は移記しない。

【例８】コンピュータ戸籍の場合

	全部事項証明書
本　　籍 氏　　名	○○市○○区△町一丁目１番地 山川　梅子
戸籍事項 　戸籍編製 　戸籍再製	 【編製日】平成○年○月○日 【再製日】平成○年○月○日
戸籍に記載されている者	【名】太郎 【生年月日】平成１０年○月○日 【父】乙川一郎 【母】山川梅子 【続柄】長男
身分事項 　出　　生	 【出生日】平成１０年○月○日 【出生地】○○市○○区 【届出日】平成１０年○月○日 【届出人】母
認　　知	【認知日】平成１１年○月○日 【認知者氏名】乙川一郎 【認知者の戸籍】□市□区○町１番地　乙川一郎
訂　　正	【訂正日】　平成○年○月○日 【訂正事項】父母との続柄 【訂正事由】平成○年○月○日父母婚姻届出 【従前の記録】 　　【父母との続柄】長男
	以下余白

＊更正事項は移記しない。

〔6〕 婚姻無効が確定した当事者の一方（氏を改めた者）の従前の戸籍が除籍となっている上、その除籍のある市区町村が、戸籍事務のコンピュータ化の指定がされている場合における婚姻無効を原因とする戸籍訂正について

【問】 この度、X市長は同市に婚姻による新戸籍を編製した甲男、乙女の婚姻は偽装婚であるから無効であるとの刑事訴訟法第四九八条第二項ただし書に基づく通知を受け、戸籍訂正をすることになりました。婚姻によって氏を改めた乙女の復籍するY市の従前戸籍は除籍となっている上、Y市は、戸籍事務のコンピュータ化の指定（戸籍一一七条の二）を受け、戸籍が改製されています。

このような場合、どのように戸籍を訂正したらよいでしょうか。

なお、本問は、戸籍訂正手続をするよう通知すべきところ、その通知ができないとき、又は通知をしても訂正申請をする者がないため、管轄法務局の長の許可でする場合です。

【答】 一　**婚姻無効に係る戸籍訂正について**

婚姻無効に係る戸籍訂正とは、婚姻の効果が発生していなかった婚姻の当初にさかのぼった状態に戻すことであり、当事者双方の戸籍を婚姻がなかったのと同一の状態に回復する訂正です。

つまり、戸籍を婚姻前の状態に戻すということですが、その処理方法は、①婚姻の際に戸籍の筆頭に記載されていた者の戸籍にあっては、その者の身分事項欄に記載された婚姻事項を消除し、婚姻により入籍した配偶者の婚姻事項

を消除するとともに、従前戸籍に復籍させます。また、②婚姻により新戸籍を編製した者の戸籍にあっては、婚姻によって編製された新戸籍のすべてを消除して、事件本人については、婚姻前の戸籍の身分事項欄に記載された婚姻事項を消除した上で当該戸籍の末尾に回復することになります。

二　従前戸籍が除籍となっている場合について

婚姻無効の裁判が確定し、戸籍訂正がされる場合に、戸籍の筆頭に記載された者以外の者は、前記のとおり婚姻前の戸籍の末尾に回復されることになります。もし、その戸籍が全員除籍により、除かれた戸籍になっている場合は、その戸籍全部を回復した上で末尾に回復することになります。

三　本問の検討

本問は、事件本人の一方の婚姻前の戸籍が除籍となり、さらに、当該事件本人の従前の本籍地の市区町村の戸籍事務が、コンピュータ化の指定（戸籍一一七条の二）により、改製されている場合の回復方法を問うものですが、次の三通りの方法が考えられます。

1　回復する除籍には回復の旨の記載をし、そのまま除籍として保管する。そして、回復により新たに編製された戸籍を平成六年法務省令第五一号附則第二条第一項による改製の改製原戸籍とし、この戸籍に基づきコンピュータによる改製戸籍を編製する（後掲**例①－1**～**3**参照）。

2　回復する除籍には回復の旨及び改製の旨の記載をし、改製原戸籍として保管する。そして、この戸籍に基づきコンピュータによる改製戸籍を編製する（後掲**例②－1**、**2**参照）。

3　回復する除籍には回復の旨の記載をし、そのまま除籍として保管する。そして、回復により直接コンピュータ化による戸籍を編製する（後掲**例③－1**、**2**参照）。

前記の処理方法を検討してみると、当該市区町村が戸籍法第一一七条の二の指定がされていなければ、婚姻当時の戸籍である除籍の全部を回復し、新たな用紙で回復戸籍を編製することになるため、本問については、原則1の取扱いになると思われますが、回復により新たな用紙で編製した戸籍を改製原戸籍として管理することになり、この戸籍は編製と同時に改製原戸籍となることから、編製することに実益が認められません。先例においても、回復による戸籍として直接改製による新戸籍で編製してよいとするものがあります（昭和三三・七・二二民事甲一五二四回答）。この場合の取扱いが2です。回復した除籍に回復の旨の記載と改製消除した旨の記載を併記し、戸籍のつながりを明らかにしたものです。

また、当該市区町村の戸籍事務が戸籍法第一一七条の二の指定を受けている場合には、本件戸籍訂正許可がなされる時点においても、コンピュータにより戸籍事務を処理しているのであるから、戸籍回復により新たに編製する戸籍はコンピュータ化による戸籍で回復できるとの考え方による方法が3です。しかし、当該方法では、戸籍改製に係る記載が除籍にないため、改製原戸籍に相当する除籍とコンピュータ化戸籍とのつながりについて不明瞭な点が残ることとなります。

四　結論

本問は、婚姻無効により事件本人である乙女を婚姻当時の戸籍に回復させるために、除籍を回復するとともに、改製による新たなコンピュータ戸籍を編製するものです。

そこで、除籍⇩改製原戸籍⇩現在戸籍の連結関係が明瞭であればよいとも考えられますが、前記の**三**の1による戸籍編製をするのが原則的な取扱いと考えます。

しかし、戸籍のつながりを混乱させるおそれがない場合には、便宜的な取扱いとして、回復戸籍を新たに編製することなく、2の方法により戸籍を訂正する取扱いが認められる余地もあるものと考えます。

例①－1

本籍　東京都千代田区平河町一丁目一番地

氏名　乙　某

戸籍編製事項（省略）

~~戸籍消除事項~~（省略）

戸籍消除の記載は錯誤につき平成　年　月　日その記載消除㊞

出生事項（省略）

~~婚姻事項~~（省略）

夫甲男との婚姻無効につき平成　年　月　日許可同月　日婚姻の記載消除㊞

父　乙　某

母　某女

長女

~~乙　女~~

出生　昭和　年　月　日

例①－2

平成六年法務省令第五十一号附則第二条第一項による改製につき平成　年　月　日消除㊞

本籍　東京都千代田区平河町一丁目一番地

氏名　乙　某

戸籍編製事項（省略）

戸籍消除の記載は錯誤につき平成　年　月　日回復㊞

出生事項（省略）

父　乙　某

母　某女

長女

乙　女

出生　昭和　年　月　日

例①－3

	全部事項証明書
本　　　籍 氏　　　名	東京都千代田区平河町一丁目1番地 乙　某
戸籍事項 　戸籍改製	【改製日】平成　年　月　日 【改製事由】平成6年法務省令第51号附則第2条第1項による改製
戸籍に記録されている者	【名】乙女 【生年月日】昭和　年　月　日 【父】乙　某 【母】乙　某女 【続柄】長女
身分事項 　出　　生	出生事項（省略）
	以下余白

例②－1

平成六年法務省令第五十一号附則第二条第一項による改製につき平成
年　月　日消除㊞

本籍	東京都千代田区平河町一丁目一番地
氏名	乙　某

戸籍編製事項（省略）
~~戸籍消除事項（省略）~~
戸籍消除の記載は錯誤につき平成　年　月　日その記載消除のうえ回復㊞

出生事項（省略）
~~婚姻事項（省略）~~
夫甲男との婚姻無効につき平成　年　月　日許可同月　日婚姻の記載消除㊞

父	乙　某
母	某女
	長女
（名）	~~乙女~~
出生	昭和　年　月　日

出生事項（省略）

父	乙　某
母	某女
	長女
（名）	乙女
出生	昭和　年　月　日

例②－2

全部事項証明書

本　　籍 氏　　名	東京都千代田区平河町一丁目1番地 乙　某
戸籍事項 　戸籍改製	【改製日】平成　年　月　日 【改製事由】平成6年法務省令第５１号附則第2条第1項による改製
戸籍に記録されている者	【名】乙女 【生年月日】昭和　年　月　日 【父】乙　某 【母】乙　某女 【続柄】長女
身分事項 　出　　生	出生事項（省略）
	以下余白

例③―1

平成六年法務省令第五十一号附則第二条第一項による改製につき平成
年　月　日消除㊞

本籍	東京都千代田区平河町一丁目一番地
氏名	乙　某

戸籍編製事項（省略）
~~戸籍消除事項~~（省略）
戸籍消除の記載は錯誤につき平成　年　月　日その記載消除㊞

出生事項（省略）
~~婚姻事項~~（省略）
夫甲男との婚姻無効につき平成　年　月　日許可同月　日婚姻の記載消除㊞

父	乙　某
母	乙　某女
続柄	長女
名	乙　女
出生	昭和　年　月　日

例③―2

全部事項証明書

本　　籍 氏　　名	東京都千代田区平河町一丁目1番地 乙　某
戸籍事項 　戸籍改製	【改製日】平成　年　月　日 【改製事由】平成6年法務省令第51号附則第2条第1項による改製 【従前戸籍】 　【回復日】平成　年　月　日 　【回復事由】戸籍消除の記載錯誤
戸籍に記録されている者	【名】乙女 【生年月日】昭和　年　月　日 【父】乙　某 【母】乙　某女 【続柄】長女
身分事項 　出　生	出生事項（省略）
	以下余白

※例③―１、２は、①―１、２、３及び②―１、２と比較のため参考掲記した。

第二　不受理申出

〔7〕協議離婚届の不受理申出期間中の執務時間外に当該離婚届がされ、翌日、不受理申出書の取下げがされた場合の離婚届書の処理について

【問】　当市に、本年七月三日に離婚届不受理申出をした者から、九月八日（金）の午後四時三〇分頃電話があり、当該不受理申出書の取下げをしたい旨の相談がありましたので、同申出書の取下げ方法を指導したところ、九月一〇日（日）に協議離婚の届出がされ、九月一一日（月）の朝に離婚届不受理申出書の取下げがされた。この場合、離婚届の処理はどうしたらよいでしょうか。

【答】　**一　不受理申出の制度について**

届出には、既に発生した事実又は法律関係についての報告的な届出（出生・死亡・裁判離婚又は離縁・縁組又は婚姻の取消し・離縁又は離婚の取消し等）と、届出をすることにより一定の身分関係が形成され又は戸籍法上の効力が発生する創設的届出（婚姻・協議離婚・縁組・協議離縁・認知等）があります。

報告的な届出には、届出義務者及び届出期間について規定があり、届出期間経過後は過料の制裁（戸一二〇・一二一）がありますが、創設的な届出には、届出期間の定めはなく、過料の制裁もありません。

創設的届出は、当事者が身分行為を成立させる意思を持って届書に署名・押印し、市区町村長に届出する時点まで、その意思を有することが必要です。市区町村長には、実質的審査権がないので、形式的に不備のない創設的届出がされれば、その当事者の真意によるものかどうかを調査することなく届出を受理し、戸籍にその旨の記載をすることになります。

ところで、当事者の一方的な行為により相手方が不知のうちに、あるいは、当事者が届書に署名・押印後、その届出前に一方が意思を翻したにもかかわらず届出がされるおそれもあります。そこで、本人の意思に基づかない創設的届出が受理されるのを防止するため、不受理申出の制度（昭和五一・一・二三民二―九〇〇通達（以下「通達」という。））があります。

これは、例えば、「協議離婚届出（婚姻届等）があってもこれを受理しないで欲しい」旨の申出がなされたときは、当該離婚届（婚姻届等）がなされてもこれを受理をしない制度で、創設的届出における実質的成立要件である意思の存在・不存在を市区町村長が審査権の範囲内に取り入れて審査の対象としているものです。

通達では、不受理申出期間中に本籍地の市区町村長に協議離婚の届出がされた場合の処理、不受理申出書が非本籍地の市区町村長に提出された場合の申出書の処理、不受理の取扱いをする期間、不受理申出期間中に申出人の転籍届出がされた場合の申出書の処理、非本籍地の市区町村長に届出された協議離婚届が受理され戸籍の記載がされた場合（戸籍の記載がされてない場合）の処理等細部にわたり定められています。

また、不受理申出書の取下げ等具体的な事務手続の要領については、昭和五一年一月二三日民二第九〇一号民事局第二課長通知により定められています（なお、後記**三**の④参照のこと）。

二　休日又は執務時間外の届出の取扱いについて

休日又は執務時間外に戸籍の届出があったときは、受領の日時を明らかにしなければなりません（標準準則二四①②）。また、郵便による戸籍の届出を受領したときは前記によることなく戸籍事務取扱準則制定標準準則第二七条の所定の処理をすることとなり、受領した日は所管課が郵便の配付を受けた日でなく、市区町村長の機関の中で最初に受領した日と考えられることから、宿日直担当者が受領した日となります（「戸籍」六〇〇号三七頁）。受領した届書等は、後日、勤務時間開始後に審査し受否の決定をすることになります。なお、このような届書は即日に受理・不受理の決定がされないことから、戸籍発収簿（標準準則二八）に登載し、受領した日を明らかにしておかなければなりません。

三　本問についての検討

相談の内容を時系列的に確認しますと次のようになります。

①七月三日離婚届不受理申出

②九月八日（金）午後四時三〇分頃「離婚届不受理申出書の取下げ方法」について電話相談

③九月一〇日（日）協議離婚の届出

④九月一一日（月）朝に離婚届不受理申出書の取下げ

離婚届不受理申出期間中に本籍地の市区町村長に離婚届がされたときは、通達一により受理することは出来ません。ところが、市区町村長は、②の相談があったときは、相談者本人を確認した上で（プライバシー等からこの種の相談の場合、必ず当事者の確認をする。）「申出書の取下げ方法」を指導し、不受理申出人について既に離婚の意思が存在していることを認識していますが、電話による不受理申出の取下げは認められませんので、これを取下げの意思表示とみることはできません。

③の届出があったときは、市区町村長は、執務時間外に宿日直担当者が受領していることから、届書の内容について審査をすることができないので、翌日以後の勤務時間開始後に審査し受否の決定をすることになります。

④の取下書の提出があったときは、市区町村長は、提出されている不受理申出書と申出書の取下書を審査し、申出人の真意に基づく取下げであることが判断できた場合は、取下げに応じることとなります。

執務時間外に受領した協議離婚の届出の受否決定については、申出書の取下げの時間が問題となる場合があります。申出書の取下げ後に協議離婚の届出がされて受理決定をする場合であれば問題はないところですが、申出書の取下げ前に協議離婚の届出がされた場合は、通達一により不受理申出期間中であることから、当該届出を不受理処分とすることになります。

また、本問のように受否決定前に取下書の提出があった事実が判明した場合には、取下書を審査し、不受理申出人の真意に基づく取下げであると判断をした場合には、実質審査権のない市区町村長は離婚の届出が先にされていることから、管轄法務局の長の指示を得て当該届出の受否を決定することとなると考えます。

しかし、市区町村長の離婚届不受理処分の後に不受理申出書の取下書の提出があったとしても、市区町村長の処分に消長を来すものではないので、この場合に当事者に離婚の合意がある場合は、改めて離婚の届出をすることとなります。

なお、取下書の審査は、取下書の筆跡、印影等が不受理申出書と相違しているため等、取下げが申出人の真意に基づくものか疑義が生じた場合は、取下者に身分証明書（例えば、旅券、自動車運転免許証、健康保険証、勤務先の身分証明書、学生証等）の提示を求め本人確認をした上で、その写しを取下書に添付することにより、取下げが申出人の真意に基づくものかを審査することになります（平成一五・三・一八民一－七五〇通達）。

〔8〕夫が成年者と養子縁組することに対する同意権者たる妻からの不受理申出について

【問】今般、日本人女性が当区役所の窓口に相談に来ました。相談の内容は、日本人である夫（四五歳）から知り合いの二五歳の日本人男性（未婚）を養子にしたいが、妻の同意が必要なので同意してほしいといわれています。しかし、相談者である妻は、その養子縁組には反対なので、夫が妻である自分の同意を得ることなく、勝手に養子縁組の届出をしないようにするにはどうしたらよいかということでした。

　このような場合に、妻が申出人となり、夫の養子縁組届の不受理申出書を提出することにより、当該届出を受理しないようにすることはできるでしょうか。

【答】一　**養子縁組の成立要件について**

　養子縁組は、自然血縁上の嫡出親子関係にない者の間に、嫡出親子関係にある者と同様の親子関係を創設する制度ですので、養子は縁組の日から、養親の嫡出子たる身分を取得することになります（民八〇九）。そして、その成立要件は、実質的成立要件と形式的成立要件に分けられます。

　実質的成立要件は次のとおりになります。

①　縁組の意思が存在すること（民八〇二①）

②　養親となる者は成年に達していること（民七九二）

③ 養子となる者は養親となる者の尊属又は年長者でないこと（民七九三）
④ 養子となる者は養親の嫡出子又は養子でないこと
⑤ 後見人が被後見人を養子とするには家庭裁判所の許可を得ること（民七九四）
⑥ 配偶者のある者が未成年者を養子とするには配偶者とともに縁組すること（民七九五）
⑦ 配偶者のある者が縁組をするにはその配偶者の同意を得ること（民七九六）
⑧ 一五歳未満の者が養子となるときには法定代理人が代諾すること（民七九七）
⑨ 未成年者を養子とするには家庭裁判所の許可を得ること（民七九八）

形式的成立要件は、戸籍法の定めるところにより届出をすることです。その届出を市区町村長が受理することによって、養子縁組は成立するので（民七九九・七三九、戸六六）、この届出は創設的届出です。

縁組届は、養親となる者と養子となる者双方が届出人となりますが、養子となる者が一五歳未満の者であるときには、その法定代理人が届出人となります。届出の際には、家庭裁判所の許可書あるいは配偶者の同意を要する場合には、許可書あるいは同意書を添付することになります。

二　不受理申出制度について

婚姻、協議離婚、縁組、協議離縁等の創設的届出は、それが本人の意思に基づかないものであれば無効となります。しかし、このような実体的に無効な届出であっても、市区町村長は届出人の意思を確認することにはなっていないので、必要な書類が添付され、届出が適法になされている場合は、当該届出を受理することになります。市区町村長が受理した届出については、遅滞なく戸籍に記載します（戸規二四）が、その記載が無効である場合にその記載を訂正消除するには、これを無効とする確定判決（審判）を得て戸籍訂正をしなければなりません（戸一一六）。

不受理申出の制度は、婚姻、縁組等の身分行為をする意思のない者又はいったんそれらの身分行為をする意思をもって届書に署名したが、その後その意思を翻意した者が、自己の意思に基づかない届出がされるおそれがあるとして、市区町村長に対して、その届出があっても受理しないよう申し出たときは、この申出を受け付けた後に提出された届出は受理しないものとし、これによって本人の意思に基づかない届出が受理されることを事前に防止するための戸籍行政上の制度です（昭和五一・一・二三民二―九〇〇通達及び同九〇一依命通知）。

不受理申出の対象となる届出は、届出の意思の欠如が無効原因となるものに限定されていますので、創設的届出に限られ、既に発生している事実を戸籍に反映させる報告的届出についての申出は認められていません。また、申出をすることができる者は、申出の対象となる届出の届出人となるべき者に限られます。

したがって、①成年の子を認知する場合の承諾権者であるその被認知者、②未成年者の婚姻における同意権者である父母、③創設的届出の証人となった者等は当該届出の届出人でない者ですので、その者からの申出は認められないことになります。また、本籍を有しない外国人のみを当事者とする届出の場合、当該外国人は届出人となりますが、本籍を有しないため、その者からの申出は認められていません（昭和五一・六・一一民二―三三二七回答）。

三　本問の検討

それでは、本問について検討してみましょう。

養子となる者が成年であるので、養親となる相談者の夫は単独で縁組することができますが、配偶者である相談者の同意が必要となります（民七九六）。この同意は、夫婦の一方が養親となると、相続、扶養等に関して、配偶者の法的地位に影響を及ぼすことから、縁組の要件とされたと解されています。

したがって、本問のように、配偶者のある者が単独で縁組する場合に、配偶者の同意がないときは、その縁組は受理することができません(民八〇〇)。仮に、虚偽の同意によって届出が受理された場合、又は同意のない届出が誤って受理された場合には、縁組に同意していない配偶者は、その縁組の取消しを家庭裁判所に請求することができます(民八〇六の二①本文)。しかし、当該縁組は取消しされるまでは有効なものとされます。

ところで、相談者は当該縁組届について同意権を有していますが、届出人ではありません。不受理の申出人は、創設的届出における届出人に限定されていますので、夫の縁組について不受理申出をすることはできないことになります。このように、相談者は不受理申出をすることはできませんが、夫の縁組届について同意権を有しており、その同意の意思表示は養子縁組の届書に記載することとされていますので、同意なく縁組がなされることを防ぐため、縁組届の当事者(養親となる者と養子となる者)に対して、同意しない旨を予め伝えておくことが考えられます。

なお、縁組の取消権は、縁組の取消しを請求することができる者が、縁組を知った後六か月経過し、又はその者が追認をしたときは、消滅することとされています(民八〇六の二①ただし書)。縁組の追認は、実体上なされれば足り(民一一二二参照)、追認する旨の追完届をすることはできません。また、追認後に、同意書を提出させる必要もありません。

第三　出　生

〔9〕外国人と思われる母が子を出産後、行方不明となった場合の出生の届出について

【問】病院で出生し子の母が消息不明となったため、子の出生届をどのようにしたらよいかと児童相談所から照会されました。子の母は外国人と思われるとのことですが、この場合の出生の届出についてご教示ください。

【答】一　出生届について

戸籍法は、人の身分関係の記録を登録し公証することを目的とする法律であるから、性質上適用されない条文を除き、原則として日本に在住する外国人についても等しく適用されます(戸籍法の属地的効力)。したがって、日本国内で子を出生した外国人も、当然に出生の届出をしなければなりません(昭和二四・三・二三民事甲三九六一回答、昭和二四・一一・一〇民事甲二六一六通達)。もっとも外国人に関する出生の届出があっても、これに基づく戸籍の記載はされませんが、届出を受理した市区町村長は、その届書を「戸籍の記載を要しない事項に関する届書報告書その他の書類つづり」又は「日本の国籍を有しない者に関する届書報告書その他の書類つづり」につづり、一〇年間保存することとなります(戸規五〇②)。なお、外国人の出生届において、外国人父母の国籍を証する書面は戸籍法上の法定添付書類ではないため、届書に外国人父母が記載されている場合に、出生子の嫡出性の有無について届書及び添付書類から疑義のない限り、

その国籍を証する書面の添付を要せず、受理して差し支えないものとされています（「戸籍」六三六号八八頁）。

出生の届出は、単に子が出生したことの事実の届出のみではなく、氏と名の登録、親族関係の登録のほか、日本国籍をも間接的に証明するための登録ということもできる法律上重要な届出です。

出生届の届出人は、嫡出子については父又は母、子の出生前に父母が離婚したときは母が（戸五二①・五四①）、嫡出でない子については母が、届出義務を負います（戸五二②）。父母が届出することができないときは、第一に同居者、第二に出産に立ち会った医師、助産師又はその他の者が届出義務を負います（戸五二③）。また、父母以外の法定代理人も届出をすることができます（戸五二④）。病院、刑事施設その他の公設所で出生があった場合に、父母がともに届出することができないときは、公設所の長又は管理人が届出義務者となります（戸五六）。法定の届出義務者が届出前に死亡又は行方不明となったり、あるいは催告しても届出しない場合に、出生の事実を証する資料を添えて、届出義務者又は資格者以外の者から出生の申出がされたときは、市区町村長は、管轄法務局の長の許可を得て職権により戸籍の記載をします（戸四四③）。

出生の届書には、出生証明書を添付しなければなりません。これは、出生の年月日、場所などについて虚偽の記載を防止するとともに、人口動態調査上、医師、助産師から出産に関する統計資料を得るために、現行法において新たに規定されたものです。

出生証明書を作成すべき者は、出産に立ち会った医師、助産師又はその他の者であって、「出産に立ち会う」とは母が産気を催してから分娩までの間に立ち会った者であればよいとされています。「その他の者」とは、家族、親戚、隣人など誰でも差し支えありません。

なお、出生証明書の添付のない出生届、その他の者の作成に係る出生証明書を添付した出生届については、市区町村長は、管轄法務局の長に受理照会をし、その指示を得て受否を決定することとされています（標準準則二三等）。

二　日本人について戸籍に記載する方法

日本国民で戸籍に記載されていない者を戸籍に記載するには、第一に出生届（戸四九）、第二は棄児発見調書（戸五七）、第三は就籍届（戸一一〇）と三つの方法があります。

棄児とは父母不明又は身元不明の幼児で、いまだ出生届がされているかどうか不明の者をいいます（昭和二九・二・一五民事甲二九七回答、明治三一・九・二二民刑九七二回答）。棄児については、日本人の血統に属さず、日本国籍を有しないのではないかと推定される場合であっても、日本国内で出生した場合は、日本国籍を取得（国二Ⅲ）しているものとして、戸籍に記載することになります。これは、子が無国籍状態になることを防止するためであると考えられます。

後日、戸籍の記載がされてから棄児の父又は母が判明した場合には、棄児を引き取った日から一か月以内に、出生届をするとともに、棄児発見調書に基づいて編製された戸籍を消除する戸籍訂正の申請をしなければなりません（戸五九）。

右の三種類の手続のいずれによるかについては、出生届の届出義務者、資格者がある場合には出生届によります（前掲民刑九七二回答）。届出義務者、資格者がない場合で子が乳児、幼児（迷い子、浮浪児を含む）のときは棄児発見調書、その他の場合は就籍によるものと考えられます（大正四・六・二三民三六一回答、昭和二五・一一・九民事甲二九一〇回答）。

三　本問の検討

本問は、外国人と思われる女性が日本の病院で子を出産した後、出生届をしないまま消息不明となった、いわゆる「生み逃げ」の事案です。

このような事案について、戸籍の先例は、産院で出生したが、出生届未済のまま母が行方不明となったため、警察署長からの棄児発見の申出により市区町村長が棄児として処理している子については、当該病院長から戸籍法第五六条の規定に基づく出生届をさせ、本籍及び氏名は市区町村長が適宜定めて出生子について新戸籍を編製するとともに、先に棄児発見調書により編製された戸籍は、戸籍法第二四条第二項の規定により消除するとしています（昭和三九・五・四民事甲一六一七回答）。

本問も、子は病院で出生し、出産に立ち会った医師等の届出義務者がいるので、それらの者から出生届をさせるのが相当と考えます。

しかし、事件本人の母は外国人と思われるとのことですので、出生により事件本人の国籍はどこになるのか問題となります。もっとも、近年、出産費用を支払わずに「生み逃げ」する例が多いことから、病院でも本人を確認する公的資料（パスポート、外国人登録証等）を母親から提出させているようです。これらの写しの添付があれば、市区町村長は出生届を受理して差し支えないと考えます。これらの写しの添付のない場合には、市区町村長は出生届を直ちに受理することなく、国籍に疑義があるとして管轄法務局の長に受理照会を要するものと考えます。受理照会をするに当たっては、公的資料に限らず、母親の氏名、本籍（国籍）、住所、出身地、生年月日等、本人を特定する参考となる資料を添付することが望ましいと考えます。

そして、受理照会を受けた管轄法務局においては、子の出生事実、母子関係及び母の特定、さらに子の嫡出性等を調査及び検討するとともに、事案によっては事件本人が日本国籍を取得するか否かを検討することとなります（国二Ⅲ）。

国籍法第二条第三号による日本国籍取得の第一の要件は「子が日本で出生」したとき、第二の要件は子の父母がともに知れないとき、又は国籍を有しないときです。

「父母がともに知れないとき」とは、父及び母のいずれもが特定されないときをいい、ある者が父又は母である可能性が高くても、これを特定するに至らないときは右要件に当たると解されています（最高裁平成七・一・二七判決、「戸籍」六三二号八三頁以下参照）。

本問について国籍法第二条第三号に該当するか否かについては、子が出生した日本の病院が明らかであるため、第一の要件は問題がありません。第二の要件について、母が特定されない場合には同条同号を適用することになると考えますが、調査の結果、子の母が判明すれば、外国人の出生届として処理することになります（平成四・一・八民二―一七八回答）。

〔10〕 前夫及び後夫双方の嫡出推定を受ける子の出生届について

【問】 日本人のA男、B女は、平成九年六月三日に婚姻しましたが、平成一一年一月二五日に協議離婚しました。その後、B女は、アメリカ国籍（カリフォルニア州生まれ）のC男と同年八月一〇日に婚姻し、同年九月三〇日にB女C男夫婦間の子を日本で出産する予定です。

今般、B女から生まれてくる子の出生届について、父をC男とする嫡出子出生届をしたいとの相談がありましたが、どのように説明すればよいでしょうか。

なお、当該子が出産予定日ころに出生すると、A男との離婚後三〇〇日以内の子となり、アメリカ合衆国カリフォルニア州法によれば、父母婚姻中の子は、すべて夫の子と推定するとされていることから、A男及びC男双方の嫡出推定を受けることになります。

【答】 一 **民法の「嫡出親子関係」について**

嫡出子とは、法律上の婚姻関係にある男女間に生まれた子、すなわち、母がその法律上の夫によって懐胎し、出生した子のことをいいます（民七七二）。

ところで、母と子の親子関係は分娩の事実によって、比較的容易に母子関係を認定することができますが、父子関係については、母がその夫によって懐胎したか否かは容易に判断できないとされています。そこで、民法第七七二条は、「妻が婚姻中に懐胎した子は、夫の子と推定する。婚姻の成立の日から二〇〇日を経過した後又は婚姻解消若しくは取消しの日から三〇〇日以内に生まれた子は、婚姻中に懐胎したものと推定する。」と規定しています。

これは、夫婦が正常な婚姻関係にある場合における子の懐胎に関する蓋然性を基盤として設けられた規定とされています。

また、婚姻中に出生したが、それが婚姻成立後二〇〇日以内に生まれた子の場合は、右に述べた民法第七七二条の規定に該当しないため嫡出の推定は受けないが、その子が母の夫によって懐胎された子であれば生来の嫡出子であるとされています（大審院昭和一五・一・二三判決・民集一九巻一号五四頁）。いわゆる「推定されない嫡出子」といわれるものです。さらに、嫡出でない子として出生後に、父の認知の後に父母の婚姻又は父母の婚姻後に父から認知を受けた子についてもそれぞれ準正嫡出子とされています（民七八九）。

二　渉外的要素をもった「嫡出親子関係」の成立について

わが国の国際私法である法例第一七条第一項（現行の通則法二八①）は、「夫婦ノ一方ノ本国法ニシテ子ノ出生ノ当時ニ於ケルモノニ依リ子ガ嫡出ナルトキハ其子ハ嫡出子トス」（通則法は現代語化されている。）と規定しています。したがって、子の出生当時の父又は母の本国法のいずれか一方の法律によって嫡出子である場合には、その子は嫡出子となります。例えば、父母の離婚後に出生した子の父又は母の一方が日本人のときは、まず、日本法により出生子が嫡出子か否かを判断します。その結果、その子が嫡出子とならないときは、他方の父又は母の本国法によって判断し、その国の法律によれば嫡出子となるときは、その子は夫婦の嫡出子であるということになります。

なお、子の出生前に夫が死亡したときは、夫の死亡時の本国法を夫の本国法とすることになります（法例一七②・通則法二八②）。

三　本問についての検討

本問の相談のように、予定どおり子が出生すると、子は、A男B女の婚姻成立二〇〇日後、離婚後三〇〇日以内に生まれた子ですので、A男の嫡出の推定を受ける（民七七二）ことになります。また、アメリカ合衆国カリフォルニア州法によれば、父母婚姻中の出生子は全て夫の子と推定されますから、子はC男の嫡出の推定も受けることになり、結局、子はA男とC男との双方から嫡出の推定を受ける子となります。

このような場合には、子は「父未定の子」として取り扱うことになります（平成元・一〇・二民二―三九〇〇通達第三の1の⑵ウ㈠参照）。

ところで、「父未定の子」について子の父を定める場合は、当事者の協議によることはできず、裁判所がこれを定める（民七七三）こととされ、訴えの当事者となり得る者は、子、母、前夫又は後夫とされています（人訴四三）。この「父を定めることを目的とする訴え」は、これらの当事者が訴えを提起することによって訴訟が開始することになりますが、この訴えが提起されない限り、当然のことながら裁判所はその子の父を定めるということはしません。したがって、裁判が確定するまでは、その子は戸籍上「父未定の子」として取り扱われ（戸五四）、前夫又は後夫いずれかの嫡出子として届け出ることは許されないとされています（大正七・五・一六民一〇三〇回答、昭和二六・一・二三民事甲五一回答）。

以上のことから、嫡出の推定が重複する子については、第一順位の届出義務者である母から「父未定の子」として出生の届出をする必要があります（戸五四①）。この届出により出生子は出生当時の母の戸籍に入籍し、父欄は空欄、父母との続柄は長男又は長女と記載されます。なお、父の記載及び父母との続柄の訂正は、父を定める裁判が確定した場合に戸籍法第一一六条の戸籍訂正申請によってされることになります（**注**）。

（注）　平成一九年五月七日民一第一〇〇七号通達により、医師が作成した「離婚後に懐胎したことを証する証明書」を添付した出生の届出の場合は、民法第七七二条の推定が及ばないものとして、その届出を受理する取扱いがされている。「父未定の子」の場合においても、右の「懐胎時期に関する証明書」が添付され、離婚後の懐胎であることが認められる場合は、民法第七七二条の推定が及ばないものとされるので、父未定の子として届出をすることなく、後夫の嫡出子として届出をすることができる（「戸籍」八〇一号八七頁以下参照）。

しかし、本問の場合は、子の出生予定日が離婚後二か月未満とされているので、右の証明書は得られないものと考えられるから、父を定めることを目的とする訴えによることになろう。

〔11〕韓国人妻の婚姻前に日本で出生した子について、日本人夫から嫡出子出生の届出がされたが、子の氏が父の氏で記載されている場合について

【問】　平成八年七月一四日に東京都T区において出生した韓国人妻Xの子Yにつき、日本人父Bから、住所地の当区長に嫡出子出生の届出がされました。

出生届書の子の氏名欄は、父の氏で記載されていますが、届出人の父Bはそれができないのであれば、氏を削除して、名のみのまま届出したいと述べています。

この出生届の取扱いについてお伺いします。

なお、Yは、韓国人母Xの前夫である日本人Aの嫡出子として父から出生届がされ、父の戸籍に入籍したが、平成一〇年七月一三日父母離婚後、Aとの親子関係不存在確認の裁判が平成一二年八月二日に確定し、戸籍訂正により戸籍から消除されています。

また、韓国人母Xと日本人父Bとの婚姻の届出は平成一一年一月一九日にされています。

【答】　一　**戸籍法第六二条の出生届について**

わが国の民法は、「父が認知した子は、その父母の婚姻によって嫡出子の身分を取得する。」（民七八九①）と規定し、また、「婚姻中父母が認知した子は、その認知の時から、嫡出子の身分を取得する。」（民七八九②）と規定しています。

そして、戸籍法第六二条は、民法第七八九条第二項の規定によって、嫡出子となるべき子について、父から嫡出子

出生届がされたときは、その届出に認知の届出の効力を有する旨を規定しています。

つまり、父母の婚姻前に出生した子について、その出生の届出前に、父母が婚姻した場合には、出生の届出と認知の届出を各別にするまでもなく、父から嫡出子出生届があったときは、その届出に認知の届出の効力を認めようというものです。

また、法例第一八条（現行の通則法二九）において、認知についての準拠法は、認知する者の本国法のみならず認知当時の子の本国法によることもできることとされ、同法第一九条第一項（通則法三〇①）では、嫡出でない子は準正の要件たる事実の完成当時の父若しくは母又は子の本国法により準正が成立するときは、嫡出子たる身分を取得するとされています。

したがって、渉外的要素を含む戸籍法第六二条の出生届の受理に当たっては、父又は子のいずれかの本国法により、認知の要件を具備しているか否かについて審査する必要があり、認知により準正が成立するか否かについても審査を要します。父又は子のいずれかが日本人の場合には、子の保護要件は別として日本法で判断すれば足ります。

ところで、外国人妻が日本人夫と婚姻中に懐胎し出生した子について、妻から夫との嫡出子としての出生届により戸籍の記載がされた後に、子と戸籍上の父との親子関係不存在確認の裁判等が確定し、戸籍訂正がされた場合には、子は父の戸籍から消除されます。しかし、当初の母からされた出生届は、届出資格を有する者からの届出として有効なものと解されるものの（戸五二①）、子が日本国籍を有する者としてされた錯誤のある届出ですから、これを外国人母の嫡出でない子としての出生届に訂正する手続が必要となります。この場合の出生届の補完の方法は、当該親子関係不存在確認の裁判の謄本を先に届出した基本の出生届に追完する方法により処理することとなりますが、既に出生届の届書が市区町村から管轄法務局に送付されている場合には、同法務局から当該出生届の記載事項証明書を取り寄せた上で追完届に合綴し、戸籍の記載を要しない届書としてつづり、保管しておくのが相当と考えます。

外国人妻が日本人夫と婚姻中に懐胎し出生した子について、夫から妻との嫡出子としての出生届により戸籍の記載がされた後に、子と戸籍上の父との親子関係不存在確認の裁判等が確定し、戸籍訂正がされた場合において、出生の届出をした前夫が届出資格を有しないときは、改めて母から、嫡出でない子としての出生届をしなければなりません。しかし、右の妻が離婚した後、当該子の日本人実父と婚姻している場合には、前記出生届及び後夫である父からの認知届を経ることなく、前述したとおり、後夫が父の資格で戸籍法第六二条の嫡出子出生の届出をすることができます。

二　子の日本国籍の取得について

国籍法第二条第一号によれば、出生の時に父又は母が日本国民であるときは、子は日本国民とするとされています。前述のように父から戸籍法第六二条の嫡出子出生の届出によって、子は日本人父の嫡出子たる身分を取得しますが、子の出生時に父母は婚姻していなかったわけですから、法律上は、父がいなかったことになり、生来的に日本国籍を有しておらず、また、準正によって直ちに日本国籍を取得するわけではありませんから、父の戸籍に入籍することはできません。しかし、日本人父の戸籍の身分事項欄には、韓国人妻との婚姻前の子について認知の届出の効力を有する出生届をした旨の記載をする必要があります（昭和二八・六・一二民事甲九五八回答）。この場合は、「平成　年　月　日国籍韓国Y（西暦　年　月　日生母X）を認知届出の効力を有する出生届出㊞」のように記載することになります。

なお、本問のような子について、子が日本国籍の取得を希望する場合は、子が二〇歳未満で、かつ、認知をした父が子の出生の時に日本国民であって、現に日本国民であるときは、国籍法第三条の規定により、国籍取得の条件を備えていることを証するに足りる公的資料（出生証明書、認知及び婚姻事項の記載のある父の戸籍謄本等）を添付して事件本人又は法定代理人（事件本人が一五歳未満であるとき）が事件本人の住所地を管轄する法務局長又は地方法務局の長を経由して、法務大臣に届け出ることによって日本国籍を取得することができるとされ、帰化手続によらない国籍取得の方法があります（国一八、国規一）。

三　本問における子の氏について

大韓民国民法第七八一条第二項によれば、「父の知れない子は、母の姓と本を継いで母の家に入籍する。」と規定されていることから、婚姻外で出生した子で父が不明の場合は、通常、母の姓を称して母の在籍する戸籍に入籍することになります。ただし、事実上の父が韓国人であることが明らかであれば、認知がされていなくとも、子は父の姓を称することができることから、事実上の韓国人父の姓を称する嫡出でない子の出生届をすることができるものとされています（昭和五〇・一〇・二八民二―六三二八通知）。

以上のことから、婚姻外の子の父が外国人の場合、原則に基づき母の姓と本を使わなければならないので、外国人つまり日本人の姓にすることはできないことになります。

四　本問の検討

本問は、日本で出生した韓国人妻Xの婚姻前の子Yについて、日本人夫Bからする戸籍法第六二条の嫡出子出生届ですから、市区町村の窓口において審査した上で、要件等を満たしていると認められる場合は受理することとなりますが、問題は、届書における子の氏につき、本来であれば韓国人母Xの氏を記載すべきところ、日本人父Bの氏を記載した場合、あるいは氏を記載せず名のみ記載した場合の市区町村長の対処のしかたです。

前述のとおり、子は韓国人母Xの氏を継ぐものとされており、選択する余地はありませんので、日本人父Bの氏を記載したり、あるいは氏を記載しない出生届を受理することはできません。

しかし、このような出生届であっても直ちに不受理処分とすることは相当でないと考えます。この届出は出生という報告的な届出と認知という創設的な届出を兼ね備えるものであるところから、届出人に対し、本届出による効果等を説明し、理解が得られるようにすべきものと考えます。すなわち、同人が届書を補正した後に、市区町村長がこれを受理したときは、父の戸籍に前述の認知の効力を有する出生届出の旨が記載されること、また、子の日本国籍取得が可能であること、その手続によって交付される国籍取得証明書に基づき届出する国籍取得届によって、子は父の氏を称し父の戸籍に入籍できる旨を説明します。

しかし、右のように説明した上で、補正を求めても、届出人がこれに応じない場合は、届書のその余の記載事項及び添付の出生証明書あるいは親子関係不存在確認の審判書等から事件本人と届書の事件本人が同一人であることを認定し、「子の氏はX（母の氏）である」旨の符せん処理をすることも考えられますが、場合によっては管轄法務局の長の指示を得て処理することも考えられます。

〔12〕昭和五九年の国籍法改正前に、生地主義国で出生した日本人男とボリビア人女夫婦の嫡出子出生届等の処理について

【問】一　昭和二四年にボリビア国で出生したボリビア移民である日本人夫婦の嫡出子A男の出生届が、同国官憲発行の出生証明書を添付して、父から本籍地である当区長に届出されました。A男は同国のパスポートを所持していますが、自らの意思で同国の国籍取得手続及び日本国籍離脱手続をしていないとのことです。A男の出生届は受理できるでしょうか。

二　また、A男は昭和五七年にボリビア人女と同国の方式で婚姻し、昭和五八年にB（長女）、昭和六〇年にC（二女）が同国で出生し、その後来日し、日本で平成二年にD（三女）が出生しました。平成四年にはC（二女）が死亡しましたが、Cの死亡届及びDの出生届は、居住地の市区町村長に外国人として届出しているとのことです。

今般、A男からボリビア官憲発行の婚姻証書の謄本が提出され、また、B、Cの出生届が出生証明書を添付して、届出されました。B、Cは国外での出生子であることから国籍留保の問題もあり、どのように処理することになるかお伺いします。

【答】一　**「国籍留保制度」について**

本問は、A男らが生地主義国で出生しているので、まず、国籍と国籍留保制度について考えてみます。

国籍留保制度は、日本国外で出生した日本国民が出生により外国の国籍をも取得し、重国籍者となる場合には、戸

籍法第一〇四条に定める期間内に日本国籍を留保する旨の意思表示をしなければ、出生時にさかのぼって日本国籍を喪失する制度であり、外国に定住する日本国民の子孫の重国籍を自然に解消させる機能を有しています。

この制度は、旧国籍法(明治三二年法律第六六号—明治三二年四月一日から昭和二五年六月三〇日までの間施行)の一部が大正一三年法律第一九号により改正されたことによって新設されたものです(旧国二〇の二)。この背景には、大正一二年にアメリカにおいて日本人移民の排斥運動が高揚し、米国大陸に移民した日本国民の子孫が、日本国籍を保持することによって政治的に困難な立場に置かれることを防止するために、大正一三年一一月一五日勅令第二六二号により指定する国(以下「勅令指定国」という。)「アメリカ、アルゼンチン、ブラジル、カナダ、チリ、ペルー、メキシコ(メキシコは昭和一一年七月一日追加)」で出生した者について、日本国籍の保持を国籍留保の意思表示にかからしめることとしたものです(「戸籍」六六〇号四九頁参照)。

昭和二五年に制定された現行の国籍法(昭和二五年法律第一四七号—昭和二五年七月一日から施行されているが、昭和五九年法律第四五号により、同法の一部が改正され、改正法は、昭和六〇年一月一日から施行されている。)では、前述の勅令指定国のみを対象とする国籍留保制度を廃止し、出生による国籍取得については、生地主義国で生まれたことによって、その国の国籍をも取得した日本国民の子について、日本国籍を留保する意思表示をしない限り、出生の時にさかのぼって日本国籍を失うこととされました(改正前国九)。

改正後の国籍法は、出生による国籍取得について従来の父系血統主義を改め、父母両系血統主義を採ることにしました。この改正により、生地主義国以外の国外出生子で血統主義を採る外国人父と日本人母の間の子についても重国籍者となることから、改正後の国籍法第一二条は「出生により外国の国籍を取得した日本国民で国外で生まれたものは、戸籍法の定めるところにより日本の国籍を留保する意思を表示しなければ、その出生の時にさかのぼって日本の国籍を失う。」と規定しています。

二「A男の出生届」について

A男の出生地のボリビア国は、同国憲法第三九条(一九四五年一一月二三日施行)で「共和国の領土内に於いて出生したるものはボリビア人とする」と規定し、生地主義の法制を採っていることから、A男は出生によりボリビアの国籍を取得しているものと考えられます。しかしながら、A男の出生が昭和二四年ですので、当時、わが国は旧国籍法施行時であり、同法第二〇条の二によると「勅令ヲ以テ指定スル外国ニ於テ生マレタルニ因リテ其国ノ国籍ヲ取得シタル日本人ハ命令ノ定ムル所ニ依リ日本ノ国籍ヲ留保スルノ意思ヲ表示スルニ非サレハ其出生ノ時ニ遡リテ日本ノ国籍ヲ失フ」と規定されており、この「勅令ヲ以テ指定」された国、すなわち、前記勅令指定国にボリビア国は該当せず、国籍留保の意思表示をする必要がないことになります。したがって、A男は父が日本人であることから、出生により日本国籍を取得することになり(旧国一)、さらに、自己の意思により日本国籍を喪失する手続をしていない場合は、日本国籍を現在も保有していることになります。よって、本問のA男の出生届は届出義務者(戸五二)である父からされているので、受理できることになるものと考えられますが、同届出は事件本人A男が学齢に達した後にされているから、管轄法務局の長へ指示を求めた上で受否を決定することになります(昭和三四・八・二七民事甲一五四五通達)。

三「A男の婚姻届」について

A男とボリビア人女の婚姻については、ボリビア国の方式で昭和五七年に同国に婚姻登録をし、同国の戸籍局が証明した婚姻証書の謄本が提出されているとのことですが、この証書は、本国の権限のある官憲が証明したものと認められるので、戸籍法第四一条の証書の謄本ということになります。A男については前記**二**により、日本国籍が認められるので当該婚姻証書の謄本の提出は受理できることになります。

なお、A男の戸籍については、前記**二**の出生届により、父母の戸籍に入籍した後、右の婚姻証書謄本の提出によって、A男について婚姻による新戸籍を編製することになります（戸一六③）。

四　「B、Cの出生届」について

B、Cは、日本人A男とボリビア人女の夫婦間の嫡出子であり、ボリビア国で出生していることから、前記**一**及び**二**で述べたとおり出生により同国の国籍を取得していることになります。

さらに、Bについては、昭和五八年に出生していることから、出生時に父が日本人であるので、改正前の国籍法第二条第一号により、出生によって日本国籍を取得することになりますが、同法第九条及び改正前戸籍法第百四条により日本国籍を留保する意思を出生後一四日以内に表示しなければ、出生時にさかのぼって日本国籍を失うことになります。

また、Cについては、昭和六〇年に出生していることから、出生時に父が日本人であるので、改正後の国籍法第二条第一号により、出生によって日本国籍を取得することになりますが、同法第一二条及び戸籍法第百四条により日本国籍を留保する意思を出生後三か月以内に表示しなければ、出生時にさかのぼって日本国籍を失うことになります。

したがって、いずれの出生子についても、すでに国籍留保期間を経過していますが、戸籍法第一〇四条第三項には「天災その他第一項に規定する者の責めに帰することができない事由によって同項の期間内に届出をすることができないときは、その期間は、届出をすることができるに至った時から一四日とする。」との規定があります。本問については、父であるA男の出生届が未了であったことから、同人の日本国籍の有無が未定であったため、子B、Cの出生届についてもできなかったものであり、この事由は「届出人の責めに帰することが出来ない事由」に該当するものと考えられます。

よって、B、Cの意思によりボリビア国籍を取得した事実及び日本国籍を離脱した事実が認められない場合は、届出人A男はB、Cの出生届の「その他」欄に、日本国籍を留保する旨及び届出人の責めに帰することが出来ない事由の記載をして届出することになります（戸一〇四①②）。なお、B、Cの出生届は、ともに学齢に達した後になされたことになるから、前記**二**のA男の出生届の場合と同様に管轄法務局の長に指示を求めた上で受否を決定することになります（前掲民事甲一五四五通達）。

五　「Cの死亡届」について

Cの死亡届については、ボリビア人として届出されているので、これを日本人とする追完届を、また、届出人のA男についてもボリビア人としている場合は、同様の追完届をすることになります。この追完がされた死亡届に基づき、前記**四**の出生届によってCが入籍している戸籍に死亡事項を記載することになります。

六　「Dの出生届」について

Dは、A男の嫡出子として日本国内で出生しているので、国籍留保の問題は生じません。また、母がボリビア人であるため、Dが同国の国籍をも有するかについては、同国の法律によることになります。同国は生地主義のほか父母両系血統主義を採っていますが、国外で出生した子の国籍については、領事館に登録することによるとする条件が付されているようです。

Dの出生届については、ボリビア人として届出されているので、これを日本人とする追完を、また、届出人のA男についてもボリビア人としている場合は、同様の追完をすることになります。この追完がされた出生届に基づき、DはA男の戸籍に入籍することになります。

〔13〕 父母の離婚後三〇〇日以内で、かつ、母の再婚後二〇〇日以内に出生した子について、前夫の子として母から出生届がされた場合の戸籍の記載について

【問】 日本人甲野桜子は、夫である中国人王相海と平成一三年七月一五日に協議離婚し、王相海は既に中国へ帰国しています。その後、甲野桜子は平成一四年二月一日に日本人乙川竹男と婚姻し、夫の氏である「乙川」を称する新戸籍に入籍しました。そして、平成一四年四月一〇日に梅太郎を出産し、同月二三日梅太郎を桜子及び王相海の嫡出子とする出生の届出をしました。この場合の戸籍の記載について教えてください。また、その後、王相海と梅太郎との父子関係不存在確認の裁判が確定した場合の訂正処理についてもお願いします。

【答】 一 嫡出の推定について

民法第七七二条第二項は「婚姻の成立の日から二〇〇日を経過した後又は婚姻の解消若しくは取消しの日から三〇〇日以内に生まれた子は、婚姻中に懐胎したものと推定する。」と規定し、この規定に該当する出生子は、画一的に推定を受ける嫡出子としています。

婚姻成立後二〇〇日以内に生まれた子は、同条の規定に該当しないが、父母の婚姻後に出生した子で、夫の子であれば、推定は受けない嫡出子とされます。これは、内縁関係が先行する場合には、婚姻成立後二〇〇日以内に生まれた子であっても、それが母の夫によって懐胎された子であれば生来の嫡出子で、当然に嫡出子になるとされています（大審院昭和一五・一・二三判決・民集一九巻五四頁）。この判決を受けて、戸籍の取扱いについても、昭和一五年四月八日民

事甲第四三二号民事局長通牒により、婚姻後二〇〇日以内の出生子についても嫡出子としての出生の届出がされたときは、これを受理することとされています。一方、母の夫が血縁上の父でない場合は、嫡出でない子ということになるから、妻から実体どおり嫡出でない子としての出生の届出がされたときは、これも受理されます（昭和二六・六・二七民事甲一三三二回答）。

また、婚姻解消後三〇〇日以内に出生した子は、前述のように嫡出の推定が及ぶことになります。この嫡出推定は法律上の推定ですから、この推定を覆すには嫡出否認の訴え又は親子関係不存在確認の訴えによって、父子関係を否定する裁判を確定させなくてはなりません。妻が夫によって懐胎することが不可能な事実のある場合であっても、戸籍実務においては、妻が夫の子を懐胎し得ないことが客観的に明白であることを裁判上で明確にされ、その裁判等の謄本が出生届に添付されて届出がされたときには、嫡出でない子として取り扱うこととしています（**注**）。

本問の梅太郎については、梅太郎の出生日は平成一四年四月一〇日ですので、後婚成立日である平成一四年二月一日から二〇〇日を経過していないことから、梅太郎は竹男と桜子との推定を受けない嫡出子ということになります。しかし、一方、前婚の離婚の日は平成一三年七月一五日ですので、離婚後三〇〇日を経過していないことから、梅太郎は桜子の前夫である王相海の推定を受ける嫡出子ということになります。したがって、前婚の夫との父子関係を否定する嫡出子否認の裁判又は親子関係不存在確認の裁判を確定させ、その裁判の謄本を添付して出生届をしない限り、前婚の夫王相海との間の嫡出子として届出することになります。

二　戸籍の記載について

父母の婚姻解消又は取消しの日から三〇〇日以内に生まれた子は嫡出子としての推定を受け、婚姻解消当時の父母の氏を称する（民七九〇①ただし書）ので、その当時の父母の戸籍に入籍します（戸一八①）。本問では、父王相海は外国人であるから、王相海との婚姻により母桜子につき「甲野」の氏で単独戸籍が編製されていますが（戸一六③）、桜子が夫の氏を称する再婚により当該単独戸籍から除籍されたため、離婚当時の母の戸籍は除籍されています。本問のように、子の出生時に既に母の戸籍が除籍されている場合には、子をいったん母の離婚当時の戸籍（除籍）に入籍させると同時に除籍し、子について、母の従前の本籍と同一の場所に新戸籍を編製することになります（昭和三三・一・二五民事二発二七回答、戸三〇③）。戸籍の記載は次の**図1**、**図2**のようになります。

なお、子の出生時には、父母の離婚当時の戸籍があったが、子の出生届出時には、その戸籍が除籍になっている場合には、その除籍を回復して子を入籍させることになります（昭和三三・三・四民事甲二四六回答、昭和三六・六・六民事甲一三二四指示）。

三　親子関係不存在確認の裁判が確定した場合

前婚の夫王相海と子梅太郎との親子関係不存在確認の裁判が確定し、例えば、申立人になっている母桜子が、母の現在の本籍地の市区町村長に戸籍法第一一六条に基づく戸籍訂正申請をすると、現在入籍している**図2**の戸籍は、当該訂正申請の結果、母の後婚の成立後二〇〇日以内の嫡出でない子になりますので、父の記載の消除と父母との続柄を訂正し、出生当時の母の戸籍に移記することになり、結果として**図3**のようになります。また、出生当時の母の戸籍である母の婚姻中の現在戸籍には、移記事項を記載することになります。

さらに、父が、母の後婚の夫である乙川竹男である場合で、その者から認知の届出があったときは、同届出は子を生来の嫡出子の記載に訂正する申出書として取り扱うことになるので（昭和三四・八・二八民事甲一八二七通達）、その場合は、管轄法務局の長の許可を得た上で、職権で父欄に後婚の夫である乙川竹男を記載し、父母との続柄を嫡出子とする訂正をすることになり、結果として**図4**のようになります。

(注)　平成一九年五月七日民一第一〇〇七号通達により、医師が作成した「離婚後に懐胎したことを証する証明書」を添付した出生の届出の場合は、民法第七七二条の推定が及ばないものとして、その届出を受理する取扱いがされている。

図1　除籍

欄	記載
本籍	東京都千代田区平河町一丁目五番地
氏名	甲野桜子
戸籍事項	編製事項（省略） 平成拾四年弐月壱日消除㊞
身分事項	出生事項（省略） 婚姻事項（省略） 平成拾参年七月拾五日夫国籍中国王相海と協議離婚届出㊞ 平成拾四年弐月壱日乙川竹男と婚姻届出同月参日京都市上京区長から送付同区小山初音町十八番地六に夫の氏の新戸籍編製につき除籍㊞
父	甲野幸雄
母	甲野松子
続柄	長女
名	妻　桜子
出生	昭和五拾年六月七日
身分事項	平成拾四年四月拾日京都市上京区で出生同月弐拾参日母届出同月弐拾五日同区長から送付入籍東京都千代田区平河町一丁目五番地に新戸籍編製につき除籍㊞
父	王相海
母	甲野桜子
続柄	長男
名	梅太郎
出生	平成拾四年四月拾日

図2

欄	記載
本籍	東京都千代田区平河町一丁目五番地
氏名	甲野梅太郎
戸籍事項	平成拾四年四月弐拾五日編製㊞
身分事項	平成拾四年四月拾日京都市上京区で出生同月弐拾参日母届出同月弐拾五日同区長から送付東京都千代田区平河町一丁目五番地甲野桜子戸籍から入籍㊞ 親権者母㊞
父	王相海
母	甲野桜子
続柄	長男
名	梅太郎
出生	平成拾四年四月拾日

図3

本籍　東京都千代田区平河町一丁目五番地

氏名　甲野梅太郎

平成拾四年四月拾九日編製㊞
平成拾五年六月参日消除㊞

平成拾四年四月拾日京都市上京区で出生同月弐拾参日母届出同月弐拾五日同区長から送付東京都千代田区平河町一丁目五番地甲野桜子戸籍から入籍㊞
親権者母㊞
平成拾五年五月弐拾八日王相海との親子関係不存在確認の裁判確定同月参拾壱日母申請同年六月参日京都市上京区長から送付父の記載消除及び父母との続柄訂正京都市上京区小山初音町十八番地六乙川竹男戸籍に移記につき消除㊞

父　~~王　相　海~~
母　甲　野　桜　子
~~男~~長男

~~梅太郎~~

出生　平成拾四年四月拾日

（注1）「親権者母」の記載については、子の出生前に父母が離婚したときは、母が親権を行うことになる（民八一九③）ので消除する必要はありませんが、親子関係不存在の裁判が確定したことに伴う移記先（**図4**）への移記は必要ないことになります。

（注2）本図における訂正事項中の「移記につき消除」の「移記」とは、ある戸籍に在る事件本人を他の戸籍に記載する意味であり、「消除」とは、名欄を朱線交差して消除する意味で、出生事項を消除する意味ではありません。

（注3）戸籍法施行規則の一部を改正する省令（平成一六年法務省令第七六号）・平成一六年一一月一日民一第三〇〇八号通達により嫡出でない子の戸籍における父母との続柄欄の記載につき変更がされています。

図4

本籍　京都市上京区小山初音町十八番地六

氏名　乙川竹男

平成拾四年弐月壱日編製㊞

出生事項（省略）
平成拾四年弐月壱日甲野桜子と婚姻届出京都市上京区小山初音町二十番地三乙川則平戸籍から入籍㊞

父　乙　川　則　平
母　妙　子
長男

夫　竹　男

出生　昭和四拾八年参月六日

出生事項（省略）
平成拾四年弐月壱日乙川竹男と婚姻届出東京都千代田区平河町一丁目五番地甲野桜子戸籍から入籍㊞

父　甲　野　幸　雄
母　松　子
長女

妻　桜　子

出生　昭和五拾年六月七日

平成拾四年四月拾日京都市上京区で出生同月弐拾参日母届出同月弐拾五日同区長から送付東京都千代田区平河町一丁目五番地甲野桜子戸籍から入籍㊞
平成拾五年五月弐拾八日王相海との親子関係不存在確認の裁判確定同月参拾壱日母申請東京都千代田区平河町一丁目五番地甲野梅太郎戸籍から移記㊞
父の申出により平成拾五年六月五日許可同月七日父欄記載父母との続柄訂正㊞

父　乙　川　竹　男
母　~~乙~~　川　桜　子
~~男~~長男

梅　太　郎

出生　平成拾四年四月拾日

〔14〕 フィリピン人女と日本人男夫婦の婚姻前に出生した子の出生届について

【問】 今般フィリピン人A女と日本人B男が、子の出生届の相談に来庁しました。

持参した日本人B男の戸籍謄本によると、B男とA女は、平成一三年七月九日フィリピンの方式で婚姻した事項が記載されています。

二人の間には現在子がおり、フィリピン国家統計局発行の出生証明書によると、フィリピン人A女を母、日本人B男を父として二〇〇一年(平成一三年)五月一四日にフィリピンで出生しています。現在子は日本に滞在しています。

相談の内容は、子に日本国籍を取得させることを前提に、出生の届出をしたいとのことです。どのような指導をすればよろしいでしょうか。また、子が日本で出生した場合は、どのような手続になるのでしょうか、あわせてご教示願います。

【答】 一 **渉外的出生届について**

渉外的出生届とは、日本国内で子が出生した場合は、出生子の父母の一方若しくは双方が外国人であるもの、又は出生の場所が外国の場合は父又は母の一方が日本人の場合のことです。日本国内で子が出生したときは、出生子が出生とともに日本の国籍を取得するか否かにかかわらず、出生の届出をしなければなりません(戸籍法の属地的効力)。

また、外国で日本人を父又は母として出生した嫡出子の場合、又は日本人を母として出生した嫡出でない子の場合は、その子は出生によって日本国籍を取得することになります（国二Ⅰ）ので、出生の届出を三か月以内に提出しなければなりません（戸四九、戸籍法の属人的効力）。なお、外国国籍を出生と同時に取得している場合において日本国籍を留保するときは、国籍法第一二条の規定に基づき出生の届出とともに、国籍留保の届出も必要となります（戸一〇四）。

さらに日本人を父として外国で出生した外国人母の嫡出でない子については、胎児認知されている子であれば、出生によって日本国籍を取得することになります（国二Ⅰ）ので、出生届書に胎児認知届がされている旨を出生届書の「その他」欄に記載するとともに、新戸籍編製に必要な事項を記載して届出することになります。また、国籍留保の届出を要することになります。胎児認知がされていない場合は、日本国籍を取得しないし、外国で出生しているので出生届はできないことになります。

渉外的な要素を持った出生届を受理するに当たっては、以上のように、子が日本国籍を有するかどうかということの審査が重要となります。子が日本国籍を有する場合には、これを戸籍に記載して日本国民であることを登録公証し、日本国籍を有しないが日本国内で出生した場合には、戸籍に記載することはないので、受理した届書を戸籍の記載を要しないつづりにつづって保管することになります。

二　渉外的法律上の親子関係について

前記一の後段の事例のように日本人を事実上の父として外国で出生した外国人母の嫡出でない子については、胎児認知がされていない限り、出生とともに日本国籍を取得しないので、出生の届出はできないことになりますが、法律上の父子関係の成立については、法例（現行の通則法）によって準拠法が定められることになります。

現行の通則法の施行以前の「法例」については、その一部を改正する法律（平成元年法律第二七号）が平成二年一月一日から施行され、嫡出親子関係の成立についての規定の改正（改正法例一七①・通則法二八①）、認知以外の嫡出でない子の親子関係の成立についての規定の新設（改正法例一八①前段・通則法二九①前段）、認知による非嫡出親子関係の成立についての規定の改正（同条）及び準正による嫡出子の身分取得についての規定の新設（改正法例一九・通則法三〇）がされたことに伴い、嫡出子、嫡出でない子についての取扱いが改正されました。

その結果、嫡出親子関係については、子の出生当時の父又は母の本国法のいずれか一方の法律によって嫡出子である場合には、その間の子を嫡出子とすることとされました（改正法例一七①・通則法二八①）。また、嫡出でない子の親子関係については、父又は母との関係は子の出生当時の父又は母のそれぞれの本国法によることとされ、従前の認知主義による親子関係の成立のほか、事実主義による親子関係の成立についての規定が新設されました（改正法例一八①前段・通則法二九①前段）。さらに、準正については、その要件の事実が完成した時の父若しくは母又は子の本国法により成立することとする内容の規定が新設されました（改正法例一九①・通則法三〇①）。これらの規定の改正又は新設によって、子と親との間の嫡出親子関係若しくは非嫡出親子関係又は準正の成立が従前の取扱いに比較して、より多くの選択肢が認められることになりました（いわゆる選択的連結の採用）。

ただし、日本人男を事実上の父とする外国人母との嫡出でない子の場合は、外国人母の本国法が事実主義を採用している場合であっても、改正法例第一八条（通則法二九）が「父トノ間ノ親子関係ニ付テハ子ノ出生ノ当時ノ父ノ本国法ニ依リ母トノ間ノ親子関係ニ付テハ其当時ノ母ノ本国法ニ依ル」と規定しているところから、その効果が日本人父と子の関係にまで及ぶものではなく、日本法による認知がない場合は父子関係は成立せず、また、胎児認知がない限り、子は日本国籍を取得しません。

渉外的認知の実質的成立要件に関する準拠法の指定について、平成元年改正前の法例は、認知者については認知の当時のその者の本国法、被認知者については認知の当時のその者の本国法によるとする配分的適用主義を採用していました（改正前法例一八）が、平成元年改正後の法例（現行の通則法）は、この配分的適用を廃止し、これを子の出生当時の認知する者の本国法若しくは認知当時の認知する者又は子の本国法によるとする選択的連結を導入しました（改正法例一八①前段②前段・通則法二九①前段②前段）。なお、認知する者の本国法による場合は、認知当時の子の本国法がその子又は第三者の承諾又は同意を認知の要件（保護要件）とするときは、その要件をも備えなければならないこととされました（同①後段②後段）。

認知する者が日本人で、子の本国法が事実主義の法制である場合は、子の本国法上の保護要件がないということになります。

一方、子の本国法が事実主義であって子の本国においては法律上父子関係が成立している場合において、認知主義の法制を採る国の父が認知することができるかという問題があります。これについては、子の本国法が事実主義を採っている場合には、その子は、本国法上、認知の実質的要件が既に満たされているものと考えられるとともに、事実主義を採る法制度は、親子関係の成立について認知することを否定するものではなく、出生によって法律上当然に親子関係を認めるために認知の必要がないとするもので、既に発生している親子関係をあらためて形成する必要がないということです。したがって、事実主義の法制を採っている国が認知制度を持たないということは認知を積極的に否定するものではなく、単に不必要としたものですので、必要性のある場合に認知を拒む理由は何らないと解されています。したがって、一方の本国法が認知主義を採り、他方の本国法が事実主義であるときにも、認知によって親子関係を発生させることはできるとされ、戸籍実務もこれによって取り扱われています。

三　本問について

子は、出生証明書と日本人B男の戸籍の記載から、父母の婚姻成立前にフィリピンで生まれていることが認められます。したがって、外国で生まれたフィリピン人A女を母とする嫡出でない子と解されます。

また、子と母との関係については、出生証明書から親子関係が認められますので、フィリピン共和国憲法第一条第二号により、子は出生によりフィリピン国籍を取得しているものと考えられますが、わが国の戸籍法は、外国で出生した外国人には適用がないため、子の出生届がされても受理できないこととなります。

子と父との関係については、フィリピンの出生証明書に父の氏名が記載されているだけでは、日本の法律上の親子関係は生じません。日本においてB男と子の法律上の親子関係を発生させるためには、民法第七七九条に基づくB男の認知が必要です。

なお、B男が認知する場合、子の本国法であるフィリピンには認知制度がないことから(事実主義国)、法例第一八条第一項後段(通則法二九①後段)の保護要件もないということになりますので、これについての審査をする必要はありません。

もし、本件の子が日本で出生している場合であるとすれば、父から戸籍法第六二条の出生の届出がされたときは、これを認知届として受理することとなり、父の戸籍に認知事項を記載(参考記載例一九)することとなります。

子の日本国籍の取得については、B男の戸籍の記載から、B男とフィリピン人A女の婚姻の事実は認められますので、認知の届出により子は認知準正され、父母の婚姻時から嫡出子の身分を取得します(民七八九①)。この認知届により、国籍法第三条の要件が満たされることになりますので、国籍法施行規則第一条の手続により、子が国内にいる場合はその住所地を管轄する法務局又は地方法務局の長に国籍取得の届出をすることとなります。子がフィリピンにいる場合は、在外公館に届出をすることもできます。

ところで、フィリピンには事実主義を採用していることから認知制度がありませんが、フィリピン家族法第一七七条から第一八二条に「準正」の規定があります。

それによれば、法例第一九条（通則法三〇）により子は準正の要件たる事実の完成の当時の父若しくは母又は子の本国法により準正が成立するときは嫡出子たる身分を取得すると規定されていますので、フィリピン家族法による準正により、子Cが嫡出子たる身分を取得し、日本国籍を取得するかという問題ですが、本問の場合のように父親が日本人である場合は、法例第一八条（通則法二九）により、父子関係は日本人男の認知が必要となります。逆に父がフィリピン人の場合はフィリピン家族法が適用され準正により嫡出子の身分を取得することになりますが、日本人女が母である場合は、母子関係は日本においても事実主義（最高裁昭和三七・四・二七判決・民集一六巻七号一二四七頁）を採っているので、子は出生と同時に日本国籍を取得することになるため準正による日本国籍の取得が問題になることはないと思われます。

以上、本問の回答についてまとめますと、外国で出生している子については、出生と同時に日本国籍を有していない場合は出生の届出はできません（国籍を有している場合であっても、三か月を経過しているときは、原則的には日本国籍を喪失しているためできません。―国一二）。したがって、父B男から認知の届出をするように指導をします。仮に日本で出生している場合であっても、戸籍法第六二条の出生の届出がされた場合は、認知の効力を有する出生届として受理し、父の身分事項欄にその旨の記載をすることになります（参考記載例一九）が、子は日本国籍を取得するものでありません。日本国籍の取得については、その後に国籍取得の届出（国三）を住所地を管轄する法務局又は地方法務局の長にすることになります。

〔15〕日本人A男と離婚した中国人（大陸系）B女が、日本人C男と婚姻した後に出生した子Dにつき、日本人A男との親子関係不存在確認の裁判が確定した場合の出生届について

【問】 日本人A男と中国人（大陸系）B女が、平成一二年一一月一〇日に日本で婚姻の届出をしました。ところが、A男とB女は不仲となり、平成一三年一二月一日以降別居状態となりました。その後、B女は、平成一四年六月から日本人C男と懇意になり、B女とA男は同年一〇月四日に協議離婚の届出をしました。その後B女は、C男と平成一五年四月一三日に婚姻の届出をし、甲市にC男の新戸籍が編製され、さらに同年五月一五日に子D女を出生しました。しかし、D女はA男の嫡出推定が及ぶことから、出生届がされない状態が続いていましたが、同年九月一日にA男と子D女との間に親子関係不存在確認の裁判が確定したため、D女について、同月一〇日C男からB女との嫡出子として出生届がされました。このまま、受理して差し支えないでしょうか。

【答】 一　**渉外的嫡出親子関係の成立について**

子D女が出生した日は、母である中国人（大陸系）B女が前夫日本人A男と離婚して三〇〇日以内であり、後夫である日本人C男との婚姻後二〇〇日以内ということになります。したがって、子D女は、中国人を母とし日本人を父とする渉外的親子関係をもつ子ということになります。渉外的親子関係の嫡出性については、法例第一七条第一項（現行の通則法二八①）により子の出生時の夫婦の一方の本国法により嫡出と認められるときは、子は嫡出子となります。

そこで、まず父の本国法である日本民法についてみてみますと、民法第七七二条第二項により、婚姻成立の日から

二〇〇日後又は婚姻解消若しくは取消しの日から三〇〇日以内に生まれた子は、婚姻中に懐胎したものと推定され、この規定に該当する出生子を画一的に「推定を受ける嫡出子」としています。したがって、日本の民法上嫡出子であることの要件は、出生子の父母の婚姻が必要ですが、この父母の婚姻については、父母の一方である日本人の戸籍に婚姻事項が記載されているか否かにより判断することになります。その結果、日本法上、子D女については、その出生の日が母B女の前婚であるA男との婚姻成立後二〇〇日後であり、かつ、離婚後三〇〇日以内ということになるので、B女とA男の嫡出子と推定されることになります。

一方、母である中国人の本国法である中華人民共和国の法律についてみてみますと、同国婚姻法の第二五条に「婚姻によらずして生まれた子は婚姻によって生まれた子と同等の権利を享有し」と規定されていることから婚姻関係にある父母から生まれた子である婚生子と婚姻関係にない父母から生まれた子である婚生でない子の区別はあるようです。しかし、同法上、日本民法の「嫡出推定」及び「嫡出否認」に相当する規定がないようですので、中国婚姻法における解釈上は「婚姻中」に出生した子についてのみ、「婚生子」とする嫡出の推定がされ、婚姻成立から一定期間内の出生子を推定の対象から外したり、婚姻解消後一定期間内の出生子を推定の対象に含めるような解釈は採られていないと解されています。したがって、中国法上、子D女については、母B女の後婚であるC男の婚姻が中国においても認められれば、B女とC男の婚生子ということになります。

二　日本民法上の婚姻成立後二〇〇日以内に出生した子の嫡出性について

民法第七七二条第二項により婚姻成立の日から二〇〇日後に出生した子は、嫡出の推定を受ける子ですが、婚姻成立後二〇〇日以内に出生した子については、母の夫によって懐胎された子であれば、生来の嫡出子となります（大審院民事連合部昭和一五・一・二三判決・民集一九巻一号五四頁）。しかし、その子は同条の規定に該当しない嫡出の推定を受けない子ですので「推定を受けない嫡出子」とされています。このような出生子については、父の認知を得るまでもなく嫡出子としての出生の届出がされれば、嫡出子出生届出として受理することになりますが、母の夫によって懐胎された子でないときは、嫡出子ではありませんから、母から嫡出でない子として出生届がされた場合は、嫡出でない子として受理して差し支えないとされています（昭和二六・六・二七民事甲一三三二回答）。

三　嫡出性の排除について

前述のように法例第一七条第一項（通則法二八①）により子の出生時の夫婦の一方の本国法により嫡出と認められるときは、日本においても嫡出子と認められることになりますので、外国人である父又は母の本国においても嫡出子となる場合は、嫡出性を認める法律で排除する必要があります。したがって、父又は母の一方の本国法によってのみ、嫡出子となっている場合は、当該嫡出性を認める父又は母の本国法の嫡出性が排除されれば、当該子の嫡出性は排除されますが、父母双方の本国法によって嫡出性を認められている場合は、双方の本国法の嫡出性が排除されないことには、子の嫡出性が否定されたことになりません。

そこで、日本民法第七七二条によって嫡出子と推定される子が、母の夫によって懐胎されたものでない場合については、その嫡出性を排除するためには、原則として同法第七七五条による父からの嫡出否認の訴えによらなければならないとされています。しかし、判例上は、嫡出の推定に関する同法第七七二条の規定は、夫婦が正常な婚姻関係にあって子の懐胎に関する蓋然性を基盤として設けられた規定ですので、夫婦が事実上別居している場合などで、出生した子が法律上の父（母の夫）によって懐胎されたものでない場合には、同条の規定を適用すべきではないとされています（最高裁昭和四四・五・二九判決・民集二三巻六号一〇六四頁）。したがって、この場合は、親子関係不存在確認の訴えによることになります。戸籍実務においては、夫の子でないことが確定された裁判によって明確にされている場合は、当該裁判の謄本を出生届書に添付させて、嫡出でない子として取り扱うことになりますが、裁判によって明らかにされないときは、嫡出子として取り扱うことになります（注）。

四　出生子の国籍と戸籍の取扱いについて

次に、出生子の国籍については、母が外国人であっても日本人男と婚姻後に出生した子は、前述のように民法上嫡出の推定を受ける場合と受けない場合に分けられますが、母の夫によって懐胎された子であれば、生来の嫡出子となりますので、出生時に日本国籍を取得し（国二Ⅰ）、父の氏を称して父の戸籍に入籍することになります。しかし、父の戸籍に入籍後、父子関係を否定する裁判等の確定により、外国人母の夫たる日本人男と当該出生子との父子関係が否定され、その結果、出生子が外国人母の嫡出でない子になった場合は、他の日本人男により胎児認知されていない限り、日本国籍を有しないこととなりますので、戸籍法第一一六条に基づく戸籍訂正申請により、戸籍から消除されることになります。

本問は、母の前夫と子の父子関係を否定する裁判の確定により、子は母の後夫の日本人男の嫡出の推定を受けない子であるが、生来の嫡出子となる場合ですから、後述**五**のようになります。

五　本問の検討

本問については、以上によってD女とA男との親子関係不存在確認の裁判（理由中に事実上の父は後夫C男である旨の記載がある）が確定したことにより、日本民法上D女は、C男とB女との間の推定を受けない嫡出子であることが認められることになり、中国法上はC男とB女との「婚生子」と解されるので、父からの認知を要することなく、A男との親子関係不存在確認の裁判の謄本及び同確定証明書を添付して、父又は母から、出生の届出をすることができることになります。甲市においては、当該出生届書の「その他」欄に「平成拾五年九月壱日A男との親子関係不存在確認の裁判確定につき裁判の謄本及び同確定証明書を添付する。」旨の記載をさせた上で受理し、後夫C男の戸籍に入籍させることになります。なお、子の出生事項についての記載例を挙げると「平成拾五年五月拾五日□□県甲市で出生同年九月拾日父届出（平成拾五年九月壱日A男との親子関係不存在確認の裁判確定）入籍㊞」となります。

（注）　平成一九年五月七日民一第一〇〇七号通達により、医師が作成した「離婚後に懐胎したことを証する証明書」を添付した出生の届出の場合は、民法第七七二条の推定が及ばないものとして、その届出を受理する取扱いがされている。

〔16〕 前夫が刑務所収監中に妊娠した妻の離婚後三〇〇日以内の出生子につき、後夫から刑務所長の証明書を添付して嫡出子出生届をすることの可否について

【問】 平成一三年七月一日、B女とA男は婚姻をしましたが、A男は罪を犯して、平成一四年一月一五日から刑務所に収監されていました。B女は、A男が在監中にC男と同棲し、同男の子を妊娠しました。A男は、平成一六年三月一日に刑務所を出所したが、B女がC男の子を妊娠している事実を知り、同年三月一五日に協議離婚の届出をしました。

同年七月一日にB女は、子Dを出産したことから、同月七日にB女とC男の婚姻の届出と同時に、A男が平成一四年一月一五日から平成一六年三月一日まで在監していた旨の刑務所長の証明書を添付して、C男からDの嫡出子出生の届出がありましたが、この届出は受理できるでしょうか。

【答】 一 「嫡出推定の及ばない子」について

婚姻関係にある男女の間に生まれた子を「嫡出子」といい、婚姻関係にない男女の間に生まれた子を「嫡出でない子」又は「非嫡出子」と言います。この嫡出子と嫡出でない子の区別は、法律上の婚姻の尊重、一夫一婦制の維持の要請等から生じるものとされています。

民法第七七二条は、婚姻道徳を信頼し、また、懐胎期間の統計を根拠に二段階の嫡出推定規定を設けています。すなわち、①妻が婚姻中に懐胎した子は夫の子と推定し(民七七二①)、②婚姻成立から二〇〇日後又は婚姻解消もしくは

取消しの日から三〇〇日以内に生まれた子は、婚姻中に懐胎したものと推定しています（民七七二②）。

同条の規定によって嫡出子と推定される子を「推定される嫡出子」といい、この法律上の嫡出推定を受ける子については、夫のみが嫡出性を否認することができるとされ（民七七四）、それは嫡出否認の訴えにより（民七七五）、子の出生を知った時から一年以内という出訴期間内に行わなければならないとされています（民七七七）。このように、民法が嫡出推定の規定を設け、否認権の行使に厳格な制限を設けているのは、家庭の平和の維持のため、妻が婚姻中に懐胎した子は一律にすべて夫の子であるとして取り扱い、夫が自ら家庭の秘事を暴露してまでも父子関係を否定しようと欲するときのみ否定できることとし、また、否認権を行使できる期間を制限することにより、可及的すみやかに子の法的地位を確定させて身分的法秩序の安定を図ることを目的としているからです。これらは、夫婦が婚姻中終始正常な夫婦関係を維持している間は、妻が夫の子を懐胎する蓋然性が高いということを前提にしています。

しかしながら、この前提となる事実が外観的・客観的に認められない場合、例えば、夫の在監、長期不在、離婚に先立つ長期間の別居状態等の事情があるにもかかわらず、その間に子が出生した場合において、嫡出否認の訴えをしない等のような場合に、否認権行使の提訴期間が徒過すると、子は法的に母の夫の嫡出子として固定されてしまい、真実の父が子を認知することもできないこととなってしまいます。

そこで、一定の要件のもとに、嫡出推定の規定の適用が排除される場合を認め、そのような場合には嫡出否認の訴えによることなく、親子関係不存在確認の裁判によって父子関係を否定し得るということが解釈上認められてきました。そして、このような子は、形式的には嫡出推定が及ぶが、実質的には推定が及ばないことから「嫡出推定が及ばない子」といわれています。なお、親子関係不存在確認の裁判は、従前、明文の規定はないものの、判例・学説上認められてきたものですが、平成一六年四月一日から施行された人事訴訟法（平成一五年法律第一〇九号）において明文規定が設けられています（人訴二II）。

二　戸籍事務の取扱い

右のように、民法第七七二条の規定により一応嫡出推定を受ける子ではあるが、それが夫の在監、長期不在、離婚に先立つ長期間の別居状態等により夫婦が正常な婚姻関係にない場合に出生した子、すなわち、「嫡出推定の及ばない子」については、同条の規定を適用すべきでないことが判例上確立されています（大審院昭和一五・九・二〇判決、最高裁昭和四四・五・二九判決・民集二三巻六号一〇六四頁、最高裁昭和四四・九・四判決・判時五七二号二六頁）。これを受けて、戸籍実務においても、妻が夫の子を懐胎し得ないことが客観的に明白であることが裁判上明確にされている場合には、その裁判の謄本を添付して嫡出でない子又は後婚の嫡出子として出生の届出があれば、これを受理することとしています。また、医師の証明書により婚姻の解消又は取消し後に懐胎した子であることが証明されるときは、嫡出でない子又は後夫を父とする嫡出子として出生届をすることができるとされています。例えば次のような場合です。

① 母又は母の夫が子の出生の前後において七年間生死不明の理由をもって失踪宣告（民三〇①）を受けている場合
　失踪宣告により死亡とみなされた妻が、その失踪中に出生した子について、失踪宣告取消後に出生届をする場合は、嫡出でない子として届出をすることができる（昭和二八・一二・一一民事甲二三三五回答）。

② 夫の生死が三年以上不明の理由（民七七〇①Ⅲ）で離婚の裁判が確定した場合
　右裁判確定後三〇〇日以内に子が出生しても、その子は離婚した夫の子と推定されないから、母から嫡出でない子として又は後夫から自己の嫡出子として出生届をすることができる（昭和二一・一〇・一一民事甲七一一回答、昭和二八・七・二〇民事甲一二三八回答）。

③　夫の悪意の遺棄を原因とする（民七七〇①Ⅱ）離婚の裁判が確定した場合
　右の判決の理由中に、夫婦が子の出生前数年間にわたり日本と外国とに別れて生活をし、しかも、出生前二年以上の間音信の途絶えた事実が認定されている事案において、妻が離婚後三〇〇日以内に出生した子につき、後夫との間の嫡出子として出生届をすることができる（昭和三八・七・一民事甲一八三七回答）。
④　子の出生届出前に、その子と表見上の父との間に親子関係不存在確認の裁判が確定している場合
　甲男と婚姻関係にある乙女が、甲男行方不明のため、他男丙と事実上の再婚をして子丁を出産し、その出生届未済のまま甲男との離婚届をした後、丙男（後夫）から丙乙間の嫡出子として出生届をすることができる（昭和四〇・九・二二民事甲二八三四回答）。
⑤　子の出生届出前に、その子と事実上の父との間に認知の裁判が確定している場合
　甲男と婚姻中の乙女が丙男との間に子丁を出生し、その届出未済のまま乙女が甲男と離婚し丙男と婚姻している事案において、乙女の申立てにより「丙男は子丁を認知する」旨の審判を得て、出生子丁につき丙男から丙乙間の嫡出子として出生届をすることができる（昭和四一・三・一四民事甲六五五回答）。
⑥　子の出生届出前に、嫡出否認の裁判が確定している場合
　離婚後三〇〇日以内の出生子について、出生届未済のうちに右の裁判が確定し、母再婚後の夫からその裁判の謄本を添付して後夫の嫡出子として出生届をすることができる（昭和四八・一〇・一七民二―七八八四回答）。
⑦　医師が作成した「懐胎時期に関する証明書」を添付した場合
　婚姻の解消又は取消し後三〇〇日以内の出生子のうち、医師が作成した「懐胎時期に関する証明書」により婚姻の解消又は取消し後に懐胎した子であることを証明できるときは、民法第七七二条の推定が及ばないものとして、

嫡出でない子又は後夫を父とする嫡出子として出生届をすることができる（平成一九・五・九民一－一〇〇九通達）。

三　裁判書謄本を必要とする場合

本問は、B女が出生した子Dが、前婚の夫A男との離婚後三〇〇日以内に出生した子であるため、前婚の夫の嫡出子として出生の届出をしなければならないところですが、同届出には刑務所長の証明書が添付されていることから、これをA男と子Dとの間における嫡出推定が排除される証明として取扱い、**一**で説明した「嫡出推定の及ばない子」、すなわち、後夫であるC男との嫡出子として受理してもよいかという事案です。もちろん市区町村の戸籍事務の担当職員も、**二**で掲げた先例等は十分熟知しているので、嫡出推定を排除することが裁判上明確にされていなければ、後夫の嫡出子としての出生の届出は受理することができないということは承知しているが、本問においては、A男が二年以上刑務所に収監されており、同男との間にB女が妊娠する可能性が皆無であること、さらには、収監されていた事実は、刑務所長の行政証明として公的に証明されている等のことから、嫡出推定を排除する裁判の謄本がなくても先例に準じた取扱いをしても差し支えないのではないかとの疑義が生じたため、照会するに至ったものと考えられます。

二に掲げた①の先例のような事案については、必ず裁判の謄本を添付しなければ受理できないものと考えます。なぜならば、失踪宣告が確定した場合には、その裁判を請求した者が一〇日以内に失踪宣告届をしなければならないとされていますが、その際、戸籍の記載は、普通失踪と危難失踪の区別をすることなく、単に失踪宣告の裁判確定による死亡とみなされた年月日を記載する取扱いであるからです。

普通失踪の場合は、その裁判の謄本により、例えば、妻が夫の失踪期間中に子を懐胎し、失踪宣告により夫が死亡とみなされる日からさかのぼって六年以内に子を出産したことが認められるような場合には、夫によって懐胎された子でないことが客観的に明らかといえるので、嫡出でない子又は後夫との嫡出子としての出生届を受理することができます。これは、普通失踪が不在者から最後の音信のあった時から七年間経過した時に死亡とみなされる（民三一）からです。

これに対して、危難失踪の場合は、危難が去った時に死亡とみなされる（同条）ので、離婚又は通常の死亡による婚姻解消後における子の出生と同様と見ることができます。

したがって、右のような場合には、必ず裁判の謄本を添付させ、市区町村長は、この謄本により、普通失踪又は危難失踪のいずれに該当するのかを審査し、さらには、出生子が失踪宣告を受けた夫の嫡出推定を受けるかどうかを判断することとなります。

四　刑務所長の証明の性質

しかし、本問のように、夫が長期不在の場合、すなわち、前掲**二**の②又は③と同様な事案の場合においても、必ず裁判の謄本が必要なのでしょうか。それに代わるものとして、同様の内容を包含している行政証明の添付があれば判断できるのではないか、という疑問が生じます。

仮に、単に自己又は第三者が作成した事実証明（私署証書）をもって添付書面とした場合は、たとえその内容が真実であったとしても証明資料としては適格性に欠けていると言わざるを得ないでしょう。しかし、本問における証明書、すなわち、刑務所に在監していたことの証明書については、同証明書が、国の機関としての刑務所長から発行された文書であることを考えれば、その証明力については疑う余地はないといえます。

しかしながら、同証明書の内容は、単にA男が一定の期間収監されていた事実を証明したものと認められるにすぎないのであって、甲の嫡出推定を排除するまでの証明力を有するものと解することはできないと考えます。

五　市区町村長の審査権

　また、戸籍の届書を受理する市区町村長の審査権は、届書及び添付書面によって行う、いわゆる形式審査権であると解されており、本問のようなケースにおいて、子Dの父がC男である旨の届出が真実であるか否かを審査する権限はないものとされています。すなわち、市区町村長においては、嫡出子出生届の記載が真実か否かを審査することにはなっていないことから、実質的には前夫の子ではないにもかかわらず、形式上は民法第七七二条の規定の適用を受ける場合においては、その規定の適用が排除される裁判の謄本等の添付がされない限り、前夫の嫡出子として届出をしなければ受理できないことになります。

　本問においては、後夫C男から嫡出子出生届がされていますので、添付の書面が前記先例の趣旨に沿った書面か否かを判断しなければならないところ、この点につき市区町村長における審査権限の範囲という側面から検討すると、市区町村の窓口において、たとえ公的証明であったとしてもその内容は単に一部の利害関係人の一定期間における処遇状況を示したにすぎない書面が添付された出生届につき、当該書面のみに基づいて嫡出推定が及ぶか否かという実体的判断を行うべきであるとすれば、それは市区町村長に対してほとんど不可能を強いるものというほかありませんし、あるいはさらに補充的な実体的関係の調査を行わなければならないとすることも同様に考えられることから、いずれも相当でないと思われます。

　また、市区町村長において、ある程度の実質的審査を行うべきであると解する余地があるとしても、本問における刑務所長の証明書は、既に証明書の記載内容自体から、甲の嫡出推定排除を裏づける資料になり得ないものであることは、前述のとおり明らかです。

　一方、⑦の先例により、医師が作成した「懐胎時期に関する証明書」により離婚後に懐胎した子であることを証明できるときは、民法第七七二条の推定が及ばないものとして、子Dについて B女とその後夫C男の嫡出子として出生届をすることができる取扱いがされることになりました。その経緯については、「戸籍」第八〇一号三二頁以下（平成一九年六月号）を参照願います。

六　結論

以上のとおり、本問の場合には、前夫との嫡出推定を排除する旨の裁判の謄本の添付がない限り、刑務所長の証明書を添付したのみでは受理できないものと考えます。

なお、平成一六年七月七日に提出されたB女C男の婚姻届は、再婚禁止期間（民七三三①）にされた届出ですが、B女は前婚の解消前から懐胎している場合に当たるので、その出産の日、すなわち、同年七月一日から同条第一項の規定は排除されることとなり、当該婚姻届は有効な届出となります（民七三三②）。

また、本問の出生子は、母の婚姻解消後三か月以上、四か月未満の間に出生しているので、**二**の⑦の証明書が得られない事案になると考えられます。

〔17〕日本人と思われる女が子を私立病院で出産後、出生証明書の発給を受けないまま行方不明となり、出産に立ち会った医師が出生の届出をしない場合の取扱いについて

【問】 当市に在る児童相談所が預っている私立病院で出生した子について、子の母が退院直前に出生証明書の発給を受けないまま行方不明となったため、同病院が発行した出生届書に付された出生証明書を持参して、同相談所の職員が当市役所に子の出生の届出について相談に来ました。

同相談所の職員の話によると、子の母は入院時、日本名を名乗っていたものの、母子手帳等、身分を証明するものは何も所持していなかったとのことでした。また、行方不明になる前に母が病院の職員に供述していたことをもとに当市役所において子の母に関する情報を調べてみましたが、当市内には該当者はいませんでした。さらに、本件の出生届の届出義務者である、子の出産に立ち会った病院の医師に届出の催告をしましたが、同届書の届出人欄に本籍及び生年月日等を記載しなければならないことから、届出を拒んでいます。

この場合、子の出生の届出及び戸籍の記載は、どのようになるかお伺いします。

なお、同相談所の職員が持参した出生証明書には、病院で名乗っていた母の氏名が記載されています。

【答】　一　出生届について

戸籍は、日本国民の身分関係を登録公証するものですから、戸籍に記載される者は日本国籍を有する者でなければなりません。

一方、日本国内で出生した者については、出生子の国籍にかかわらず戸籍法の定めるところにより届出をしなければなりません（戸籍法の属地的効力）。

具体的には、国内における出生の届出は、戸籍法第四九条第一項により、一四日以内にこれをしなければならないとされています。出生子の父又は母が日本人であれば、その間に生まれた子は出生により日本国籍を取得する（国二Ⅰ）ことから、戸籍に記載されることになります。また、戸籍法は属地的効力がありますから、父母が外国人である場合であっても、子が日本国内で出生したときは、出生の届出はしなければなりません。

出生の届出をする際は、出生証明書を添付しなければならない（戸四九③）が、これは、出生の年月日及び場所等について虚偽の記載を防止するとともに、人口動態調査上、医師及び助産師から出産に関する統計資料を得るために、現行法において新たに規定されたものです。出生証明書を作成すべき者は、出産に立ち会った医師、助産師又はその他の者とされています（戸四九③）。ここにいう、「出産に立ち会った」というのは、母が産気を催してから胎児が母体から分離するまでの間と解されています（昭和二二・一一・六民事甲七〇四回答）。また、「その他の者」とは、家族、親戚及び隣人等でも差し支えありません。なお、出生証明書の添付のない出生届及びその他の者が作成した出生証明書を添付した出生届については、市区町村長は、管轄法務局の長の指示を得て受否を決定するため、受理照会をすることとされています（昭和二三・一二・一民事甲一九九八回答）。

出生届の届出義務者は、嫡出子の場合は父又は母（戸五二①）、子の出生前に父母が離婚した場合及び嫡出でない子は母（戸五二①②）、届出義務者である父母が届出をすることができないときは、第一に同居者、第二に出産に立ち会った医師、助産師又はその他の者が届出の義務を負います（戸五二③）。また、父母以外の法定代理人も届出をすることができます（戸五二④）。さらに、病院、刑事施設その他の公設所で出生があり父母がともに届出をすることができない場合は、公設所の長又は管理人が届出義務者となります（戸五六）。ここでいう、「公設所」とは、国又は公共団体等が設置した公の施設を指称します（昭和五〇・九・二五民二―五六六七回答）。

法定の届出義務者が届出前に死亡又は行方不明となったり、あるいは催告しても届出をしない場合において、届出義務者又は資格者以外の者から出生の事実を証する資料を添付して出生の申出がされたときは、市区町村長は管轄法務局の長の許可を得て職権により戸籍の記載をすることになります（戸四四③・二四②）。

二　出生の戸籍記載について

戸籍に記載されていない者を戸籍に記載するには、第一に前記**一**において述べた出生の届出、第二に棄児発見調書による手続、そして第三に家庭裁判所の許可に基づく就籍の届出による三つの方法があります。このうち、第二の「棄児」とは、身元不明等の乳幼児で、出生届がされているか否か不明であり、かつ、出生の届出義務者も不明又は存在しない者のことをいいます（明治三二・九・二二民刑九七二回答）。

棄児については、外国人の母から出生し、日本国籍を有しないのではないかと推認される場合であっても、これを特定されないときは、日本国内で出生していることから、日本の国籍を取得しているものとして取り扱い（国二Ⅲ）、戸籍に記載することになります。これは、子が無国籍状態になることを防止するためであると考えられます。棄児については、戸籍に記載された後に、棄児の父又は母が判明した場合には、父又は母は、棄児を引き取った日から一か月以内に出生の届出をするとともに、棄児発見調書に基づいて編製された戸籍を消除する戸籍訂正の申請をしなければなりません（戸五九）。

右の手続のいずれによって出生事項を戸籍に記載するかについては、出生届の届出義務者及び資格者がいる場合は出生届により、届出義務者及び資格者がいない場合で子が乳幼児（迷い子、浮浪児を含む）の時は棄児発見調書によることなり、その他の場合は就籍によることとになります（大正四・六・二三民三六一回答、昭和二五・一一・九民事甲二九一〇回答）。

三　本問の検討

本問は、日本国内の病院において子を出産後、母が出生届をしないまま消息不明となっているので、子の出生届の手続及び戸籍の記載方法等について検討する必要があります。

まず、本問における子が棄児に当たるかどうかですが、「棄児」とは前記**二**で述べたとおりですので、本問については、子は私立病院で出生しており、出産に立ち会った医師等、出生届の届出義務者が存在することから、原則として、届出義務者である出産に立ち会った医師が出生の届出をすることとなります（昭和三九・五・四日民事甲一六一七回答）。なお、本問の子が出生した私立病院については、戸籍法第五六条にいう「公設所」に該当しないことは、前記**一**で述べたとおりです。そして、届出義務者が届出をしない場合は、戸籍法第四四条第二項により催告する必要があります。

しかしながら、本問において、当該医師は届出を拒んでいるとのことですので、本問については、児童相談所の職員に出生証明書が付いている出生届書部分を記載して提出してもらい、それを出生の記載の申出書として取り扱うことも考えられます。その際には、出生証明書と併せて本申出に至った状況の詳細を記載した書面を、子が出生した病院又は児童相談所に提出してもらうことが望ましいと考えます。また、申出書中の「子の氏名」及び「本籍」は新戸籍編製する場合に必要となるため適宜定め、届書の各欄に記載します。また、「母の氏名」については、病院では母子手帳等の資料を確認しておらず本籍等も不明とのことですので、出生証明書記載の母の氏名も自称の可能性も否定できないことから、「不詳」として処理するほかないものと考えます。

本問については、出生した子の母が外国人である可能性も考えられますが、母は、日本名を名乗っており、仮に外

例

出　　生	【出生日】平成〇〇年〇〇月〇〇日 【出生地】〇〇県〇〇市 【許可日】平成〇〇年〇〇月〇〇日 【入籍日】平成〇〇年〇〇月〇〇日

国人である可能性が高くても、これを特定されないときは、「父母がともに知れないとき」（国二Ⅲ）に当たるとされます（最高裁平成七・一・二七判決・民集四九巻一号五六頁）。したがって、日本国籍を有するものとして、戸籍を編製することになります。

本問の場合における申出書に基づく戸籍の記載方法については、戸籍法第四四条第三項及び同法第二四条第二項に基づき、市区町村長は管轄の法務局の長に戸籍記載許可申請をした上で、子の戸籍を編製することになりますが、出生事項については、「平成〇〇年〇〇月〇〇日〇〇県〇〇市で出生平成〇〇年〇〇月〇〇日許可同月〇〇日入籍㊞」と記載します。

コンピュータシステムによる証明書の場合は、**例**のとおりです。

〔18〕 日本人男と外国人女の婚姻中に懐胎した子が、父である日本人男が死亡した後、出生したときの出生届及び戸籍編製について

【問】　外国人A女は、日本人B男と五年前に婚姻しました。同女がB男の子を懐胎中の平成一八年一月七日にB男が死亡したため、同女は、本国のE国に帰国し、同年三月三日に子を出産しました。この子について、日本に出生の届出をする必要があるでしょうか。

なお、A女は、子に日本国籍を取得させることを希望しています。また、A女とB男の間には、他に子はいません。

【答】　**一　渉外的出生届について**

出生子の父母の一方又は双方が外国人で、子が日本で出生した場合若しくは、出生子の父母の双方又は一方が日本人で、子が外国で出生した場合の出生届を、渉外的出生届といいます。外国で日本人を父又は母とする子が出生し、その子が出生によって日本国籍を取得している場合は、出生の届出をしなければなりません。なお、この場合に子が外国の国籍をも取得しているときは、出生の届出をするときに国籍留保の届出をしなければ、出生のときにさかのぼって日本国籍を喪失します（国一二、戸一〇四）。

日本は、出生子の国籍取得について父母両系血統主義を採っていることから（国二）、出生子の日本国籍取得の有無は、日本人父又は母との嫡出親子関係あるいは非嫡出親子関係が成立するかどうかに直接関係することになります。

二　嫡出子について

嫡出子とは、法律上の婚姻関係にある母がその法律上の夫によって懐胎し、出生した子をいいます。嫡出子の要件は、①父母が法律上の婚姻関係にあること及び②母の夫によって懐胎し、出生することです(民七七二①)。母と子との関係は、分娩の事実によって判断できますが、母がその夫によって懐胎したか否かは、容易に判断できる性質のものではないとされています。そこで、婚姻成立の日から二〇〇日後又は婚姻の解消若しくは取消しの日から三〇〇日以内に生まれた子は、父母が婚姻中に懐胎したものとして夫の子と推定することとされています(推定される嫡出子－民七七二②)。なお、婚姻の解消とは、離婚及び一方当事者の死亡をいいます。

渉外的出生届において、出生子が嫡出子か否かにつき、どこの国の法律を適用して判断するかが問題となりますが、子の出生当時の夫婦の一方の本国法によって嫡出子である場合は嫡出子とされています(法例一七①・現行の通則法二八①)。なお、子の出生前に夫が死亡している場合には、夫の死亡時の本国法が夫の本国法となります(法例一七②・通則法二八②)。

三　子の国籍について

出生による国籍の取得は、血統主義の国と生地主義の国とに大別されますが、日本では血統主義をとっており、昭和五九年の国籍法の改正により、父系血統主義から、父又は母のいずれかが日本国民であれば、その子は日本国籍を取得する父母両系血統主義に改められています(昭和五九・五・二五法律四五による国籍法の一部改正)。

国籍法の規定により、出生子が日本国籍を取得する場合は、①子が出生した時に父又は母が日本国民であるとき(国二Ⅰ)、②子の出生前に父が死亡した場合はその死亡時に父が日本国民であったとき(国二Ⅱ)、③子が日本で生まれた場合において、父母がともに知れないとき、又は無国籍であるとき(国二Ⅲ)とされています。

外国で出生した日本人の子が出生によって外国の国籍を取得した場合、日本国籍を留保する国籍留保届（戸一〇四）をする必要があります。出生の日から三か月以内に出生の届出とともに国籍留保の届出をしないときには、出生時にさかのぼって日本の国籍を失います（国一二、戸一〇四①②）。この届出の対象となる子の範囲は、生地主義国で出生した子に限らず、血統によって外国籍を取得した重国籍者も含まれます（国一二前段）。この届出をすることができる者が外国に在る外国人であっても、その国に駐在する日本の大使、公使又は領事に出生の届出とともにすることができます（昭和五九・一一・一民二―五五〇〇通達第3の4(2)）。

四　子の入籍する戸籍について

父母の一方が日本人である嫡出子は、日本人の父又は母の氏を称し、その戸籍に入籍しますが（戸一八②）、外国人母が懐胎している子の出生前に日本人父が死亡した場合は、子は死亡により婚姻が解消した際の父の氏を称します（民七九〇①ただし書類推適用）。

そして、子の出生時には日本人父の戸籍が存在していたが、出生届出前に除籍となっている場合には、当該戸籍を回復し、子をその回復戸籍に入籍させることになります（昭和三六・六・六民事甲一三三四指示）。また、子の出生前に日本人父の戸籍が除籍となっている場合は、父の除かれた戸籍を回復することなく、子をその除籍の末尾にいったん記載すると同時に除籍し、子について新戸籍を編製します。なお、この場合は届出人でない者について新戸籍を編製することになりますので、日本人父の従前の本籍と同一の場所を新本籍と定めます（戸三〇③、「戸籍」五八七号五五頁）。

五　本問の検討

本問は、出生子の父母の一方が外国人で、子の出生の場所が外国であるため、渉外的な出生届に関する問題ということになります。前記**一**で述べたとおり、外国で日本人を父とする子が出生し、その子が出生によって日本国籍を取得している場合は、出生の届出をしなければなりません。この場合、日本では血統主義を採っていますので、死亡している日本人B男と嫡出親子関係があるかが問題となります。

本問の出生子は、日本人B男の死亡時の本国法である日本法によると、父母の婚姻の解消から三〇〇日以内に生まれた子は、推定される嫡出子ですから、前記**二**で述べたとおり、夫婦の一方の本国法によって嫡出子である場合は、嫡出子とされるので、本問の出生子はB男の嫡出子ということになります。また、父であるB男が死亡したとき、日本国民であることから、出生子は日本国籍を有していることになります。

また、子は母の本国E国で出生しているので、子がE国の国籍を取得している場合は、重国籍者になりますが、日本国籍を喪失しないようにするには、出生の日から三か月以内に出生の届出とともに国籍留保の届出をする必要があります。なお、B男は死亡しているものの、外国人であるA女も届出資格を有していることから（戸五二①・一〇四①）、A女がE国に駐在する日本の大使、公使又は領事に出生の届出とともに国籍留保の届出をすることができます。

届出の方法としては、右のほかにB男の本籍地の市区町村長への郵送、日本での直接の届出のいずれも認められます。しかし、前記**三**で述べたように、出生の日から三か月の届出期間を過ぎてしまいますと、出生時にさかのぼって日本国籍を喪失するので注意する必要があります。

出生子の入籍するB男の戸籍は、他に同籍する者もいないことから、死亡後、既に除籍になっているものと思われます。その場合は、子の出生前に除籍になっているので、その戸籍を回復することなく、子をその除籍の末尾にいったん記載すると同時に除籍し、子についてB男の従前本籍と同一の場所を新本籍と定め、新戸籍を編製することになります。

参考までに記載例を示すと次のようになります。

（紙戸籍の場合）

①出生子の新戸籍

戸籍事項欄「平成拾八年○月○日編製㊞」

出生子の身分事項欄「平成拾八年参月参日Ｅ国○○市で出生同月○日母国籍留保とともに届出同年○月○日在○○総領事から送付東京都○○区○○一丁目○○番地Ｂ男戸籍から入籍㊞」

②除籍となっているＢ男の戸籍

出生子の身分事項欄「平成拾八年参月参日Ｅ国○○市で出生同月○日母国籍留保とともに届出同年○月○日在○○総領事から送付入籍東京都○○区○○一丁目○○番地に新戸籍編製につき除籍㊞」

コンピュータシステムによる証明書の場合

①出生子の新戸籍

戸籍事項欄

戸籍改製	【編製日】平成１８年◯月◯日

身分事項欄

出　　生	【出生日】平成１８年３月３日 【出生地】Ｅ国◯◯市 【届出日】平成１８年３月◯日 【届出人】母 【国籍留保の届出日】平成１８年３月◯日 【送付を受けた日】平成１８年◯月◯日 【受理者】在◯◯総領事 【従前戸籍】東京都◯◯区◯◯一丁目◯◯番地　Ｂ男

②除籍となっているＢ男の戸籍

出生子の身分事項欄

出　　生	【出生日】平成１８年３月３日 【出生地】Ｅ国◯◯市 【届出日】平成１８年３月◯日 【届出人】母 【国籍留保の届出日】平成１８年３月◯日 【送付を受けた日】平成１８年◯月◯日 【受理者】在◯◯総領事 【新本籍】東京都◯◯区◯◯一丁目◯◯番地

第四　認　知

〔19〕日本人男女間の婚姻前にコロンビア共和国で出生した子について、父母婚姻後に認知証書と認められる出生証明書を添付の上、出生の届出がされた場合の戸籍の処理方法について

【問】平成一一年七月二二日に日本人男女の創設的婚姻届が、本籍地であるA区長に届出され、その後、同月三〇日に同男女間のコロンビア共和国で出生した子について、父から出生届が同区長に届出されました。出生届には、コロンビア共和国が発行した認知証書と認められる出生証明書（平成一一年六月一〇日出生、同月一二日証書作成）が添付されています。

この場合、子は出生届により父母の戸籍に入籍させ、さらに、報告的認知届（「証明書は出生届に添付した」旨を「その他」欄に記載したもの）の届出をさせ、認知事項を記載すべきものと考えますが、この取扱いでよいかご教示願います。

【答】一　子の入籍すべき戸籍について

まず、子は法律上、嫡出子、嫡出でない子、準正子に区別されますが、これらの子の入籍する戸籍は次のようになります。

(1) 嫡出子は、父母の氏を称し、父母の戸籍に入籍します（民七九〇①、戸一八①）。

(2) 嫡出でない子は、母の氏を称し、母の戸籍に入籍します（民七九〇②、戸一八②）。

(3) ①準正子は、父の認知後、父母の婚姻により嫡出子の身分を取得する婚姻準正と、父母の婚姻後、父の認知により嫡出子の身分を取得する認知準正があります（民七八九）。父母の婚姻又は父からの認知によって嫡出子の身分を取得するまでは嫡出でない子として出生当時の母の氏を称し、母の戸籍に入籍します。準正により嫡出子の身分を取得しても、当然には父母の氏を称することにはならず、したがって、父母の戸籍に入籍しません。父母の戸籍に入籍を希望するときは、原則として家庭裁判所の許可を要しますが（民七九一①）、父母の婚姻中に限り、家庭裁判所の許可を必要とせずに、戸籍法第九八条に規定する入籍届によって父母の戸籍に入籍することができます（民七九一②、なお、昭和六二年一二月一日までは、嫡出子の身分を取得すると同時に父母の氏を称し、直ちに父母の戸籍に入籍する取扱いがされていた－昭和三五・一二・一六民事甲三〇九一通達）。

②父母の婚姻前に出生した子について、父母婚姻後、父から嫡出子出生の届出（戸六二）がされた場合は、その出生届は認知の届出の効力を有し、子は準正嫡出子となり、子は父母の氏を称し直ちに父母の戸籍に入籍します（昭和二三・一・二九民事甲一三六通達）。

(4) その他

①胎児認知の届出がされている子が出生した場合は、出生時に法律上の父が存在することになるが、父母が婚姻していなければ嫡出でない子となるので、前記(2)の取扱いとなります。出生の届出後に父母が婚姻した場合は、婚姻準正となるので前記(3)①の取扱いとなります。出生前に父母が婚姻した場合は、子は生来の嫡出子となるので前記(1)の取扱いとなります。出生後に父母が婚姻し、その後に出生の届出をした場合も届出時点では嫡出子ですので、前記

(1)の取扱いとなります。

②母の離婚後三〇〇日以内の出生子は、母の前夫の嫡出の推定を受けます（民七七二）が、母の前夫によって懐胎されたものでない場合において、前夫の嫡出否認の訴え（民七七四・七七五）又は子と母の前夫との間で父子関係不存在確認の裁判が確定し、母の前夫の嫡出推定が排除された場合は、子は嫡出でない子となるので前記(2)の取扱いとなります。また、前夫の嫡出推定が排除された場合で、母が再婚し、母の後夫から嫡出子出生の届出がされたときは前記(1)の取扱いとなります（昭和四八・一〇・一七民二―七八八四回答、昭和五四・八・二一民二―四三九一通達）。母の前夫の嫡出否認の裁判あるいは父子関係不存在確認の裁判ではなく、母の後夫との間で裁判認知が確定している場合に、その裁判の謄本を添付して後夫から嫡出子出生の届出がされたときも前記(1)の取扱いとなります（昭和四一・三・一四民事甲六五五回答）。

なお、婚姻の解消又は取消し後三〇〇日以内の出生子について、医師が作成した「懐胎時期に関する証明書」により婚姻の解消又は取消し後に懐胎した子であることが証明されたときは、民法第七七二条の推定が及ばないものとして、嫡出でない子又は後夫を父とする嫡出子として出生の届出をすることができます（平成一九・五・九民一―一〇〇九通達）。その場合は、前記(2)又は(1)の取扱いとなります。

二　認知事項の記載について

認知は、嫡出でない子とその父との間に法律上の父子関係を形成します（民七七九）。その場合の認知事項の戸籍の記載は、次のようになります。

(1)　認知がされると、認知する父の戸籍の身分事項欄及び認知される子の身分事項欄に、それぞれ認知に関する事項が記載されます（民七八一①、戸規三五Ⅱ）。

(2) 戸籍法第六二条の嫡出子出生の届出がされた場合は、認知に関する事項は記載されず、出生事項だけが記載されます。

(3) 胎児認知の届出（民七八三①）がされ、当該子が出生し、父母の婚姻後、父から嫡出子出生の届出がされた場合は、当該子は民法第七八九条第一項の規定により嫡出子の身分を取得しているので、この届出は戸籍法第六二条の届出とは扱わず、通常の嫡出子出生の届出として扱うことになります。この場合は、胎児認知に関する事項は、法律上の父子関係及び嫡出子の身分取得の経過を明らかにするため、出生事項の次行に記載されます（昭和六〇・二・一九民二―八七一回答）。

(4) 母の離婚後三〇〇日以内に出生し、母の前夫の嫡出推定を受ける子について、再婚した母の後夫との裁判認知が確定した場合は、母の後夫から嫡出子出生の届出のほかに、報告的認知の届出（「証明書は出生届に添付」の旨を「その他」欄に記載したもの）により認知事項が父及び子の双方に記載されます（昭和四一・三・一四民事甲六五五回答）。

三 本問についての検討

本問については、添付されたコロンビア共和国発行の出生証明書は認知を証する書面と認められます（昭和五六・五・二二民二―三二四九回答、昭和六〇・六・二八民二―三六七五回答参照）。

ところで、わが国においては任意認知は創設的届出（民七八一①、戸六〇・六一）とされていますが、日本国籍を有する者に対して出生の届出前に、当該出生子の認知の届出がされると、戸籍に記載されていない者に対しての届出となり、被認知者についての審査ができないことになるので、すぐに受理決定ができません。つまり認知が有効に成立するかどうか審査をする前提として、当該子の身分関係を確認する書類等が必要となります。

そこで、本問について見ますと、子の出生後に父母が婚姻し、父から嫡出子出生の届出がされているので、子の身分関係は確認できます。なお、この届出を戸籍法第六二条の届出として見ることができるのではないかと考えられますが、先に述べましたように、当該子は既にコロンビア共和国で認知が有効に成立していますので、重ねて認知をすることはできないことになります。したがって、この出生届は、通常の嫡出子出生届として扱うことになります。

次に、子の入籍する戸籍ですが、本問の場合は、父からの認知があり、その後、父母が婚姻しているので、前記**一**(3)①により、手続の順からみれば婚姻準正により嫡出子となるケースですが、出生の届出をする前にコロンビア共和国で認知が有効に成立しているので、出生届出時には既に嫡出子としての身分を取得していることになります。よって、子の入籍する戸籍は前記**一**(1)により父母の戸籍となります。

次に、認知事項の記載ですが、本問の出生届は通常の嫡出子出生の届出として扱うことは先に述べたとおりですので、本来であれば記載をしないことになります。しかし、これは前記**二**(3)の胎児認知及び(4)の裁判認知の記載と同様に、父母が婚姻前に出生した子の父子関係は認知がない限り形成されず、認知があったということは重要な事実であり、また、本問の場合の認知は父母婚姻前に成立しているので、別途、認知の届出は要するものと考えます。そして、その届出に基づき嫡出子の身分を取得した経過を戸籍の記載上明確にしておくことが必要と考えます。

四　結論

以上のことから本問の場合は、嫡出子出生の届出として受理するとともに、嫡出子の身分を取得した経過を戸籍上明らかにしておく必要がありますので、別途、報告的認知の届出をさせ、父及び子の身分事項欄に認知に関する事項を記載することになります。

なお、本問における戸籍記載例（父甲野太郎、子甲野一男とするもの）は次のようになります。

コンピュータシステムによる証明書の場合

父の身分事項欄

認　　知	【認知日】平成１１年6月１２日 【認知した子の氏名】甲野一男 【認知した子の戸籍】東京都○区○町○丁目○番地　甲野太郎 【認知の方式】コロンビア共和国の方式 【証書提出日】平成１１年7月３０日

子の身分事項欄

出　　生	【出生日】平成１１年6月１０日 【出生地】コロンビア共和国○市○町 【届出日】平成１１年7月３０日 【届出人】父
認　　知	【認知日】平成１１年6月１２日 【認知者氏名】甲野太郎 【認知者の戸籍】東京都○区○町○丁目○番地　甲野太郎 【認知の方式】コロンビア共和国の方式 【証書提出日】平成１１年7月３０日 【証書提出者】父

（紙戸籍の場合）

父の身分事項欄

平成拾壱年六月拾弐日同籍甲野一男をコロンビア共和国の方式により認知同年七月参拾日証書提出㊞

子の身分事項欄

平成拾壱年六月拾日コロンビア共和国○市○町で出生同年七月参拾日父届出入籍㊞

平成拾壱年六月拾弐日甲野太郎コロンビア共和国の方式により認知同年七月参拾日父証書提出㊞

〔20〕 日本人女が、フランスの裁判所において成立した同女の子に対する裁判認知の謄本を添付して認知の届出をした場合について

【問】　平成一二年四月一日日本人乙女の本籍地である当区役所に、フランス人甲男が日本人乙女の子Aを認知する報告的届出が同女から郵送されてきました。添付されたフランスの裁判所の裁判の謄本によれば、平成一二年三月一〇日に判決が確定しています。

　この届出は、戸籍法第六三条による裁判による認知の届出としては届出期間が過ぎていますが、同法第四一条による証書の提出期間は経過していません。同条の証書の提出とみなして受理し、戸籍の記載をしてよいか疑義がありますので、ご教示願います。

【答】　一　はじめに

　外国に在る日本人について、その国の裁判所において身分変動を成立させる旨の判決が確定したときに、その成立した身分行為を戸籍に記載するには、戸籍法第四一条に規定する証書の謄本を提出する場合、又は同法第六三条による届出をする場合、あるいは、戸籍訂正を申請をする場合などが考えられます。

　本問は、外国の裁判所の裁判の謄本を添付した報告的届出の送付を受けたが、戸籍実務上どのように処理すべきかが質問の内容です。本問を検討するに当たって、それぞれについて、留意点を考えてみたいと思います。

(1)　戸籍法第四一条に規定する証書を提出する場合

戸籍法第四一条は、外国に在る日本人がその国の方式に従って、届出事件に関する証書を作成させたときは、三か月以内にその国に駐在する日本の大使、公使又は領事にその証書の謄本を提出しなければならないと定めています。さらに、同条第二項は、その国に領事等が駐在していないときは、本籍地の市区町村長に証書の謄本を発送しなければならないと定めています。

この規定は、身分行為を行った行為地が外国である場合に、当該外国の方式によってその身分行為が成立したときは、当事者の一方又は双方が日本人であれば、戸籍にその身分事実を記載しなければなりませんから、その身分行為が成立したとするその証書の謄本の提出を求めているものです。

外国の裁判所において、日本人同士又は日本人と外国人間に養子縁組が成立したとする裁判が確定した場合には、その確定証明書付き外国裁判書をもって、この証書とする取扱いがされています（昭和二九・一一・五民事甲二三四七回答）。

これは、養子決定の裁判自体が非訟事件であることから、そのような取扱いがされているものです。なお、他の身分行為が外国裁判所で成立したとする場合は、このような取扱いはされていません。

市区町村長は、外国の方式によって身分行為が成立した旨の証書の謄本が提出されると、提出された書面が身分行為を証明するものかどうかを審査することになります。審査は、その提出された証書の謄本が当該国の権限ある者によって作成されたものであるか否か、例えば、裁判所、公証人、身分登録機関等の公の機関で、公正を期し得る者によって作成されたものかどうか、さらに、当該身分行為をした者や、その日付が特定されているか否か等を審査する必要があります。

なお、戸籍実務においては、外国の方式によって一応当該身分行為が成立したとしても、法例（現行の通則法）の指定する準拠法の実質的成立要件を欠き、当然無効であることが明らかである場合には、受理することができないとされています（昭和五・九・二九民事八九〇回答）。

しかし、無効であることが明らかでなければ、その身分行為について取消事由があったとしても、そのことを理由に受理しないことは許されず、そのままこれを受理し、戸籍に記載せざるを得ないとされています（昭和四四・二・一三民事甲二〇八回答）。

(2)　戸籍法第六三条による届出をする場合

外国の裁判所において日本人を当事者とする認知の裁判が確定したときは、強制認知を認容する旨のわが国での裁判の確定と同様、当事者間に認知の効力が生ずることから、戸籍法上、その者の戸籍に認知事項を記載しなければなりません。そこで、戸籍法第六三条第一項は、訴えを提起した者は、裁判が確定した日から一〇日以内に、裁判の謄本を添付してその旨を届け出なければならないと規定しています。また、訴えを提起した者が届出をしない場合は、その相手方も、裁判の謄本を添付して、認知の裁判が確定した旨を届出することができると規定しています（戸六三②）。

また、届出の際に、届書の記載事項は、一般の記載事項のほかに、判決又は審判が確定した日を記載しますが、これが認知の効力の発生日となります。添付書類は、判決又は審判の謄本及びその確定証明書です。なお、当事者の本籍地の市区町村長は、家庭裁判所からの通知により確定年月日が明らかなときは、届出人に確定証明書を添付させる必要はないとされています（昭和二四・二・一七民事甲三四九通知）。

ところで、認知以外の他の身分行為の裁判が確定した場合は、戸籍法第七五条の婚姻の取消しの規定や同法第七七条の裁判離婚の規定など、それぞれこの戸籍法第六三条の規定を準用しています（戸六九・七三・七五・七七・七九）。

したがって、外国の裁判所において日本人を当事者とするこれらの身分行為についての裁判が確定した場合は、裁判認知の場合と同様、その裁判の謄本を添付して、この届出をすることになります。

(3) 確定判決による戸籍訂正申請をする場合

外国の裁判所で日本人を当事者とする実体的身分関係についての裁判が確定し、その結果戸籍の記載が真実に反する場合は、戸籍法第一一六条の規定により戸籍訂正を申請することになります。

例えば、外国の裁判所で日本人について、①嫡出子否認の判決、②父を定める判決、③認知の無効の判決、④養子縁組及び離縁の無効の判決、⑤婚姻及び離婚の無効判決といった裁判が確定した場合には、その判決の謄本を添付し、同条の規定による戸籍訂正を申請することで戸籍に記載されることになります。

二 外国裁判所の判決の承認について

前記一で述べたとおり、外国裁判所で日本人について養子縁組が成立した場合は、その裁判書を戸籍法第四一条の証書とする取扱いですが、それ以外の身分行為について外国の裁判所で日本人について判決があり、その旨の届出等があった場合、戸籍実務上は、民事訴訟法第一一八条（旧民訴二〇〇）を全面的に適用し、同条の要件を充足する場合は、わが国においてその効力を認め、その判決が法例（通則法）に定める準拠法に従ったものかどうかの判断は要しないとされています（昭和五一・一・一四民二―二八〇通達）。したがって、外国判決の謄本を添付して報告的届出等がされたときは、その判決が民事訴訟法第一一八条に定める要件を具備しているか否かを審査し、同条に定める要件を明らかに欠いていると認められる場合を除き、届出等を受理して差し支えないとされています。

三　本問についての検討

以上に述べたところから、本問の外国において日本人を当事者とする認知の裁判があった旨の届出がされた場合は、認知などの裁判は、相対立する当事者が争訟する争訴性の性質を有するものであり、慎重な審理がされ、さらに、真実の父子関係があるかどうかなどという極めて重大な身分関係の判断を下す裁判であるから、戸籍に「裁判確定」と記載するのが実務上の取扱いです。

したがって、本問の届出については、民事訴訟法第一一八条の各号要件について該当するか否かを審査することになります。

なお、同届出は、戸籍法第六三条第一項に定める届出期間経過後にされたので、過料制裁の問題は生じます。しかし、戸籍に認知の事実を記載しなければならないことに変わりがなく、当該届出は、受理することになります。

〔21〕日本人男とフィリピン人女の婚姻中に出生した子について、母が嫡出でない子として出生届出をし受理された後、生理上の父からその子を認知する場合について

【問】 フィリピン人A女と婚姻した日本人B男から、婚姻前にA女が出生した子Cを認知したいとの相談がありました。子Cについては、当乙区役所でA女の嫡出でない子として出生届を受理しています。ところが、B男の説明によると、子Cが出生した当時はA女と前夫である日本人D男は婚姻中であったが、A女はD男の暴力に耐えきれなく家出をした後、B男と交際し同居した後に妊娠したので、子Cは間違いなく自分の子であるとのことです。その後、A女とD男は子Cの出生後間もなく協議離婚したので、B男は、子CをD男の戸籍に入籍させることなく、自分が認知して自分の戸籍に入籍させたいとのことです。

本件を時系列にすると次のとおりです。

一 平成八年三月一日フィリピン人A女と日本人D男がD男の本籍地である甲区長に婚姻届出
二 平成一〇年八月一日A女はD男と別居し日本人B男と同居
三 平成一一年九月一日A女が乙区でB男の子Cを出生
四 平成一一年九月一〇日A女が子Cを嫡出でない子として乙区長に出生届出
五 平成一一年一一月一日A女とD男が甲区長に協議離婚届出
六 平成一二年一二月一日A女とB男がB男の本籍地である乙区長に婚姻届出

この場合、B男が子Cを認知し、B男の戸籍に入籍させるためにはどのようにすればよいでしょうか。

【答】一　認知の準拠法について

渉外的非嫡出親子関係の成立については、法例第一八条（現行の通則法二九）に規定されています。それによると、認知に関する準拠法については、子の出生の当時若しくは認知の当時の認知する者の本国法又は認知の当時の子の本国法によるとされています。なお、認知する者の本国法による場合は、子の本国法上の保護要件（母の承諾等）をも具備しなければならないと規定されています。

本問の場合は、認知する者であるB男は乙区に本籍を有するので日本国籍であることが認められ、B男の本国法である日本法で要件審査をすることになります。日本の民法第七七九条は嫡出でない子であることを認知要件としていますので、子Cが嫡出でない子でなければ認知はできないことになります。

二　子Cの出生届について

本問の場合、子Cの出生届はフィリピン人A女の嫡出でない子として乙区で受理されており、フィリピン共和国憲法第一条第二号の規定によるとフィリピン市民を母とする子はフィリピン市民とするとされています。この出生届及び同条同号の規定を根拠に、これをもって直ちに、子Cはフィリピン国籍でありA女の嫡出でない子と認めるのは相当でないと考えます。つまり、日本で出生した外国人女の嫡出でない子として、当該母から医師の出生証明書を添付して出生届出がされた場合は、母の国籍証明書及び未婚証明書は法定添付書面ではないため、出生届の受理に当たって母の国籍及び婚姻中の子であるか否かについては特に審査しません。

したがって、届出を受けた市区町村長は、出生届に記載されている内容について、特に疑義が生じない限り管轄法務局の長に受理照会することなく、そのまま受理することとなります（戸四九・五二）ので、母の国籍及び子の嫡出性について審査されていない以上、届出人が作成した子Cの出生届書だけでは、子Cの国籍及び嫡出でない子の証明にはならないことになります。

三　子Cの嫡出性について

本問のように、日本人と外国人夫婦間に出生した子の嫡出性については、法例第一七条（通則法二八）に規定されており、子の出生当時の父又は母のいずれか一方の本国法により嫡出子となる場合には嫡出子とされます。

そこで、まず日本法を見てみますと、A女とD男の婚姻成立の日から二〇〇日後に子Cは出生していますので、Cは、民法第七七二条第二項の規定によりA女とD男の嫡出子となります。

また、フィリピン法においても、A女とD男の婚姻中に子Cは出生していますので、フィリピン家族法第一六四条の規定により、Cは、A女とD男の嫡出子となります。

以上のことから、子Cは日本法及びフィリピン法の双方の本国法により、A女とD男の嫡出子となります。したがって、A女の嫡出でない子として乙区長が受理した出生届は誤りであり、嫡出子としての出生届をしなければならないことになります。この場合には、乙区長が受理した出生届をA女とD男の嫡出子とする出生届にするための追完届をしなければなりません。それによって、子は出生の時に日本国籍を取得しD男の戸籍に入籍することになります。

しかし、本問の場合は、生理上の父はB男とのことですので、D男の嫡出推定を受ける子に対してB男が認知をするためにはどうすればよいかが問題となります。

四　D男との嫡出親子関係の否定

本問の場合は、A女とD男の双方の本国法により嫡出子と推定されているので、双方のそれぞれの本国法によって、子の嫡出性が否定されることが必要であります。これが認められた場合に初めて、嫡出性が否定されると解されています。

まず、日本法においてD男とCの嫡出親子関係を否定するためには、D男からの嫡出否認の訴え（民七七四）をするか、又は、A女がD男と事実上離婚している状況の下で出生した子Cのように推定の規定の適用が排除されるような場合は、利害関係人から親子関係不存在確認の訴えを提起し、D男とCとの親子関係を否定することができます。

次に、フィリピン法においてもD男とCの嫡出親子関係を否定する必要がありますが、フィリピン法においても嫡出の推定について争うことができる（フィリピン家族法一六六・一七〇）と規定されており、裁判でその嫡出性を否定することができます。

したがって、日本の裁判所においてD男とCの嫡出親子関係を否定する裁判が確定すれば、フィリピン法上もD男とCの嫡出親子関係は否定されるものと解されます。

五　追完届について

子Cについては、既にA女の嫡出でない子としての出生届が受理されていますので、それについて、D男の嫡出子とする追完届をし、子CをD男の戸籍にいったん入籍させた後に、D男と子Cとの間の嫡出性を排除する裁判を確定させ、その裁判の謄本及び確定証明書を添付して戸籍法第一一六条の戸籍訂正により、子Cを消除するのが原則的な訂正方法です。

これに対し、CをD男の戸籍に入籍させる前に、D男とCの嫡出親子関係を否定する裁判が確定した場合であれば、前記の原則的な訂正方法によらないで、A女の嫡出でない子の出生届について、D男との父子関係を否定する裁判の謄本及び確定証明書を添付してその旨の追完届をすれば足りると考えます。

これにより、前記**二**の出生届は、子CについてA女の嫡出でない子であり、フィリピン国籍であるとの事実と一致することになります。

六　結論

以上の手続を経ることによって、子Cは嫡出でない子と認められるので、B男の本国法である日本法を適用して認知することができることになります。また、父の本国法によって認知する場合、前記一で述べたとおり子Cの本国法上の保護要件を具備する必要がありますが、子Cの本国法であるフィリピン家族法を見てみますと、認知の規定はなく、同法第一六三条の規定により、事実主義を採っていることが認められます。よって、このように認知制度のない国の場合は、子の保護要件についてはないものと解されています。

渉外認知の形式的要件に関する準拠法については、法例第二二条（通則法三四）に規定されており、認知の成立の準拠法によるか行為地の方式によるものとされています。したがって、本問についてはB男が本籍地である乙区長に届出をすることにより認知は成立し、B男の戸籍の身分事項欄に認知事項が記載されることになります。

子CがB男に認知されたことにより、子Cの父母であるA女とB男が婚姻しているので、民法第七八九条第二項の規定により認知準正が成立し、子CはA女とB男の準正嫡出子となります。

なお、子Cの法定代理人である親権者A女とB男（法例二一（通則法三二）、フィリピン家族法二一一）が、子Cについて準正による日本国籍の取得（国三）の届出を法務大臣にして国籍を取得したときは、国籍取得届（戸一〇二）をすることにより、CをB男の戸籍に入籍させることができます。

〔22〕外国人女の胎児について、日本人男が胎児認知届をしていたが、胎児は同女の前夫との離婚後三〇〇日以内に出生したため、同届は不受理となり、出生子は母が出生届をして前夫の戸籍に入籍し、その後、前夫と子の父子関係不存在確認の裁判が確定し、戸籍訂正がされ、次いで不受理処分とされた胎児認知届及び出生届の追完届がされた場合の取扱いについて

【問】　日本人甲男と外国人乙女の離婚後に同女の胎児について、日本人丁男が胎児認知届を乙女の住所地であるA区長に届出し受理されました。右の胎児は、乙女の離婚後三〇〇日以内に出生し、乙女からA区長に甲男との嫡出子丙として出生の届出がされ、B区の甲男の戸籍に入籍しました。そのため、先の胎児認知届は受理処分が撤回され不受理処分となり、丁男に届書が返戻されましたが、丙が出生してから、一〇か月後に甲男と丙間の親子関係不存在確認の裁判が確定し、甲男からの戸籍法第一一六条の規定による戸籍訂正申請により丙は戸籍から消除されました。次いで丁男から不受理処分により返戻された胎児認知届書が提出され、さらに、乙女からは出生届の追完届がそれぞれ前記の裁判の謄本及び確定証明書を添付してA区長に届出されました。これらの届書をどのように取り扱ったらよいでしょうか。

なお、丁男の本籍地はC区、丙の新戸籍を編製する市区町村はD区となっています。

【答】 **一　日本人男が外国人女の胎児を認知する渉外的胎児認知の意義**

日本人男が外国人女の胎児を認知した場合、胎児が出生すると日本人男と出生子の間に法律上の親子関係が生じ、出生子は、日本国籍を出生時に取得することになります（国二Ⅰ）。

そこで、右胎児認知について相談又は届出があった場合は十分に気をつけて対応しなければなりません。誤った対応をしてしまったことにより、出生子が日本国籍を取得できなかったということが起こり得るからです。

二　日本人男が外国人女の胎児を認知する渉外的胎児認知届書の取扱い

本問は、嫡出性についての問題点以外の受理条件（準拠法や要件等）はすべて整っていることを前提として、前記届書の取扱いについて考えてみることにします。

1　外国人女が婚姻中に胎児認知届が夫以外の日本人男から届出された場合は、不受理処分にし届出人に届書を返戻します。しかし、後に嫡出親子関係にある父子について親子関係不存在確認の訴え又は嫡出否認の訴えが提起され、その裁判が確定した場合、当初の不受理処分により返戻された胎児認知届は、右の嫡出性を排除する裁判の謄本及びその確定証明書を添付して、その旨の届出をすることにより、不受理処分が撤回され当初届出がなされた日に遡及して受理処分がされます（平成一一・一一・一一民二一五二四二〇通知2のエ）。

2　また、離婚後前夫の嫡出推定を受ける期間中（離婚後三〇〇日以内）に届出された胎児認知届については、胎児がいつ出生するか不明なので同届出は受理する取り扱いになります（大正七・三・二〇民三六四回答、昭和五七・一二・一八民二七六〇八回答）。ただし、胎児が嫡出推定を受ける期間中に出生した場合は、先の受理処分を撤回し不受理処分にして、同届書は届出人に返戻します。なお、その後に嫡出親子関係にある父子について親子関係不存在確認の訴え又は嫡出否認の訴えが提起されその裁判が確定した場合は、前記1と同じ取扱いになります（前掲民二・民五一二四二〇通知2のウ)。

三　出生届の追完等について

嫡出親子関係にある父子について、その親子関係を否定する裁判が確定した場合に、父が出生の届出をしているときは、届出資格である父が否定され、資格のない者からの届出となるため、その届出は無効になるので、届出資格者である母が新たに出生の届出をすることになります。ただし、右の父が同居者であった場合には、追完届により届出人の資格を同居者にする等、必要箇所を追完することによって、新たな出生の届出をすることなく、当初の出生届を真実に合致したものとすることができます。

また、母が出生の届出をしていたときは、当然に届出人について資格のある者からの届出ですので、追完届によって必要箇所を追完することにより、新たに出生の届出をすることなく、当初の出生届を真実に合致したものとすることができます。

なお、追完届は現に届出をした者はもちろん、すべての届出義務者からすることができます（大正三・一二・二八民一九六二回答）。

四　本問についての検討

1　丁男からの胎児認知届について、当該届出を審査するA区長は、乙女が現在独身であり、胎児が出生しないと前夫の嫡出推定を受けるかどうか不明であることから、いったん受理することになります。そして、A区長は胎児が出生すると胎児認知事項を丁男の戸籍に記載する必要があるため、丁男の本籍地のC区長に胎児認知届の写しを参考送付し、出生の届出がされるまで届書原本を保管しておきます。

2　乙女から甲男との嫡出子として届出された丙の出生届については、丙は、甲男と乙女の離婚後三〇〇日以内に出生し、甲男の嫡出推定を受ける子であるからこれを受理し、保管している胎児認知届は受理処分を撤回して不受理処分とし、届書を丁男に返戻するとともに、C区長に対し胎児認知届が不受理になった旨参考通知します。そして、A区長は出生届の謄本を作成して非本籍地の届書として保管し、B区長に原本を送付します。B区長は出生届が送付されてきたら甲男の戸籍に丙を入籍させます。また、送付されてきた月の翌月の二〇日までに、B区長は出生届を管轄の法務局に送付します（標準準則三九②）。

3　その後、甲男と丙の親子関係不存在確認の裁判が確定し、甲男から戸籍訂正申請がされたときは、訂正を要する戸籍がB区の戸籍であるため、A区長は非本籍人の申請書として受理し、戸籍受附帳に記載した後B区長に送付します。

4　B区長は、A区長から送付されてきた戸籍訂正申請に基づき甲男の戸籍中の丙を消除する旨の訂正をします。

5　丁男から先に届出され、その後不受理処分とされた胎児認知届については、甲男と丙の親子関係不存在確認の裁判が確定したことにより、同届は受理することができることとなったため、A区長は不受理処分となった胎児認知届書が丁男から提出されたときは、先の不受理処分を撤回し、当該届出は当初の届出の受付日をもって受理します。

6　乙女からの出生届の追完届については、A区には非本籍の届書が保管されていますから、その届書をもって追完届の内容を審査し、不備がない場合は受理します。

7　A区長は、右の5及び6の処理によって、C区長とD区長に出生届と追完届及び胎児認知届の各届書並びに胎児認知届書に添付されている親子関係不存在確認の裁判の謄本とその確定証明書を送付しなければなりません。

この場合において、追完届と胎児認知届の届書について、それぞれ謄本を二通作成し、一通を非本籍分としてA区において保管し、D区長には出生届書と追完届書及び胎児認知届書を送付し、C区長には出生届書の謄本と追完届書・

胎児認知届書の謄本を送付します（C区とD区は逆でも差し支えありません。）（**注**）。

8 右の7により送付を受けたC区長は、丁男の戸籍に胎児認知の記載をし、D区長は、丙について新戸籍を編製し、出生及び認知事項を記載します。

（**注**） 出生届書の謄本については、**四**の2でB区に原本を送付しており、A区には非本籍の届書として出生届書の謄本が保管されているだけです。この謄本に基づき、さらにその謄本を作成するのは適当でないと考えられるので、B区に送付した出生届書の原本を保管するB区の管轄法務局から出生届書の記載事項証明書を取り寄せて送付することになります。

（**参考文献**） 「戸籍」六七九号七〇頁以下、同六八〇号四七頁以下、同六九三号六九頁以下

〔23〕日本人男とフランス人女との間にフランスで出生した子について、フランスの方式により胎児認知はされていたものの、日本にその証書の謄本の提出及び子の出生届が三か月以内にされなかった場合の戸籍の処理について

【問】日本人A男は、平成一〇年一二月一日にフランス人B女の胎児を同国の方式により胎児認知をしました。そして、B女は同月三一日にA男が胎児認知した子Cをフランスで出生しましたが、A男は、胎児認知についての証書の謄本の提出も出生届も在外公館の長又は本籍地の市区町村長にしていませんでした。A男は、平成一五年四月にB女とCを連れて日本に帰国し、今般、Cの胎児認知届と出生届について窓口に相談に来ました。どのように対応したらよいでしょうか。

なお、A男は、胎児認知した旨の記載があるフランス国発行の子の出生証明書を持参しておりますが、胎児認知の証書の謄本の提出及び出生の届出をしなかった遅延理由を記載した書面は持参していません。

【答】一　胎児認知について

認知は、主として父とその嫡出でない子との間に法律上の父子関係を形成する法律行為です。日本においては、民法第七七九条に認知の定めがあり、父と嫡出でない子との法律上の親子関係は、事実上の父子関係の存在を前提として、認知によって成立します。

さらに、同法では第七八三条に、父は、母の胎内にある胎児を認知することができると定めています。胎児認知は、

生まれてくる嫡出でない子に生来的に法律上の父を与えるところにその実質的意味があります。特に、外国人女性に懐胎させた日本人男性が、同女の胎児を認知することによって、出生する子は生来的に日本国籍を取得する（国二Ⅰ）ことから、胎児認知の実益があるとされています。

フランスも、生理上の父子関係をそのまま法律上の父子関係とする事実主義の法制を採っている国ではなく、認知主義の法制を採っています。

当事者の一方が日本人で行為地が外国である場合は、当該外国の方式によって認知が成立することがあります。その場合は、その外国の方式によって認知が成立しているので、証書の謄本又は証明書を三か月以内にその国に駐在する日本の大使、公使又は領事（いわゆる在外公館の長）に提出するか、又は本籍地の市区町村長に直接送付することもできます（戸四一・二五・四七）。

胎児認知届は、子の出生によって効力を生じるので、同届書の送付後すぐに父の戸籍にその旨の記載がされるわけではありませんが、外国の方式で成立した日本国民の身分に関する事項は、戸籍法第四一条により、三か月以内にその証書の謄本を提出しなければならないことに変わりはありません。

二　子Cの日本国籍の有無について

出生によって日本国籍を取得する場合については、国籍法第二条に規定され、日本人が事実上の父で父母が婚姻していない場合は、父が胎児認知している場合に限って出生子は日本国籍を取得することになります。

本問の場合は、両親は婚姻をしていませんが、フランスの方式により胎児認知を成立させていたので、出生の時に法律上の父が日本人であったことになるため、生まれた子は出生により日本国籍を取得しています。

しかし、外国で生まれた右の子が、母の本国法又は出生地の国の法律によりその国の国籍をも取得した時は、子の生まれた日から三か月以内に出生届とともに国籍留保の届出をしなければ、日本国籍を出生の時にさかのぼって喪失することになります（国一二）。

このことから、本問の子Cは、フランスにおいて同国の方式により同国にだけ胎児認知及び出生届がされており、日本へは胎児認知の証書の謄本の提出、出生届及び国籍留保届はしていないので、現在は、日本国籍を喪失し、フランス国籍だけを有していることになります。

このように、法定届出期間内に国籍を留保する意思表示をしなかったために国籍法第一二条により、日本国籍を喪失した場合、その子が日本国籍を再取得するには国籍法第一七条第一項の手続によります。右の国籍再取得の条件としては、その者が二〇歳未満であること、日本に住所を有していることでありますが、本問では、両方の条件を満たしているので、国籍法第一七条第一項の規定により日本国籍を取得できます。

三　フランスで成立している胎児認知の取扱いについて

本問の出生子は、出生によって取得した日本の国籍を喪失していますが、フランスで成立した胎児認知によりA男との間に父子関係が生じています。

したがってA男の戸籍に胎児認知事項を記載する必要があります。

その方法は、父であるA男が胎児認知の記載のある子の出生証明書及び母B、子Cの国籍を証するものとして旅券の写しを添付して胎児認知の証書の謄本を提出するとともに、胎児が出生したことによる胎児認知の記載申出書を提出し、これによって胎児認知の記載をすることになると考えます。

この取扱いは、外国で成立している胎児認知については、既に子が日本国籍を喪失していても戸籍法第四一条により、証書提出の義務があるからです。そこで、まず、胎児認知の証書の謄本を提出させた上で、その証書の謄本だけでは子の出生及び日本国籍の有無が確認できないし、戸籍の記載もできないので、戸籍手続上は、胎児認知の処理を完結する必要があることから、胎児認知の記載申出書の提出をさせて、父の戸籍に胎児認知事項を記載することになります。

また、胎児認知の証書の謄本の提出とともに、その子の出生の届出がされた場合は、当該子は、既に日本国籍を喪失しているため、その出生届は外国で生まれた外国人女の嫡出でない子の届出ということになり、出生の届出として受理することはできませんが、当該出生届書の「その他」欄に父の戸籍への胎児認知事項の記載のために必要な事項として、出生子の国籍を「フランス共和国」、氏名を「〇〇、〇〇〇（カタカナ表記―取得した国籍により決定）」と記載している場合は、当該出生届書を胎児認知の記載申出書として取り扱うことになります。

四　戸籍記載

胎児認知の記載申出書の提出により、その内容を戸籍に記載するに当たっては、管轄法務局の長の許可を必要とするかについては、「戸籍時報」第四四七号五七頁や「戸籍」第六四二号六七頁のように許可を得た上で職権記載になるとするものもありますが、本問は、胎児認知は、既にフランス国の方式で成立し、その証書の謄本が提出されたもので、職権で記載をするものではなく、証書の謄本の提出によるものです。したがって、胎児認知の記載申出書の内容により、日本国籍を喪失している子についての胎児認知の記載であることが確認されれば、父の本籍地の市区町村長は、証書の謄本の提出による記載をして差し支えないと考えます。

しかし、本問のような場合、子は日本国籍を喪失しているので、日本人男が外国人を認知した場合の一般の記載例に加えて、国籍不留保によって日本国籍喪失の旨を括弧書きしておくことになります。

参考として記載例を挙げますと、

例

認　知	【胎児認知日】平成１０年１２月１日 【認知した子の氏名】○○，○○○ 【認知した子の国籍】フランス共和国 【認知した子の生年月日】西暦１９９８年１２月３１日 【認知した子の母の氏名】○○○，○○○ 【認知の方式】フランス共和国の方式 【証書提出日】平成１５年○月○日 【特記事項】国籍不留保につき国籍喪失

「平成拾年拾弐月壱日国籍フランス共和国○○、○○○（西暦千九百九拾八年拾弐月参拾壱日生母○○○、○○○（国籍不留保により国籍喪失））を同国の方式により胎児認知平成拾五年　月　日証書提出㊞」

となります。

また、コンピュータシステムによる記載の仕方では、括弧書きに相当する部分に該当するインデックスがないので、特記事項の欄に記載します。その記載例は**例**のとおりとなります。

なお、これらの扱いについて疑義がある場合は、管轄法務局の長の指示を得る必要があるでしょう。

〔24〕 日本人男に胎児認知された中国人女の子が出生後、その出生届出前に日本人男が養子となる縁組によって、氏を変更している場合の戸籍の取扱いについて

【問】　甲野高男（本籍　東京都Ｂ区○丁目○○番）は、平成一五年六月一日に中国人女（居住地　東京都Ｂ区○丁目○○番）の胎児を認知する届出を東京都Ｂ区長にしました。中国人女は平成一五年八月一日嫡出でない子を出産し、同月一三日に居住地である東京都Ｂ区長にその子の出生届を、氏を◯◯と、新本籍を東京都Ｂ区○丁目○○番と定めて届出しました。

ところが、甲野高男は、平成一五年八月二日乙野一郎（本籍　東京都Ｂ区○丁目○○番）の養子となる縁組をして養親の戸籍に入籍しています。この場合、胎児認知事項は、養子縁組後の戸籍に記載してよいでしょうか。また、出生子の戸籍の胎児認知事項中の認知者の表示はどのように記載すればよいでしょうか。

【答】　一　**胎児認知について**

父は、母の胎内にある子でも認知することができます。これを「胎児認知」といいます（民七八三①）。胎児認知は、生まれてくる嫡出でない子に生来的に法律上の父を与えるところにその実質的意味があり、特に、外国人女を懐胎させた日本人男が、出生する子に対して生来的に日本国籍を取得させるところに、胎児認知の実益があります（国二Ⅰ）。胎児に対する認知は、胎児が出生したときにその効力を生ずることになります。

二　胎児認知の戸籍事務上の特殊性

胎児認知の効力は、前記一のように胎児の出生によって生じ、認知事項は、認知者と被認知者双方の戸籍の身分事項欄に記載することとなりますが、被認知者である胎児は認知届出時に戸籍に記載されていないため、胎児認知届は他の戸籍の届出のように受理後すぐには戸籍に記載されず、認知された胎児の出生届を待って出生子が戸籍に記載されてから、認知者である父及び被認知者である子の戸籍に認知事項の記載をする取扱いとなっています。また、出生届と関連して事務処理をする必要から、戸籍法上は、胎児の母が日本人であることを前提として胎児認知届の届出地を母の本籍地に限定しています（戸六一）。

三　日本人男が外国人女の胎児を認知する場合

胎児認知の届出地については母が外国人の場合は、戸籍はなく本籍もありませんが、胎児認知届書の保存に当たる市区町村長を一定にしようとする戸籍法第六一条の趣旨にかんがみ、原則として母の居住地（外国人登録をしている地）に届出すべきとされています（昭和二九・三・六民事甲五〇九回答）。また、母の居住地と胎児認知者である父の本籍地が異なる場合、胎児認知の届出がされた市区町村長は、子の出生の届出がされた際における父の身分事項欄への胎児認知事項の記載遺漏を防ぐため、備忘的措置として当該胎児認知届書の謄本を胎児認知の届出がされた旨の通知として父の本籍地の市区町村長へ送付しておく取扱いとされています（前掲民事甲五〇九回答）。父の本籍地の市区町村長は、送付された届書を一般文書として戸籍発収簿に記載し収受して、胎児認知整理簿を調製している場合には、それにつづります。また、調製していない場合には戸籍の記載を要しないつづりにつづって保管することになります。

この胎児認知届出後に子が出生したときは、出生により胎児認知の効力が生じるとともに、子は生来的に日本国籍を取得することになります（国二Ⅰ）が、嫡出でない子ですので当然に父の氏を称して父の戸籍に入ることはありません（民七九〇②）。そのため出生子について氏と本籍を設定して新戸籍を編製し（戸二二、昭和二九・三・一八民事甲六一一回答）、子の身分事項欄に出生事項及び胎児認知事項を記載することになります。父の戸籍に記載する胎児認知事項については、原則として前述のように母の居住地に胎児認知の届出及び出生の届出がされることになりますので、母の居住地の市区町村長から、父の本籍地の市区町村長へ胎児認知届書の謄本とともに出生届書の謄本が送付されることになります。父の本籍地の市区町村長はそれらの届書の送付を受けて、父の戸籍に胎児認知事項を記載することになります（参考記載例二〇、二二）。外国人母の居住地の市区町村に保管されている胎児認知届書の原本は、出生届又は死産届がされるまで保管することになります。被認知者の戸籍に備忘的措置として戸籍に符せんを付するのは妥当ではありませんが、戸籍簿表紙の裏面にその旨のメモ紙を付すことは差し支えないとされています（昭和三六・七・二二民事甲一七五九回答）から、ファイル方式で管理している場合には、ファイルにメモを挟むこと等の措置により胎児認知届がなされていることを明らかにしておかなければなりません。

四　胎児認知の届出後、認知者が、出生の届出前に転籍等により戸籍に変動があった場合

備忘的措置としての通知である胎児認知届書の謄本が送付されている父（胎児認知者）の戸籍が他の市区町村に転籍した場合は、従前の父の本籍地の市区町村長は、胎児認知整理簿を調製しているときは、「父〇〇区〇〇番地へ転籍」と記載し、調製していないときは、備忘的措置としての通知である胎児認知届書を収受してある戸籍発収簿の備考欄に、父の転籍の旨を記載し、母の居住地の市区町村長に対して、父の戸籍が他の市区町村に転籍した旨を通知することになります。通知を受けた母の居住地の市区町村長は、胎児認知整理簿を調製している場合には、該当欄の父の本籍地の記載を変更するとともに、転籍後の市区町村長に対して、いわゆる備忘的措置としての通知である胎児認知届書の謄本を送付（前掲民事甲五〇九回答）することになります。転籍後の市区町村長は、前記**三**と同様の取扱いとなります。

五　父（胎児認知者）が縁組等の身分変動により胎児の出生届出前に氏及び本籍に変更があった場合の父欄の記載

胎児認知届の有無にかかわらず、一般に出生届の父母欄の記載については、本籍、生年月日等とともに父母の氏名は戸籍の記載事項と規定（戸一三）し、誰を父母とし出生したものであるかを明らかにすることとされています。右のとおり父母の氏名は、出生届書に基づき戸籍に記載されることになり、戸籍法は、いつの時点の父母の氏名を戸籍に記載すべきかについて規定していませんが、実務上、届出当時の父母の氏名を記載することとされています（明治三一・一一・九民刑一九六〇回答）。また、子の出生届出後、父母の離婚又は、縁組その他の事由により、父母の氏が変更したような場合は、更正することが認められています（昭和一二・四・七民事甲三七一回答、昭和二七・二・一三民事甲一三三回答）。ただし、当然に更正するのではなく、父母の氏変更となる届書の「その他」欄に子の父母欄を更正する旨記載して申出するか（昭和二六・一二・一〇民事甲二四一六回答）、父母の氏変更後の戸籍謄抄本を添付して申出することになります。胎児認知されている子の出生届については、嫡出でない子ですが胎児認知の効力により、父欄に父の氏名を記載することになり、子の氏名についても出生届出時の氏名を記載することになります。

六　胎児認知届後、認知者について氏又は本籍の変更があった場合

生後認知については、届出によって効力が生じるので、届出の時点の認知者の表記について疑問が生じることはないと思われますが、胎児認知については、前記**二**のとおりの特殊性があるので、胎児認知届出後、認知者について氏又は本籍の変更があり、胎児認知されている子の出生届出時点で変更後の記載をしてよいか疑問が生じるところです。胎児認知は、出生によって効力を生じるので、胎児認知者の表記は、当該子の出生の届出時点の表記をすることになります。また、同様に父(胎児認知者)の戸籍については、当該子の出生の届出時点の戸籍に胎児認知事項を記載することになります。

七　外国人を母とする胎児認知されている子の出生届について

胎児認知されている子が出生したときは、前記**三**のように嫡出でない子として母からの出生届により子について新戸籍が編製されます。また、出生届書の「その他」欄に、出生子が胎児認知されていることを明らかにすることになります。参考までに記載例を示しますと「出生子は、平成○年○月○日東京都○区○丁目○番甲男により胎児認知されている。」ということになります。出生の届出を受理した市区町村長は、原則として胎児認知届を受理しているので、出生届の「その他」欄の記載により、胎児認知されていることがわかるので、胎児認知届に基づき出生事項の次行に胎児認知事項を記載します。また、胎児認知届書謄本を作成し、出生届書謄本を添付して認知者の本籍地の市区町村長に送付することになります。

(1)　父（胎児認知者）が子の出生前に転籍している場合の父の戸籍

認知者が転籍等により本籍を異動している場合は、前記**四**の通知により父の転籍後の本籍地の市区町村長に胎児認知届の謄本が送付されることになります。万一通知されていない場合は、従前本籍地である市区町村長は、胎児認知届を受理した市区町村長から送付された胎児認知届書の謄本に「本籍転属」の旨の符せんを付し、認知者の転籍後の本籍地市区町村長あてに回送することになります（戸規四一①、昭和三五・一二・一四民事甲三一四〇通達）。従前本籍地から回送された胎児認知届書謄本（出生届書謄本が添付されている）によって認知者の転籍後の戸籍に胎児認知事項を記載することになります。

(2)　出生子の戸籍の認知者の表記

転籍後の市区町村長は、当該出生子の本籍地市区町村長に対し、「認知者が転籍しているので、当該嫡出でない子の胎児認知事項中認知者の本籍の表示を訂正することを要する。」旨を通知することになります（戸二四③）。通知を受けた当該出生子の胎児認知事項の認知者の戸籍の表示を市区町村長限りの職権で訂正することになります。

認知者の戸籍には、参考記載例二〇により記載することになります。当該嫡出でない子の戸籍は、訂正通知により「錯誤につき平成　年　月　日胎児認知事項中父の本籍訂正」と記載し「本籍の表示」を訂正することになります。

出生届書の「その他」欄に「出生子は、平成〇年〇月〇日東京都〇区〇丁目〇番（転籍後の本籍地を記載）甲男により胎児認知されている。」と記載されている場合は、認知者の転籍前市区町村の通知から明らかですので、作成した胎児認知届書謄本（出生届書謄本を添付）を認知者の転籍後の本籍地へ送付することとなります。

八　本問について

本問の場合、出生子の出生届書の父母欄の記載は、嫡出でない子ですが、胎児認知の効力が生じていますので、出生届出当時の父、母の記載をすることになります。また、「その他」欄に認知者について、平成一五年八月二日乙野一郎との養子縁組により養子縁組後の「本籍東京都B区〇丁目〇〇番」「氏名乙野一郎」と記載することになると考えます。なぜなら、この記載により出生届に基づき編製された出生子の戸籍の父母欄の記載と出生子の身分事項欄の胎児認知事項の記載が齟齬することを防ぐことができることになります。

胎児認知届出、出生届出を受理した東京都B区長は、この届書に基づいて、出生子について新本籍を「東京都B区〇丁目〇〇番」、子の氏名「〇〇」、父母の氏名欄、父「乙野高男」、母「〇〇」父母との続柄「長男（又は長女）」、生年月日欄「平成拾五年八月壱日」当該出生子の身分事項欄へ出生事項の次行に胎児認知事項を「平成拾五年六月壱日東京都B区〇丁目〇〇番乙野一郎同籍高男胎児認知届出㊞」と記載します。一方、父（胎児認知者）乙野一郎戸籍については、胎児の出生の届出時の戸籍、つまり養子縁組により入籍している戸籍の高男の身分事項欄に「平成拾五年六月壱日東京都B区〇丁目〇〇番〇〇を胎児認知届出㊞」と記載することになります。

〔25〕日本人男が中国人女の胎児について認知の届出をしたが、同女が婚姻中のため不受理処分とされ、その後、同女は離婚し、離婚後三〇〇日以内に出生した子について、裁判認知がされ、同裁判確定後胎児認知した者が死亡した場合の取扱いについて

【問】　中国人（大陸系）A女の胎児について日本人B男（本籍X市、B男筆頭者の単身戸籍）から胎児認知の届出がA女の居住地であるY区にされましたが、A女は他の日本人D男と婚姻中であるため、当該胎児認知届は不受理とされました。A女はD男と裁判離婚をし、離婚後三〇〇日以内に子Cを出生しました。その後A女は、子Cの法定代理人として、B男が子Cを認知する旨の審判の申立てをし、同審判は確定しましたが、B男は審判確定後死亡しました。この度、A女が子Cの嫡出でない子の出生届とともに、不受理処分とされた胎児認知届書及び認知の審判書謄本及び確定証明書を持参してY区役所に来ました。出生届及び胎児認知届をどのように取り扱えばよいでしょうか。

【答】　一　**渉外的認知について**

渉外的認知の準拠法は、子の出生当時若しくは認知当時の認知する者の本国法又は認知当時の子の本国法のいずれかの法律によることとされており（法例一八①前段②前段・現行の通則法二九①前段②前段）、認知する者の本国法による場合は、いわゆる子の本国法上の保護要件（子又は第三者の承諾又は同意等）も具備しなければなりません（法例一八①後段②後段・通則法二九①後段②後段）。なお、胎児認知においては子の本国法を母の本国法と読みかえることになります（平成元・

一〇・二民二―三九〇〇通達第四の1(3))。

認知の形式的成立要件については、原則として認知の成立の準拠法に定める方式によることになります（法例二二・通則法三四）が、行為地の方式によってすることもできます（法例二二ただし書・通則法三四②）。

日本民法第七八三条に基づく胎児認知をする場合、その届出地については、母の本籍地に届け出なければなりません（戸六一）が、外国人母の胎児を認知する場合には、母の居住地の市区町村長に届け出ることになります（昭和二九・三・六民事甲五〇九回答）。この外国人母の胎児を認知する場合には、胎児の母が日本人の場合とは異なり、胎児の出生届による認知者（父）との関連がつかないことから、子の出生の際における父の身分事項欄への認知の記載のため、備忘的措置として前もって胎児認知届の謄本を父の本籍地の市区町村長へ送付しておくこととされています（前掲民事甲五〇九回答）。また、母が海外に居住する場合の届出地は、一般的届出地に関する戸籍法第二五条が適用され届出人の本籍地又は所在地になります（「戸籍」四八八号六八頁）。

二　不受理処分された胎児認知届について

認知は、生理上の父子関係の存在を前提として、法律上の父子関係を形成するものですから、嫡出子や既に認知されている子を認知することはできません。つまり、認知される子は嫡出でない子でなければならず、他に法律上の父（養父は除く）の存在があるときは、それを否定した後でなければ認知することはできないことになります。したがって、胎児が、他男の嫡出推定を受けることが明らかな場合には、胎児認知届は不受理処分とされることになります。しかし、その後、当該嫡出推定を排除する裁判等が確定した場合は、その旨の書面を不受理処分により返戻された届書に添付して届出をすることにより、不受理処分が撤回され、当初の届書の受付の日に届出の効力が生ずることになります（平成一一・一一・一一民二・民五―二四二〇通知）。

ここでいう「嫡出推定を排除する裁判等」とは、親子関係を切断する法的手続であれば差し支えないものと考えられ、親子関係不存在確認又は嫡出否認の裁判だけでなく、親子関係存在確認又は認知の裁判も含むものと解されています。

生理上の真実の父は一人しかいないので、親子関係存在確認及び認知の裁判により、戸籍上の父以外の父との間に法律上の父子関係が確定したときは、その反射的効果として、戸籍上の父子関係は真実の父子関係ではないとして否定されることになり、この効果は、嫡出子否認の裁判又は親子関係不存在確認の裁判が確定し、戸籍上の父子関係が否定された場合と同じであるとみなすことができるからです（「戸籍」七二二号五四頁・七四四号四五頁）。

なお、外国人母の夫の嫡出推定を受ける子が、日本人男からその出生後認知の届出があった場合（いわゆる生後認知）の日本国籍の有無については、子の出生後三か月以内に嫡出推定を排除する裁判が提起され、その裁判確定後一四日以内に認知の届出等がされている場合には、嫡出推定がされなければ胎児認知がされたであろうと認めるべき特段の事情があるものと認定し、この認定の妨げとなる事情がうかがわれない限り、子は出生により日本国籍を取得したものとされています（最高裁平成九・一〇・一七判決・民集五一巻九号三九二五頁）が、この場合は認知届出の意思の有無が重要な要件となるため、ここでいう「嫡出推定を排除する裁判」は親子関係不存在確認の裁判又は嫡出子否認の裁判によらなければならないと考えられます（平成一〇・一・三〇民五―一八〇通達、「戸籍」六七二号八〇頁）。

三　中国人（大陸系）女と日本人男の離婚後三〇〇日以内の出生子について

中国人（大陸系）女と日本人男の離婚後三〇〇日以内に出生した子が嫡出子であるかどうかについては、法例第一七条第一項（通則法二八）により、子の出生当時の父又は母の一方の本国法により嫡出と認められるときは、日本においても嫡出子と認められることになるので、中華人民共和国法（以下「中国法」という。）又は日本法によって判断することになります。

中国法上は婚姻中の女が出産した子は、事実上の夫の子とされ、この場合の「婚姻中」とは、文字どおり婚姻成立から解消までの期間を指すものと解されています。また、同国の父子関係の確定については、生理上の父子関係がある場合には、法律上の父子関係を認める事実主義が採られています。

一方、日本法上は、民法第七七二条の規定により、婚姻の解消又は取消しの日から三〇〇日以内に出生した子は、前夫の子として嫡出推定を受けることになります。

したがって、中国人（大陸系）女と日本人男の離婚後三〇〇日以内に出生した子については、中国法上は前夫の嫡出子の問題は生じないが、日本法上は嫡出の推定を受けるため、日本法によってその嫡出性を排除しなければ、他男はその子を認知をすることができません（「戸籍」七四四号四五頁）。

四　本問の検討

認知の裁判（強制認知）は、父が自発的に認知をしない場合の手続ですので、認知の意思がある場合には相容れない手続ですが、本問においてはD男が行方不明等の理由で、嫡出否認の訴え又は親子関係不存在確認の裁判手続を執ることができなかったものと思われます。前述のとおり、B男が子Cを認知する裁判が確定したことによって、D男の嫡出推定は排除されることになります。嫡出推定が及ぶことのみをもって胎児認知の届出が不受理処分とされたものであれば、この裁判の確定によって同届出の瑕疵は治癒され、届出の効力が生じることになるので、返戻された届書に認知の裁判の謄本及び確定証明書を添付して、届出することになります。つまり、胎児認知の届出の効力は、認知の裁判確定によって母の前夫の嫡出性を排除する効果が生じたことになります。

また、子Cは日本人男から胎児認知された出生子ということになるので、出生により日本国籍を取得した（国二Ⅰ）

外国人女の嫡出でない子としての出生の届出をすることとなります。

出生届には認知の裁判の謄本及び確定証明書を添付し、届書の「その他」欄に左の事項を記載することになります。「平成　年　月　日Ｘ市○番地Ｂ男との認知の裁判確定につき裁判の謄本及び同確定証明書を添付する。出生子は、平成　年　月　日Ｘ市○番地Ｂ男により胎児認知されているので、国籍法第二条第一号により日本の国籍を取得するため、氏を「○○」と定め、Ｙ区○番地に新戸籍を編製する。」

子Ｃの母は外国人ですので、子Ｃについて単身の新戸籍を編製することになりますが、出生事項の記載は、離婚後三〇〇日以内に出生した届出未済の子について、父子関係不存在確認の裁判の謄本を添付して母から嫡出でない子の出生届（参考記載例一二）がされた場合にに準じて「平成　年　月　日Ｙ区で出生平成　年　月　日母（国籍中国西暦　年　月　日生）届出（平成　年　月　日Ｂ男との強制認知の審判確定）入籍㊞」と記載することになるものと考えます。

胎児認知の届出については、返戻された届書に、嫡出推定を排除する裁判等が確定した旨の書面を添付することとされていますが、本問の場合は、Ｙ区長に同書面を添付した出生の届出がされているので、父の本籍地のＸ市長には認知届書の謄本とともに添付書面を含めた出生届書の謄本が送付されることになります。

なお、胎児認知届については、不受理処分を撤回し、当初の胎児認知の届出の効力を認めるものであり、認知者Ｂ男は死亡しているが、同届出は当初の受付の日に届出の効力が生じているので、利害関係人である子Ｃの法定代理人Ａ女が提出することで差し支えありません。

胎児認知届による戸籍の記載は、Ｃの身分事項欄の出生事項の次行に「平成　年　月　日Ｘ市○番地Ｂ男胎児認知届出平成　年　月　日記載㊞」と記載します。

Ｂ男の戸籍は、Ｂ男は筆頭者であるが死亡により戸籍が除かれているため、同戸籍を回復することなく、死亡による除籍事項の次行に「平成　年　月　日Y区○番地Cを胎児認知届出平成　年　月　日同区長から送付㊞」と記載することになります（昭和三六・一一・二二民事甲二九三四回答、「戸籍」五四六号三九頁）。

〔26〕 母が婚姻中のため、他男がした胎児認知届が不受理処分になったが、母は離婚して子を出生後に、子と前夫との間に、親子関係不存在確認の裁判が確定した場合において、胎児認知届をした父と子の母が婚姻し、父が嫡出子出生届をした場合について

【問】 平成一四年一〇月三〇日に日本人A男は、フィリピン人B女の胎児の認知届をB女の居住地のS区長に届出しましたが、B女は日本人D男と婚姻中のため、同届出は不受理処分となりました。B女は同年一一月一五日D男と協議離婚し、平成一五年五月三〇日にC女を出生しましたが、出生届は未了です。同年一〇月二八日にA男とB女は婚姻の届出をしました。平成一六年三月一三日にD男とC女との間に親子関係不存在確認の裁判が確定し、同月二八日にA男が右の裁判の謄本及び確定証明書を添付してC女の嫡出子出生届をS区長に届出しました。

A男は、親子関係不存在確認の裁判が確定したことによって、胎児認知届の不受理処分が撤回されることを希望しています。どのように処理したらよいでしょうか。

【答】 **一　胎児認知の効力と要件について**

胎児認知とは、父が母の胎内にある子を認知することであり、(民七八三①)、胎児認知の届出が受理されることによって、その後、胎児が出生したときに認知の効力が生じ、法律上の父子関係が認められます。また、胎児認知は生まれてくる嫡出でない子に生来的に法律上の父を与えるところに実質的な意味があり、特に、日本人を父とし、外国人

を母とする嫡出でない子について、父から胎児認知がされている場合は、出生によって日本国籍を取得します。これに対し、出生後に認知された場合は、特別の場合を除いて認知によって日本国籍を取得しないこととなります（国二Ⅰ、最高裁平成九・一〇・一七判決・民集五一巻九号三九二五頁）。

胎児認知の実質的要件は、次のとおりです。

(1)事実上の父子関係が存在すること
(2)認知の意思を有すること
(3)胎児が嫡出でない子として出生すること
(4)母の承諾があること
(5)任意認知又は遺言によること
(6)他の者から胎児認知を受けていないこと
(7)外国人母の胎児を認知するときは、外国人母の本国法で第三者の承諾又は同意を要するとされているときは、その要件（保護要件）を備えていること

認知の形式的要件については、法例第二二条（現行の通則法三四）により、認知の成立の準拠法によるほか、行為地の方式によることもできるとされています。

二　胎児認知の届出の不受理処分とその撤回について

胎児の母が婚姻中の場合は、胎児が出生してもその母の夫の嫡出推定を受けることになり、胎児認知の届出は、前記**一**の要件の(3)を満たさないことになるため、不受理とされます。また、母の離婚後に胎児認知の届出がされ、子が離婚後三〇〇日以内に出生したときも、その出生届により先に受理されていた胎児認知届は、前記**一**の要件の(3)を満

たさないことになるため、不受理処分となります。

右の場合において、その後、嫡出子否認の裁判又は親子関係不存在確認の裁判が確定したときは、当該裁判が確定したことによって、法律上の嫡出推定が排除されます。その結果、先に不受理とされた胎児認知の届出の効力が遡及的に認められることになります（昭和五七・一二・一八民二─七六〇八回答、平成三・一・五民二─一八三回答、平成九・一・八民二課補佐官事務連絡─「戸籍」六五八号七二頁、平成一一・一一・一一民二・民五─二四二〇通知）。

戸籍の事務手続は、当該裁判の確定により、当初の胎児認知の届出は有効であることを前提として、先に不受理処分により返戻された胎児認知の届書に裁判の謄本及び確定証明書を添付して届出した場合は、不受理処分を撤回した上で当初の胎児認知届出を受理することになります。

三　胎児認知された子の出生届について

胎児認知届がされても、直ちに戸籍の記載をせず、胎児認知届書は胎児について出生届がされるまで胎児の母の本籍地市区町村で保管することになります（戸六一、戸規五〇①）。なお、日本人男が外国人女の胎児を認知する届出については、母の居住地で受理して、届書の一通を認知者の本籍地の市区町村長に送付する取扱いをします（昭和二九・三・六民事甲五〇九回答）。

嫡出子否認の裁判又は親子関係不存在確認の裁判が確定したことによって、胎児認知の届出の不受理処分が撤回された場合には、胎児認知の届出とは別に、出生の届出未了の場合は、裁判の謄本及び確定証明書を添付して、出生の届出をすることになります。父母婚姻前の出生子は、胎児認知がされていても嫡出でない子ですので、出生の届出義務者は母となります（戸五二②）。胎児認知された子の出生後父母が婚姻をして、その後に出生の届出をする場合、出生子は父母の婚姻による準正嫡出子の身分を取得することとなり（民七八九①）、届出義務者は父又は母となります（戸五二①）。なお、法例第一九条（通則法三〇）は、準正の要件たる事実の完成当時の父若しくは母又は子のいずれかの本国法に準正の制度があれば、子が嫡出子の身分を取得すると規定しています。

四　本問について

本問は、親子関係不存在確認の裁判が確定し、D男とC女間の嫡出推定が排除されたことによって、A男から先に届出され不受理とされていた胎児認知の届出の効力が認められることになります。したがって、先に不受理処分とされた届書によって届出がされたときは、先の不受理処分を撤回し、当初の胎児認知の届出を受理することになります。

なお、C女出生後、A男とB女は婚姻し、A男から届出されたC女の嫡出子出生届は、民法第七八九条第一項の規定によって、C女は嫡出子の身分を取得しているものとして、受理することになります。

また、胎児認知の届出が受理されたことによって、C女は国籍法第二条第一号により、生来的に日本国籍を取得することとなりますが、胎児認知は、出生によって効力を生じるので、出生の届出によってC女はA男の戸籍に直ちに入籍するとともに、出生事項の次に胎児認知事項を記載することになります（昭和三一・六・一一民事甲一三〇〇回答、昭和六〇・二・一・一九民二一八七一回答）。

この場合は、出生届書の「その他」欄に、「平成一四年一〇月三〇日父胎児認知届出、父母平成一五年一〇月二八日婚姻届出、平成一六年三月一三日D男との親子関係不存在確認の裁判確定」と記載することになります。

〔27〕 日本人男が外国人女の胎児を認知した後、同女と婚姻をし、その後に子が出生したが、子は母の前夫の嫡出推定が及ぶ子であったことが判明した場合について

【問】 平成一四年一二月三〇日に婚姻したタイ人A女と日本人D男は、平成一六年一月一二日に離婚し、同月三〇日に、日本人B男がA女の胎児を認知する届出をしました。A女は同年九月一〇日に日本で子Cを出生したが、A女とB男は、子の出生前の同年三月五日タイ国において同国の方式により婚姻しています。B男が、タイ国官憲発給の婚姻登録証の謄本の提出とともに子Cの出生の届出に当区役所に来ました。この場合の婚姻届、出生届、胎児認知届の取扱いはどのようになるか、お伺いします。

【答】 一 **渉外的婚姻について**

婚姻の実質的成立要件の準拠法は、各当事者の本国法とされており(法例一三①・現行の通則法二四①)、形式的成立要件の準拠法は、婚姻挙行地の法律によることとされ(法例一三②・通則法二四②)、また、当事者の一方の本国法によることもできるとされています(法例一三③本文・通則法二四本文)。ただし、当事者の一方が日本人であり日本で挙行する場合には、必ず日本法によることになります(法例一三③ただし書・通則法二四③ただし書)。

婚姻の実質的成立要件には、その者についてのみ適用される一方的要件と、当事者の一方の本国法上の要件であっても、相手方との関係で具備すべき双方的要件があり、父性の重複を避けるための要件である再婚禁止期間については双方的要件であると解されています。したがって、再婚禁止期間内の婚姻について、一方の本国法上取消原因にと

どまるとされていても、他方の本国法が無効としている場合には、当該婚姻は無効になると解されます。

二　渉外的嫡出親子関係について

渉外的な嫡出親子関係の成立の準拠法は、子の出生当時の夫婦の一方の本国法より、その子が嫡出であるときは嫡出子とするとされており（法例一七①・通則法二八①）、条文上「父母」ではなく「夫婦」と規定されていることから、婚姻関係が前提となります。したがって、婚姻中あるいは婚姻関係にあった父母の一方の本国法で嫡出性が認められなくとも、他方の本国法で嫡出性が認められるときは、その子は嫡出子となります。

三　父未定の子の出生届について

日本民法は出生子の嫡出性の重複を排除するために、女性について、前婚の解消又は取消しの日から六か月を経過した後でなければ婚姻することができないとしています（民七三三①）が、この規定に反してされた婚姻は当然無効にはならず、取消しを請求することができるにすぎません（民七四四）。

再婚禁止期間中に婚姻した女性が子を出産し、その子が前婚の夫及び後婚の夫の双方の嫡出推定を受ける場合には、裁判所が子の父を定めることになります（民七七三）が、この子の出生届は父未定の子として母が届け出なければなりません（戸五四①）。

四　本問の検討

まず、婚姻の成立については、A女とB男の婚姻は、A女の離婚後六か月以内の婚姻ですので、日本民法上の要件を具備していません（民七三三①）。また、A女の本国法であるタイ国の法律によれば、女性は前婚の解消又は取消の日から三一〇日を経過した後でなければ婚姻することができないとされている（タイ民商法典一四五三）ので、タイ国法上の要件も具備していないことになります。しかし、何らかの事情で、タイ国登録官により登録され成立し（タイ民商法典一四五七・一四五八)、タイ国官憲により婚姻登録証が発給されたものと考えられます。日本法上、再婚禁止期間中の婚姻は取消原因にすぎないが(民七四四)、タイ国法上は再婚禁止期間中の婚姻につき無効又は取消原因とする規定はないことから、タイ国において同国の方式により成立したA女とB男の婚姻は、日本法上もタイ国法上も有効なものとして取り扱われることになります。したがって、タイ国官憲発給の婚姻登録証の証書謄本の提出(戸四一②)は、無効事由がない限り受理することになります。なお、証書の謄本だけでは戸籍の記載ができないために提出する婚姻届書の「初婚・再婚の別」の欄は、離別にチェックし、離別日は平成一六年一月一二日となります。この婚姻によりB男が戸籍の筆頭者でなければ新戸籍を編製することになります(戸一六③)が、その事項も届書の「その他」欄に記載します。

次に、A女とD男の離婚後三〇〇日以内、A女とB男の婚姻後二〇〇日以内に出生した子Cの嫡出性についてですが、D男及びB男の本国法である日本法によれば、婚姻後二〇〇日以内に出生した子は、婚姻中の夫の「推定を受けない嫡出子」であり、嫡出子あるいは嫡出でない子いずれの届出もできるとされています(昭和二六・六・二七民事甲一三三二回答)が、A女と前夫D男との離婚後三〇〇日以内の出生子であり、D男の嫡出推定を受けることから、D男の嫡出子としてのみ取り扱われることになります(民七七二②、「戸籍」七四九号六三頁)。

一方、妻の本国法であるタイ国法上、婚姻中又は婚姻解消後三一〇日以内に生まれた子は夫の子と推定されます(タイ民商法典一五三六条)が、女性が再婚し、かつ、前婚の解消から三一〇日以内に子を生んだときは、子は後夫との間に法律上の親子関係があると推定し、当該子と前夫との間に法律上の親子関係があると推定する前述の規定は適用しない(タイ民商法典一五三七条)とされているので、D男との嫡出推定は及ばず、B男との嫡出推定のみが及ぶことになります。

したがって、子Cは日本法上はD男、タイ国法上はB男の嫡出推定を受け、父性が重複することになるので、子の父を定めることができず、父未定の子として出生届をすることになります。

父未定の子の出生届は、父が未定である事由を記載して、母から届出することとされ(戸五四①)、出生当時の母の氏を称し、母の在籍する戸籍に入籍します(戸一八②)が、子Cの母であるA女は外国人ですので戸籍はありません。日本法上、母が外国人の場合、子が出生届出時から外国人母の氏を称することはなく、父の氏を称することになりますが、父を定める裁判が確定するまでは子が称する氏が定まらないことから、父が定まるまで戸籍の記載をとどめておくことも考えられます。しかし、母の前夫、後夫ともに日本人であることから、子Cが生来的に日本国籍を取得することは明らかであり、日本国籍を有する子の不備のない出生届を受理したにもかかわらず戸籍の記載をとどめておくことは、遅滞なく戸籍の記載をしなければならないとした戸籍法施行規則第二四条に反します。また、いずれが父と決定されても戸籍訂正を要することには変わりないことなどから、いったん出生当時の母の夫であるB男の戸籍に入籍させる処理で差し支えないと考えます。

なお、父未定の子の父母との続柄は、右のとおり出生当時の母の夫の戸籍にいったん入籍させることから、一応、母との関係のみにより嫡出でない子の父母との続柄の記載に準じて記載しておくことになるものと考えます(平成一六・一一・一民一―三〇〇八通達)。

最後に、既に受理されているB男からの胎児認知届の取扱いです。胎児認知後に父母が婚姻し、嫡出子出生届がされた場合の胎児認知届書は、戸籍の記載を要しない事項について受理した書類として(戸規五〇②)、市区町村長において一〇年間保存することとされています(「戸籍時報」五六六号三二頁、「戸籍」五六七号五〇頁)。これは、胎児認知された子が父母の婚姻後に出生したときは生来の嫡出子であり、自己の嫡出子をさらに認知する実益はなく、戸籍に記載する必要がないことから採られている取扱いであると考えられます。

本問において父未定の子が、後夫B男の嫡出子と定められた場合は、右のように取り扱われることになりますが、前夫D男の嫡出推定も及ぶことから、前夫との関係で民法第七七九条の認知の要件を欠くことになり、当該胎児認知届は無効なものと解されますので、D男の嫡出推定が及ぶことが明らかになる出生の届出があった時点で、受理処分を撤回し不受理処分とし、B男に届書を返戻して差し支えないものと考えます。

父を定める裁判が確定すると、訴えを提起した者は、戸籍訂正申請（戸一一六）をすることになりますが、母の後夫が父と定められた場合には、子の身分事項欄に父を定める裁判が確定した旨及び父欄に父の名を記載し、父母との続柄を訂正することになり（「戸籍時報」五七三号五三頁、「設題解説戸籍実務の処理Ⅺ」一三七頁参照）。母の前夫が父と定められた場合には、子を母の後夫の戸籍から消除して母の前夫の戸籍に入籍させることになります（法定記載例一九五・一九六）。

第五　縁　組

〔28〕 日本人養親と成年に達したスリランカ人養子の創設的養子縁組届における養子の保護要件について

【問】　日本人男（六〇歳）がスリランカ人男（二五歳）を養子とする創設的養子縁組届が当区長に届出されました。
　養父と養子はともに日本に在住しています。届書に添付されている戸籍謄本では、日本人養父は未婚で、実子はいません。スリランカ人養子については有効なパスポートの原本の提示とその写し、本国官憲発行の出生証明書及び「スリランカには成年を養子とする養子縁組制度がなく、要件具備証明書を添付することができない」旨の申述書が添付されています。この場合の養子の保護要件等の審査はどのようになるでしょうか。

【答】　一　**渉外的養子縁組の準拠法について**
　渉外的要素を含む届出の審査に当たっては、まず準拠法の特定が必要となります。養子縁組の実質的成立要件の準拠法は、法例第二〇条第一項（現行の通則法三一①）によれば、縁組の当時の養親の本国法によるとされていますが、養子の本国法が縁組の成立につき、養子若しくは第三者の承諾若しくは同意又は公的機関の許可その他の処分のあることを要件とするときは、その要件をも備えていなければなりません。養子の利益を保護するためのこれらの要件を「保護要件」と呼んでいます。準拠法に養親の本国法主義が採用されたことにより、養子の保護に欠けることがないよう配慮するためこの規定が設けられたとされています。

養子の保護要件には反致は適用されないと解されています。反致の適用を認めると、法文の内容によっては養子の保護要件を考慮することなく縁組が成立する場合も考えられ、養子の本国法を重要視する法例（通則法）の趣旨が生かされない結果となるためです（澤木敬郎・南敏文編著「新しい国際私法」五七頁）。

形式的成立要件の準拠法については、行為の成立を定める法律又は行為地法によることとされています（法例二二・通則法三四）。

二　本問養子縁組届の審査について

本問の養子縁組届において、養父は添付の戸籍謄本により日本国籍が認められ、養子の国籍は有効なパスポートの原本の提示とその写しが添付されていることからスリランカと認められます。したがって、本問の届出は養親の本国法である日本民法の要件及びスリランカ法による養子の保護要件をともに具備している必要があります。

日本民法が規定する養子縁組の実質的成立要件は、添付の書面によって審査をすることが可能です。戸籍謄本及び養子の出生証明書から、養親が成年に達していること（民七九二）、養子は養親の尊属又は年長者ではないこと（民七九三）が認められます。

三　スリランカの養子縁組制度について

次にスリランカ法が規定する養子の保護要件を審査することになります。スリランカ養子縁組令第一節第二条は「児童を養子とするため、その許可を求める者は、第一三条に定めるところに従い裁判所に申請を行うことができ、裁判所は、申請があった場合には、本節の規定に従い申請人に対し、当該養子縁組を許可する旨の命令を言い渡すことができる。」と規定しています（竹澤雅二郎他編著「全訂渉外戸籍のための各国法律と要件㈲」三六五頁以下）。同国の養子縁組制度は裁判所の許可によって成立する決定型であり、この裁判所の許可は養子の保護要件であると認められます。

同養子縁組令に規定されている「養子縁組命令言渡しに関する制限」（三条）は、

①養親が二五歳未満のとき

②養親が養子より二一歳以上年長でないとき

には言い渡すことができないとされています。ただし、

①養子が養親の直系卑属であるとき

②父母の双方又は一方が同じである養親の兄弟姉妹、若しくは、かかる兄弟姉妹の卑属であるとき

③養親の妻又は夫の先夫又は先妻の子であるとき

には、裁判所が適当と思料する場合、養親が養子より二一歳以上年長でない場合でも言い渡すことができるとされています。

しかし、注意すべき点は保護要件を定めた条文中に「児童を養子とするため」という文言があることです。同養子縁組令第一七条には第一節中の条文の解釈として「児童とは、一四歳未満の者をいう。」とあります。したがって、スリランカ法では養子となる者が一四歳未満に限定されていると解されます。

四　養子の保護要件について

日本人が養子縁組制度のない国の子を養子とする場合は、養子の保護要件はないこととなるため、養親の本国法である日本民法の要件を審査すれば足りることになりますが、未成年養子しか認めていない国の成年者を養子とする場合は、養子の本国法上成年養子の規定がないので、その未成年養子しか認めていない国の法制の保護要件を成年養子

の場合にも適用するのか、さらに、養子の本国法が養子決定制度を採っている場合、裁判所等のこの決定が保護要件となるのかという問題があります。

立法の趣旨、法文の形式から成年養子にも適用することが相当であろうとされる保護要件（例えば、本人、父母、法定代理人の承諾や同意など、関係者の利害調整を目的とするもの）もあります。しかし、養子の本国法が養子決定制度を採っている場合の決定等は、養子が未成年の場合、当該未成年者の福祉・保護の観点から養子縁組を認めることの相当性を判断する必要から実質的成立要件として裁判所等の決定が必要となりますが、養子が成年の場合、裁判所等の決定は、当該養子縁組の成立の公証等の形式的な面が主要な目的と認められますので、裁判所等の決定を求める必要はないと解されます（南敏文編著「Q＆A渉外戸籍と国際私法」二二六頁、「新版実務戸籍法」三三五頁）。また、日本の家庭裁判所が、養子の本国の裁判所に代わって許可審判が必要かについても、第一六六回東京戸籍事務連絡協議会において、成年養子の場合に保護要件としての家庭裁判所の許可審判は不要である旨確認されています（家月四二巻三号一七八頁）。

スリランカ法における養子縁組制度について、在日スリランカ大使館に対して照会を行ったところ、スリランカには一四歳以上の者を養子とする養子縁組制度はないという回答でしたが、日本在住の一四歳以上のスリランカ人が、日本法に基づく養子縁組を成立させ、日本人の養子となることは差し支えないということでした。しかし、このような養子縁組の成立はスリランカ本国に登録する制度がないということでした。

五　結論

スリランカには一四歳未満の者を養子とする養子縁組制度しかないため、本問のスリランカ人養子には本国法上の保護要件はありません。よって本件養子縁組届については養子の保護要件を審査する必要はなく、養親である養父の本国法である日本法を準拠法として実質的成立要件を審査し、受否を決定することになります。しかし、スリランカ本国に本件養子縁組を登録する制度がないことから、スリランカにおいては跛行縁組となるものと考えられますので、そのことについて届出人が了承していることが必要と考えます（「戸籍時報」五四〇号七九頁）。

なお、形式的成立要件は養親の本国法である日本民法によることとなります（法例二二・通則法三四）。

〔29〕日本人夫婦が日本人成年者を養子とする縁組がアメリカ合衆国ハワイ州の方式により成立した旨の報告的養子縁組届が在ニューヨーク総領事から送付されたが、既に養父は死亡しており、養父死亡後に、養親及び養子の戸籍がコンピュータ戸籍に改製されている場合の当該養子縁組事項の記載について

【問】 今般、当区（S区）に本籍を有する甲野太郎、花子夫婦が、同じく当区に本籍を有する乙川松男の二男菊夫（成年者）を養子とする縁組が、平成一三年三月三日アメリカ合衆国ハワイ州で成立した旨の証書謄本が平成一五年五月六日在ニューヨーク総領事に養子菊夫から提出され、同年六月一五日に外務大臣経由で事件本人らの本籍地である当区長に送付されてきました。

そこで、その養子縁組届に基づき、戸籍の記載をしなければならないのですが、養父甲野太郎は、平成一三年四月八日に死亡しており、その死亡後の平成一四年七月一日に、当区役所では戸籍事務のコンピュータ化を実施したので、改製後の戸籍には、生存配偶者である養母甲野花子の身分事項しか記録されていません。

この養子縁組の証書謄本の提出による戸籍の記載をどのようにしたらよいでしょうか。なお、証書謄本に添付されている養子縁組届書には、養子の縁組後の戸籍について、「養親の現在の戸籍に入る」旨の記載がなされています。

【答】 一　**外国の方式で成立した養子縁組の届出について**

外国にある日本人は、その所在する国の法律の定める方式に従って養子縁組を成立させることができます。これは、わが国の国際私法といわれる法例（現行の通則法）の規定によって、養子縁組の方式に関する準拠法については、当該養子縁組の成立を定める法律（実質的成立要件の準拠法）による方式のほか、行為地の法律による方式も認められているからであり（法例二二・通則法三四）、本問のように当事者がすべて日本人である場合にも当然適用されます。

そして、外国にある日本人が、その外国の方式に従って養子縁組をし、その縁組証書を作らせたときは、三か月以内に、その国に駐在する日本の大使、公使又は領事（以下「領事等」という。）に縁組証書の謄本を提出しなければなりません（戸四一）。すなわち、日本国民である限り、戸籍法は外国で発生した身分に関する事項についても適用される（属人的効力）ので、当該身分変動が生じているときは、すみやかにそれを本人の戸籍に反映させる必要があります。したがって、戸籍法において一定期間内の届出を義務づけている趣旨は、報告的届出の励行を確保するためであって、法定期間の経過がその届出義務を免除するということにはならず、戸籍記載の必要性がなくなるものでもありませんので、届出期間経過後の届出であっても受理しなければならないとされています（戸四六）。なお、証書の謄本の提出は報告的届出であるので、当事者の一方から提出することができます。

当該縁組証書の謄本等が領事等に提出された場合、これを受領した領事等は、養子縁組の準拠法上その養子縁組が無効でない限り、これを受理することとされていますので（平成元・一〇・二民二—三九〇〇通達第五の2）、領事等において、縁組証書の謄本等が真正に作成されたものであることが確認され、その国の方式に違反せず、準拠法上当然無効であることが明らかでなければ、受理の手続がなされ、その証書の謄本等は領事等から外務大臣を経由して届出本人らの本籍地の市区町村長に送付されます（戸四二）。本籍地の市区町村長は、領事等において受理されたことにより、当該証書の謄本等の真否の判断がされ、その国の方式によって適法に縁組が成立したことが認められた場合には、それに基づき戸籍の記載をすることとなります。

本問の場合は、アメリカ合衆国ハワイ州の方式により日本人同士を当事者とする養子縁組が成立し、その証書の謄本が在ニューヨーク総領事から送付されてきたものです。この送付された証書の謄本の真正に疑義がなく、明らかに無効の原因があると判断できる事案ではないと認められるときは、縁組成立の日から二年以上経過した後の提出ではあるが、その提出された事項を戸籍に正しく反映する必要があります。

二　養父が死亡し、当事者の戸籍がコンピュータ戸籍に改製された後に、養子縁組の証書謄本が提出された場合の戸籍の記載方法について

本問は、外国の方式により成立した養子縁組について、養父が死亡し、本籍地の市区町村においてコンピュータ化戸籍への改製が行われた後に、証書謄本が提出・送付されています。したがって、戸籍に記載する際の問題点としては、①コンピュータ化によって当事者の戸籍が改製されていること、②改製の前に養父が死亡していることが挙げられます。

まず、①について検討してみます。外国の方式による養子縁組の成立後、その証書の謄本が提出されるまでの間に、戸籍のコンピュータ化によって当事者の戸籍が改製されているので、当該縁組事項をどの戸籍に記載すべきかについて考えてみます。

養子縁組に関する事項は、養親と養子の双方の戸籍の身分事項欄に記載され（戸規三五Ⅲ）、養子は原則として養親の氏を称して（民八一〇）、養親の戸籍に入籍します（戸一八③）。本問については、平成一三年三月三日に養子縁組が成立していますので、本来はその時点における養親及び養子の戸籍に縁組事項が記載されなければなりません。しかしな

から、当該戸籍は、平成一四年七月一日に改製されていますので、コンピュータ化前の改製原戸籍をいったん回復し、縁組事項を記載した上で、改製によりコンピュータ化後の戸籍とするのか、又は、直接、コンピュータ化後の戸籍に縁組事項を記載してよいのかが問題となります。

戸籍の改製とは、戸籍法の改正により戸籍の様式が変更されたことに伴い、従来の戸籍を改正後の様式へ新たに編製替えすることですが、この編製替えは、単に様式を変更することですから、戸籍の内容に変動を生ずるものではありません。したがって、改製の前後において戸籍の同一性は維持されており、コンピュータ化前の改製原戸籍を回復する実益がないものと考えますので、改製前に成立した養子縁組の報告的届出がコンピュータ化後に提出された場合でも、当該縁組事項を、直接、コンピュータ化後の戸籍に記載することになります。

そこで、次に、②の問題について検討しなければなりません。本問の場合、戸籍のコンピュータ化前に養父甲野太郎が死亡しています。養親子関係は死亡によっては終了せず、離縁しない限り終了しませんので(民八一一⑥)、死亡した養父についても縁組事項を記載しなければなりません。前述のとおり、戸籍コンピュータ化前に成立した養子縁組の証書謄本の提出がコンピュータ化後になされた場合には、当該縁組事項を、直接、コンピュータ化後の戸籍に記載することになりますが、死亡した養父の縁組事項をコンピュータ化後の戸籍に記載することができるのかという点について考えてみます。

紙による戸籍をコンピュータ戸籍に改製する場合は、移記の方法により行うこととされ、戸籍法施行規則第三七条ただし書に掲げる事項については、その移記を省略することができるとされています(平成六年法務省令第五一号・改正戸規附則二②)。そのため、戸籍の筆頭に記載した者で既に除籍された者の身分事項欄に記載されている事項は、移記事項になりませんので、コンピュータ戸籍には、筆頭者である甲野太郎の身分事項に関する記録はありません(戸規三七

Ⅳ)。

しかしながら、コンピュータ戸籍には、筆頭者甲野太郎の名欄を含む紙戸籍における下部全欄(名、生年月日、父母の氏名及び父母との続柄)が移記されていることから、戸籍の改製後のコンピュータ戸籍に同人に関する届出があった場合には、身分事項欄に当該届出に基づく記載をして差し支えないのではないかという考えが生じます。

そこで、筆頭者の死亡後に改製がされた場合の筆頭者についての記載をどのように考えるかということになります。筆頭者氏名欄の筆頭者の氏名と戸籍の筆頭に記載された名が相違することは戸籍の公証上好ましくないという配慮から、戸籍の形式を整えるために、筆頭者の父母欄、名欄、出生年月日欄等の記載をしておくものと解されており、改製後の届出に基づく記載を身分事項欄にすることを予定しているものではありません(「戸籍」五三八号五四頁)。したがって、コンピュータ戸籍の筆頭者の身分事項欄に新たに縁組事項を記載することはできないものと考えます。

ところで、前述の戸籍法施行規則第三七条は、管外転籍の場合について規定したものですが、管外転籍に関する先例によると、父を筆頭に記載した戸籍が父死亡後に管外転籍し、その後、亡父との裁判認知の届出がなされたときには、父についての認知事項は、父死亡当時の戸籍、すなわち転籍前の戸籍中、死亡によって消除された父の身分事項欄に記載することになる(昭和三六・一一・二二民事甲二九三四回答、「戸籍」五四六号三九頁)とされています。管外転籍と改製においては、その前後において戸籍の同一性に変わりはないという点で、同様の取扱いをすることが可能であると考えられますので、本問についても、この先例に準じて処理するのが相当であると考えます。したがって、養父についての縁組事項は、養父死亡当時の戸籍、すなわち改製前の戸籍中、死亡によって消除された養父の身分事項欄に記載することになります。

以上、検討した結果、養母及び養子についてはコンピュータ戸籍に、死亡した養父については改製原戸籍に、それぞれ縁組事項を記載するのが相当であると考えます。

　なお、管外転籍に関する先例の中には、次のような事例もあることから、養子の縁組事項の記載について疑問を持たれるかとも思います。

〔先例①〕戸籍の筆頭者である夫の死亡後に管外転籍した妻が、夫の死亡後三〇〇日以内に出産した子の入籍する戸籍は、転籍前の夫死亡時の戸籍であり、出生子をいったん転籍前の戸籍に入籍させ、直ちに転籍戸籍に入籍させる（「戸籍」五五三号三二頁）。

〔先例②〕父母が離婚し、その後離婚当時の戸籍がコンピュータ化によって改製されている場合、父母の離婚後三百日以内に出生した嫡出子の出生届は、いったん子を改製原戸籍の末尾に記載し、同時に改製後のコンピュータ戸籍に記載することによって処理する（「戸籍」七〇四号四〇頁、昭三八・一〇・二九民事甲三〇五八回答）。

　本問の場合は、届書に、「養子は養父母の戸籍に入る」旨の記載がされており、養子縁組の成立日は、コンピュータ戸籍に改製された日よりも以前の日となることから、先例①及び②に準じれば、養子について、いったん改製原戸籍に記載する必要性があるかのように考えられます。しかしながら、①及び②の先例は、いずれも出生子と父母との戸籍上の関連を相互にとり、相続人の探索を容易にすることを考慮して、出生子を出生当時の父母の戸籍にいったん入籍させる取扱いをしているものです。一方、本問において、養子縁組事項は養親及び養子の相互に記載がなされることから、それぞれの戸籍の身分事項欄に縁組事項が記載されていれば、戸籍上の関連はとられているものと解されます。

　したがって、改製された戸籍をいったん回復して養子を入籍させ、直ちに改製後の戸籍に入籍させるという迂遠な手続を採る必要性はないものと考えます。また、報告的届出のされた日がコンピュータ改製後であり、コンピュータ戸籍には縁組の届出日が記録され、実質的な記録日が明らかになることから、前述のとおり養子について直接、コンピュータ戸籍に入籍することになると考えます。

参考までに本問の縁組届による関係戸籍の記載例を示します。

図1は、甲野太郎死亡後にコンピュータ化によって改製された甲野太郎の戸籍で、同戸籍の養母花子の身分事項欄に養子縁組事項を記載します。また、養子乙川菊夫を入籍させ、養子縁組事項を記載します。

図2は、コンピュータ化によって改製された乙川松男の戸籍で、同戸籍の菊夫について、養子縁組の記載をし除籍します。

図3は、コンピュータ化によって改製される前の甲野太郎の戸籍で、太郎の身分事項欄に死亡事項が記載されていますが、縁組事項は死亡事項の次に記載します。なお、養母甲野花子についての縁組事項は、コンピュータ戸籍に記載するので、この戸籍には記載をしません。

図－1

	全部事項証明書
本　　籍 氏　　名	東京都Ｓ区○○一丁目１３番地 甲野　太郎
戸籍事項 　戸籍改製	【改製日】平成１４年７月１日 【改製事由】平成６年法務省令第５１号附則第２条第１項による改製
戸籍に記録されている者 除　　籍	【名】太　郎 【生年月日】昭和１０年８月１日 【父】甲野和一 【母】甲野みえ 【続柄】長男
戸籍に記録されている者	【名】花　子 【生年月日】昭和１４年３月２０日 【父】丙山松蔵 【母】丙山竹子 【続柄】二女
身分事項 　出　　生	【出生日】昭和１４年３月２０日 【出生地】東京都Ｋ区 【届出日】昭和１４年３月２７日 【届出人】父
養子縁組	【縁組日】平成１３年３月３日 【共同縁組者】夫 【養子氏名】乙川菊夫 【縁組の方式】アメリカ合衆国ハワイ州の方式 【証書提出日】平成１５年５月６日 【証書提出者】養子 【送付を受けた日】平成１５年６月１５日 【受理者】在ニューヨーク総領事
戸籍に記録されている者	【名】菊　夫 【生年月日】昭和５２年５月５日 【父】乙川松男 【母】乙川ともよ 【続柄】二男 【養父】甲野太郎 【養母】甲野花子 【続柄】養子
身分事項 　出　　生	【出生日】昭和５２年５月５日 【出生地】東京都Ｓ区 【届出日】昭和５２年５月９日 【届出人】父
養子縁組	【縁組日】平成１３年３月３日 【養父氏名】甲野太郎 【養母氏名】甲野花子 【縁組の方式】アメリカ合衆国ハワイ州の方式 【証書提出日】平成１５年５月６日 【送付を受けた日】平成１５年６月１５日 【受理者】在ニューヨーク総領事 【従前戸籍】東京都Ｓ区○○三丁目５番地　乙川松男
	以下余白

注　なお、証書提出者の記載については、自己以外の者が提出している場合に記載するので、養子の縁組事項には記載をしません。

図ー２

全部事項証明書

本　　籍 氏　　名	東京都Ｓ区○○三丁目５番地 乙川　松男
戸籍事項 戸籍改製	【改製日】平成１４年７月１日 【改製事由】平成６年法務省令第５１号附則第２条第１項による改製
戸籍に記録されている者	【名】松　男 【生年月日】昭和１６年４月７日　【配偶者区分】夫 【父】乙川竹造 【母】乙川梅 【続柄】長男
身分事項 出　生	（省略）
婚　姻	（省略）
戸籍に記録されている者	【名】ともよ 【生年月日】昭和１７年１１月８日　【配偶者区分】妻 【父】中村勝治 【母】中村敏江 【続柄】三女
身分事項 出　生	（省略）
婚　姻	（省略）
戸籍に記録されている者 除　籍	【名】菊　夫 【生年月日】昭和５２年５月５日 【父】乙川松男 【母】乙川ともよ 【続柄】二男
身分事項 出　生	【出生日】昭和５２年５月５日 【出生地】東京都Ｓ区 【届出日】昭和５２年５月９日 【届出人】父
養子縁組	【縁組日】平成１３年３月３日 【養父氏名】甲野太郎 【養母氏名】甲野花子 【縁組の方式】アメリカ合衆国ハワイ州の方式 【証書提出日】平成１５年５月６日 【送付を受けた日】平成１５年６月１５日 【受理者】在ニューヨーク総領事 【入籍戸籍】東京都Ｓ区○○一丁目１３番地　甲野太郎
	以下余白

図3　戸籍

改製原戸籍　平成六年法務省令第五一号附則第二条第一項による改製につき平成拾四年七月壱日消除㊞

本籍　東京都S区○○一丁目十三番地

氏名　甲野太郎

（編製事項省略）

（出生事項省略）
（婚姻事項省略）
平成拾参年四月八日午前八時拾弐分アメリカ合衆国ハワイ州ホノルル市で死亡同年六月弐拾日親族甲野花子届出同年七月拾八日在ホノルル総領事から送付除籍㊞
　平成拾参年参月参日妻とともにアメリカ合衆国ハワイ州の方式により乙川菊夫を養子とする縁組成立平成拾五年五月六日養子証書提出同年六月拾五日在ニューヨーク総領事から送付㊞

父	甲野和一
母	みえ
続柄	長男
夫	太郎
出生	昭和拾年八月壱日

（出生事項省略）
（婚姻事項省略）
平成拾参年四月八日夫死亡㊞

父	丙山松蔵
母	竹子
続柄	二女
妻	花子
出生	昭和拾四年参月弐拾日

〔30〕 成年被後見人とその後見人との養子縁組届について

【問】 成年後見人を養親とし、成年被後見人（三六歳）を養子とする縁組の届出が、養親となる成年後見人と、養子となる成年被後見人の縁組代諾者として家庭裁判所で選任された特別代理人からされました。
この養子縁組の届出は受理できますか。

【答】 一 成年後見制度について

成年後見制度は、知的障害者、精神障害者、認知症高齢者等精神上の障害により判断能力が不十分なため、契約の締結等の法律行為における意思決定が困難な者について、後見人等の機関がその不十分な判断能力を補い、本人の権利が守られるようにする制度です。

この制度は、民法の一部を改正する法律等により平成一二年四月一日から施行され、法定後見制度、任意後見制度、成年後見登記制度から成り立っています。このうちの法定後見制度は、判断能力が欠けているのが通常の状態の者を対象とした「後見」（民七）、判断能力が著しく不十分な者を対象とした「保佐」（民一一）、判断能力が不十分な者を対象とした「補助」（民一五）の三つの制度から構成されています。

成年後見制度における後見人は、判断能力を欠く状況にある者（被後見人）の財産を管理し、かつ、その財産に関する法律行為について被後見人を代表する制度（民八五九）とされています。そこで、成年被後見人についての婚姻等の戸籍の届出はどのような方法によるかということになりますが、従来無能力者がその法定代理人の同意を得ないですることができる行為（婚姻、離婚、認知、養子縁組、養子離縁等の創設的届出）については、無能力者がこれを届け出なければならないこととされていましたが、右の改正により「無能力者」は「未成年者又は成年被後見人」に改められました（戸三二参照）。

また、成年被後見人の届出については、従来「禁治産者」が届出をする場合には、「届出事件の性質及び効果を理解するに足りる能力を有することを証する医師の診断書を添付しなければならない。」（改正前戸三二②）とされていましたが、この規定は削除され（戸三二参照）、その結果、戸籍の記載からは成年被後見人であるかどうかについて確認ができないことから、届出人に特に不審な点がない限り、通常の取扱いで足りることになりました（平成一二・三・一五民二―六〇〇通達第2の2(2)ア、イ）。

二　養子縁組について

養子縁組は、相互に血縁的親子関係のない者、又は血縁的親子関係はあっても嫡出親子関係のない者の間に、嫡出親子関係を創設する法律行為として、届出によって成立します（民七九九・七三九）。届出人は養親及び養子となる者ですが（戸六六条）、養子となる者が一五歳未満の場合は、縁組の代諾をする者が届出人となります（戸六八）。

養子縁組の実質的成立要件は次のとおりです。

1　当事者間に縁組をする意思の合致があること（民八〇二Ⅰ）
2　養親となる者が成年に達していること（民七九二）
3　養子となる者は養親となる者の尊属又は年長者でないこと（民七九三）
4　養子となる者は養親となる者の嫡出子又は養子でないこと（昭和二三・一・一三民事甲一七通達）
5　後見人が被後見人を養子とする場合には、家庭裁判所の許可を得ること（民七九四）

6　配偶者のある者が未成年者を養子とするときは、その配偶者とともに縁組をすること。ただし、配偶者の嫡出子を養子とするとき、又は配偶者がその意思を表示することができないときは、夫婦の一方のみで縁組することができる（民七九五）

7　配偶者のある者が縁組するときは、その配偶者の同意があること。ただし、配偶者とともに縁組するとき、又は配偶者がその意思を表示することができないときは、その同意を得ることを要しない（民七九六）

8　一五歳未満の者が養子となるときは、その法定代理人がこれに代わって縁組の承諾をすること。また、代諾縁組をする場合に養子となる者に監護者があり、その者が父又は母であるときは、その同意があること（民七九七）

9　未成年者を養子とする場合には、家庭裁判所の許可があること。ただし、自己又は配偶者（既に婚姻の解消をしている者は含まれない。）の直系卑属を養子とする場合には家庭裁判所の許可を要しない（民七九八）

三　本問について

本問は、成年後見人が成年被後見人を養子とする場合ですので、民法第七九四条の規定（前記二5）により、家庭裁判所の許可を要することになります。後見人は被後見人の財産を管理し、その財産に関する法律行為について被後見人を代表することができる地位にあるので（民八五九）、養子縁組をすることによって縁組中の後見人の不正行為を隠ぺいすることのないように設けられた要件と解されています。したがってこの民法第七九四条の規定に基づく許可が必要となります。

また、人違いその他の事由によって当事者間に縁組をする意思がないときは無効（民八〇二）とされていることから、縁組意思は縁組の当事者間に嫡出親子関係を創設しようとする意思が合致していなければなりません。

縁組意思は当事者各人に内在することから、成年被後見人であっても身分法上の意思表示については、前記一のとおり自ら届出をしなければならず、禁治産者当時の戸籍の先例においても、本心に復しているときには、自ら意思を表示しなければならないとされており、成年後見人が代諾することはできないとされ（昭和四・八・三〇民事七九二六回答）、その同意も要しないとされています（民七九九・七三八）。

代諾を要する場合としては、一五歳未満の未成年者が縁組をする場合が挙げられ、その法定代理人（親権者又は未成年後見人）がこれに代わって縁組の承諾をすることになります（民七九七①）が、一五歳に達しているときには、自らその意思を表示するものとされ、法定代理人の同意は不要とされています。

したがって、本問の届書に添付されている特別代理人の選任は不要であり、前記**二**5の民法第七九四条の規定による許可は必要となります。

その結果、本問養子は、一五歳以上の成年被後見人であり、たとえ家庭裁判所で成年被後見人の特別代理人が選任されたとしても、当該特別代理人が代諾者として成年後見人とともに本問の届出をすることができないので、当該届出は、受理できないことになります。

〔31〕日本人夫と中国人（大陸系）妻夫婦が、妻の姉の子（未成年者）を養子とする場合について

【問】日本人夫甲と中国人（大陸系）妻乙の夫婦から、中国人（大陸系）A（一二歳）、同B（八歳）（双方とも父C、母Dともに中国人（大陸系））を養子にしたい旨の相談がありました。A、Bの母Dは、乙の姉です。また、乙は甲との婚姻前に、Bと中国で養子縁組をしています。現在、A、Bは、甲乙夫婦と日本に居住しています。

この場合、A、Bは甲乙夫婦の養子となることができるでしょうか。

【答】一　渉外的養子縁組の実質的成立要件の準拠法は、法例第二〇条（現行の通則法三一①）により縁組の当時の養親の本国法によることとされ、さらに養子となる者についてその本国法上保護要件があるときはその要件をも具備することになっています。

本問においては、養親が日本人夫甲と中国人（大陸系）妻乙の夫婦、養子が中国人（大陸系）ですから、養親となる夫婦の国籍が相違する場合の準拠法はそれぞれの養親につきそれぞれの本国法を適用することとなり、一方の本国法を適用するに当たり、他方の本国法を考慮する必要はないとされています（平成元・一〇・二民二―三九〇〇通達第五の1(3)）。

したがって、日本人養父甲と中国人養子A、Bの縁組は、準拠法は日本法となり、保護要件は中華人民共和国法（以下「中国法」という。）になります。

1　準拠法である日本民法について実質的成立要件は次のとおりです。

㈠　養親が成年者であること（民七九二）

㈡　養子は養親の尊属又は年長者でないこと（民七九三）

㈢　養子は養親の嫡出子又は養子でないこと（昭和二三・一・一三民事甲一七通達）

㈣　養親が養子の後見人のときは、家庭裁判所の許可があること（民七九四）。なお、後見人が被後見人を養子とする場合は、後見監督人がいればその者の代諾を要し、後見監督人がいなければ特別代理人を家庭裁判所で選任してその者が代諾することになります（民八五一Ⅳ・八六〇ただし書・八二六①）。

㈤　配偶者のある者が養親となる場合で

(1)　未成年者を養子とするときは、配偶者とともにすること（民七九五本文。ただし、配偶者の嫡出子を養子とする場合又は配偶者が意思表示をできないときは夫婦の一方のみで縁組をすることができる。）

(2)　成年者を養子とするときで共同縁組をしない場合は配偶者の同意を得ること（民七九六本文。ただし、配偶者とともに縁組をするとき、又は配偶者がその意思を表示することができないときは、その同意を得ることは要しない。）

㈥　養子が一五歳未満のときは、その法定代理人がこれに代わって縁組の承諾をする（民七九七①。この場合に監護者があり、その者が父又は母であるときは、その同意が必要。（民七九七②））

㈦　養子が未成年者のときは、家庭裁判所の許可が必要（民七九八。ただし、自己又は配偶者の直系卑属を養子とするときは家庭裁判所の許可は要しない。）

なお、民法第八〇二条の規定上から、縁組当事者の間で縁組意思を有していなければならないことは当然のことです。

2　次に養子となる中国人A、Bの保護要件について述べることにします。中華人民共和国養子縁組法（以下「中国養子法」という。）上、養子となる者は一四歳未満であること、とされています（中国養子法四）。

そして、同法によれば、

㈠　子どもを養子に送り出す場合は、実父母が共同で送り出さなければならないとされ、実父母の一方が不明の場合又は捜し当てることができない場合は、他の一方だけで送り出すことができるとされています（中国養子法一〇）。

㈡　養子となる者が満一〇歳以上の場合は、養子本人の同意が必要とされています（中国養子法一一）。

戸籍実務の取扱いでは、㈠については実父母の縁組に対する同意として、中国公証処発行の同意の「声明書」を添付することとし、㈡についても㈠と同様に養子本人が縁組に同意する旨の中国公証処発行の同意の「声明書」を添付することとされています（実父母の同意を証する書面については、日本に当事者が在住しているときは、日本の公証人が作成した公正証書でも差し支えないとされています（平成三・一〇・二五民二―五四九四回答）。）。

また、実父母の同意を証する書面は、在日中国大使館において証明されたものでも差し支えないとされています（「戸籍」六二九号一〇七頁以下）。

なお、養子本人の同意は、養子が一〇歳未満の場合は不要となっています（中国養子法一一）。

3　次に中国人養母乙と中国人養子Aの縁組については、養母となる者が中国人なので、準拠法は中国養子法となり、養子となる者も中国人ですので子の保護要件の問題すべてが準拠法の実質的要件に含まれます。

中国養子法によれば、実質的要件は次のとおりです。

㈠　養子となる者の要件（中国養子法四）

(1)　一四歳未満であること
(2)　以下のいずれかの状況にあること
父母を失った孤児であること
実父母を捜し当てることができない嬰児及び児童であること
実父母に特別な困難があって子を養育する能力がないこと

㈡　養親となる者の要件（中国養子法六・九・一〇）

(1)　子がないこと
(2)　養子となる者を養い、教育する能力があること
(3)　医学上、子を養子とすべきでないと認められる疾病を患っていないこと
(4)　満三〇歳以上であること
(5)　配偶者のない男性が女性を養子とする場合、その者より四〇歳以上年長であること
(6)　実父母が養子を送り出す場合には、双方が共同で送り出さなければならないこと（ただし、実父母の一方が不明の場合又は捜し当てることができない場合は、他の一方が養子を送り出すことができる。）
(7)　配偶者のある者が養子をする場合には夫婦共同縁組をすること

㈢　同意等（中国養子法一一・一三・一四）

(1)　養子となる者が満一〇歳以上の場合はその者の同意
(2)　監護人が未成年の孤児を養子に出すときは、扶養義務を負う者の同意
(3)　養子となる者に継父又は継母がいる場合は、実父母の同意

二　具体的に本問の検討に入りますが、前提として形式的成立要件について触れておきます。

形式的成立要件は、法例第二二条（通則法三四）により行為の成立を定める法律、すなわち養親の本国法か若しくは行為地法によると定められています。

本問においては、養親と養子が日本在住していますから、日本法となりますので戸籍法に定められた届出をすることになります。

それでは、まず養子Aについて考えてみます。

日本法の養子縁組の成立要件に欠けることはありませんが、中国養子法においては、養親が養子とすることができる人数が一人と定められていることから（中国養子法八①。ただし、同②により養子となる者が孤児、障害児あるいは社会福祉施設が養護する実父母を捜し当てることができない棄てられた孤児及び児童である場合はその適用が除外される。）、既に中国人Bを中国において養子としている中国人妻乙が、さらに他の中国人を養子とすることができるかどうかが問題となります。

この点、同条は計画出産を推進する国家政策を養子縁組の場面でも反映させようという趣旨に基づくものと解されているところですが、日本においては、未成年養子は子の福祉の観点から夫婦共同縁組とされていますが（民七九五）、養子の数に制限はありません。本問においては養子となるAとBは中国にいた当時から、中国人妻乙と生活をともにしていて、今般、一緒に渡日し、既に日本での生活を始めており、この先も中国人妻乙らとともに日本で生活していこうという事案であり、同条を適用すると乙は、Aと縁組できないことになり、既に養子になっているBとの関係では、養育上の問題が生じることも考えられます。右のことから、養子となるAの福祉を著しく害する結果になるとして同条の適用は法例第三三条（通則法四二）において排除されることになるものと解されます。

いずれにしても、日本人夫甲の準拠法である日本法上の必要的夫婦共同縁組の規定から、未成年養子の許可が必要となるので、家庭裁判所の許可に委ねられることになります（民七九八）。

次に、養子Bについて考えますと、中国において、中国人妻乙と既に養子縁組が成立しているため、日本人夫甲との単独縁組となりますが、Bは、縁組により乙とは実親子関係になるため（中国養子法二三）、乙の直系卑属と解されるので、家庭裁判所の許可は不要となります（民七九八ただし書）。

（ちなみに、養父甲の本国法たる日本民法は共同縁組をどの程度まで要求しているかについて、民法第七九五条ただし書においては「配偶者の嫡出である子を養子とする場合又は配偶者がその意思を表示することができない場合は、この限りでない」として配偶者が縁組できない場合は夫婦共同縁組を強制しておらず、これは不能事を法律上強制しないという法理に基づくものとされています。

また、夫婦共同縁組を要件とする趣旨は、配偶者のある者が縁組しようとするときは、夫婦がともに養親となり、養子に対する親権、監護、養育をすべて共同で行うこととすることが最も養子の利益、福祉にかなうことからと解されており、本問の場合、すでに中国人配偶者乙との縁組が成立していることから日本人養父甲との単独縁組が可能であると考えます。）

それでは、次に届出人と添付書面を検討することにします。

届出人は養子Aの場合、養子となる者が一五歳未満ですから縁組の代諾をする養子の法定代理人及び養親の日本人甲と中国人妻乙となります（民七九七、戸六六・六八）。養子の法定代理人に誰がなるかは親子間の法律を定める法例第二一条（通則法三二）によることとなり、子の本国法が父母の本国法と同一ですから、この場合は、子の本国法によることになるので中国法によります。

中国法上の法定代理人は、中国婚姻法上実父母であり（中国婚姻法二一）、後見人がいる場合は後見人が法定代理人になると考えられます（中国民法通則一六②）。

なお、法定代理人が実父母である場合に、実父母が離婚したとしても法定代理人は依然として実父母であることに変わりがありません（中国婚姻法三六）。

したがって、本問においては中国人実父母であるC、Dが代諾者ということになります。

なお、その一方が所在不明の場合、他の一方の代諾のみで差し支えないとされています（平成三・一〇・二五民二―五四九四回答）。

また、外国で収監されていてその居住している場所が分かっていても、代諾及び同意の声明書の作成ができない場合等については、収監されている旨の証明書と申述書を提出させる取扱いが示されています（「戸籍」七四八号七一頁以下）。

次に保護要件及び添付書面ですが、子は一四歳未満ですから、日本の家庭裁判所の許可書及び実父母の同意、すなわち中国公証処発行の縁組に同意する旨の「声明書」が必要です。

養子Aについては、一〇歳以上なので子についても縁組に同意する旨の「声明書」が必要となります。

なお、日本在住であれば日本の公証人作成の「公正証書」でも差し支えないとされています（前掲民二―五四九四回答）。

また、中国養子法は原則として一四歳以上の者について養子縁組を認めていないことから、実父母の同意は保護要件ですが、中国公証処においてそのような声明書を発行しないことも考えられるので、養子本人の同意書も含めていずれも任意の形式によるもので差し支えないとされています（平成六・三・三一民二―二四三九通知）。

さらに、必要なものとして、養子については「出生公証書」及び「国籍証明書」（本問は日本在住なので旅券の提示が可能と思われるのでその写しでもよい。）があります。

そして、養子Bについては代諾者である中国人妻乙が、養親であることを確認するために、中国での養子縁組成立の書面（公証書）が必要となります（Bと乙の縁組は、外国人同士で外国で成立しているので、日本の戸籍法の適用もないことから、日本で公証することはできないものと考えられます）。

養子Bの代諾者は、中国養子縁組が断絶型であることから、乙のみであると解されます。

			父母の代諾	保護要件	
				父母の同意	本人の同意
本件事例の場合	A 12歳	留意点	要する	要する	要する
		添付書面	父母が届出人として署名	公証処の声明書	公正証書による同意
	B 8歳	留意点	要する（養母　乙）	不　要（実父母とは断絶）	
		添付書面	養母乙が届出人として署名	養母乙の公正証書	
参考	14歳	留意点	要する	要する	要する
		添付書面	父母が届出人として署名	（代諾により同意があるとみなして省略）	私文書による同意（その他欄可能）
	15歳	留意点	不　要	要する	要する
		添付書面	養子が届出人として署名	私文書による同意（その他欄可能）	（届出人欄署名で同意があるとみなして省略）

（一般的添付書面）

子　　　出生公証書・国籍証明書（旅券の写しで可能）

養父　　戸籍謄本（非本籍地の場合）

※　なお、日本民法上未成年者を養子とする場合、自己又は配偶者の直系卑属を養子とする場合を除き、家庭裁判所の許可を得なければならない（民798）。

※　さらに、父母の一方が所在不明の場合は、その旨の申述書又はその他欄に記載することで、一方の代諾・同意の省略が可能である（父母の一方が居場所は分かるが外国で収監されている場合等はその旨の証明書と申述書）。

〔32〕 日本人夫が日本人妻の前婚の嫡出子と養子縁組をしようとしたが、妻の前婚が重婚であり、前婚の嫡出子は父未定の子として母の戸籍に入籍している場合の取扱いについて

【問】 日本人A女は、平成一一年二月三日にインドネシア人B男と同国の方式で婚姻したが、平成一三年五月八日に離婚しました。その後、A女はインドネシア人C男と平成一二年一一月七日に同国の方式で婚姻していたとして、婚姻証書の謄本を平成一三年八月一〇日に提出しました。同時に、C男との嫡出子としてD子（平成一三年七月三〇日生）の出生の届出をしましたが、D子はB男及びC男双方の嫡出子の推定を受けることから、父未定の子として出生届がされ、母の戸籍に入籍しています。

その後、A女はC男とも離婚していますが、親権について指定はされていません。さらにその後A女は、日本人E男と婚姻し、今般、E男からD子と養子縁組したいとの相談がありましたが、この場合の縁組はどのようになるでしょうか。

【答】 一　外国における日本人と外国人との婚姻

外国に在住する日本人が外国人と婚姻する場合、婚姻の手続は婚姻挙行地の法律によるものとされ（法例一三②・現行の通則法二四②）、また、婚姻当事者の一方の本国の方式によっても婚姻を挙行することができます（法例一三③・通則法二四③）。

なお、日本人同士が外国で婚姻する場合は、挙行地の法律によることもできますが、その国に駐在する日本の大使、

公使又は領事に届出をすることもできます（民七四一、戸四〇）。外国において日本人が外国人と婚姻する場合、その国に駐在する大使、公使又は領事に直接創設的な婚姻の届出をすることは、当事者が日本人のみの場合と異なり、法例第一三条第二項及び第三項（通則法二四②③）の規定から認められません。当該婚姻の届出が誤って受理され、本籍地の市区町村長へ送付された場合は、当事者の一方の本国法に基づく方式（日本の場合は、郵送による届出を認めている。）としてこれを受理することになります（法例一三③・通則法二四③、昭和一一・二・三民事甲四〇回答、昭和三五・八・三民事甲二〇一一回答）。

外国に在る日本人が外国人とその国の方式に従って婚姻をし、当該婚姻に関する証書を作らせたときは、三か月以内にその国に駐在する日本の大使、公使又は領事にその証書の謄本を提出しなければならないとされ（戸四一①）、大使、公使又は領事がその国に駐在しないときは、三か月以内に本籍地の市区町村長に証書の謄本を送付しなければなりません（戸四一②）。

また、領事等が駐在している場合であっても、証書の謄本を本籍地の市区町村長あて直接郵送し、あるいは、帰国後に直接提出することもできます（大正三・一二・二八民八九三回答一二、昭和五・六・一九民事二八〇回答）。

なお、届出期間経過後であっても、本籍地の市区町村長は受理することとなります（戸四六）。

二　日本人と外国人間の嫡出子の認定

渉外的嫡出親子関係については、夫婦の一方の本国法により子の出生当時の法律で嫡出子であるときは、その子は嫡出子となります（法例一七①・通則法二八①）。夫婦の一方が日本人であれば、子が日本民法により嫡出子となるときは嫡出子として取り扱うことになります。子の母が日本人であり母の再婚後に出生した場合、日本民法により前婚の解消若しくは取消しの日から三〇〇日以内に生まれた子は、前婚の嫡出子とされ、また、後婚の成立から二〇〇日後に生まれた子は、後婚の嫡出子とされます（民七七二）。母の本国法、前夫又は後夫の本国法のいずれによっても嫡出子と推定され、そのいずれかの国の法律により前夫、後夫のいずれを父とするか判断できない場合は、父未定の子として取り扱うことになり（平成元・一〇・二民二―三九〇〇通達三の1(2)ウ(ア)）、日本民法により嫡出の推定が重複するときは、裁判所が父を定めることになります（民七七三）。

三　渉外的離婚の成立について

離婚の実質的成立要件は、第一に夫婦の本国法が同一であるときはその法律、第二に夫婦の本国法が同一でないときは夫婦の常居所地法が同一であるときはその法律、第三にそのいずれの法律もないときは夫婦に最も密接な関係がある法律によることとなります（法例一六・通則法二七本文・二五）が、夫婦の一方が日本に常居所を有する日本人であるときは日本の法律によることになります（法例一六ただし書・通則法二七ただし書）。また、形式的成立要件は、実質的成立要件の準拠法つまり夫婦の同一本国法、共通常居所地法若しくは密接関連法が定める方式又は行為地法の方式に従ってされたときに限り成立することになります（法例二二・通則法三四）。

四　本問の検討

本問は、日本人A女とインドネシア人B男は、インドネシアの方式により婚姻し、A女がB男との協議離婚届出後、A女とC男がA女とB男の婚姻中に、インドネシアの方式で婚姻が成立していたとして婚姻証書の謄本を提出しました。このことからA女は、B男とC男の二人の男性と重婚状態にあったものです。

なお、日本民法において重婚となる婚姻は認められませんが（民七三二）、前婚の離婚無効等により重婚となったときは、取消しの対象となります（民七四四）。

一方、インドネシアにおいては、一九七四年の婚姻法によれば一夫一婦制を原則としており（インドネシア婚姻法三

③)、裁判所はある特定の条件（妻が子を産めない場合や妻の同意が得られる場合）を充たされる場合に限り複数の妻を持つ許可を与えることができるとされています。また、民法典及びキリスト教徒婚姻令の適用を受けるものは一夫多妻婚を行うことは許されないとされています。

なお、婚姻は当事者の婚姻の要件が充たされない場合に取り消すことができるとされており（インドネシア婚姻法二二）、当事者の一方とまだ婚姻関係にある者は、一夫多妻の規定に関係なく、新しい婚姻の取消しの請求を行うことができるとされています（インドネシア婚姻法二四）。

A女はB男及びC男と重婚の状態であったことから、A女から出生したD子は、日本の民法により前夫であるB男と離婚後三〇〇日以内の出生子でありB男の嫡出の推定を受け、また、後夫C男との婚姻二〇〇日後の出生子であることから、C男の嫡出子の推定を受けることにもなります。母又は前夫のいずれかの本国法により前夫の子と推定され、かつ、母又は後夫のいずれかの本国法により後夫の子と推定されるときは、父未定の子として取り扱う（前掲民二—三九〇〇通達）とされているから、本問の場合もD子は父未定の子として出生の届出がされたものです。

本問において、A女と婚姻した日本人E男は、D子との養子縁組を考えていますが、D子は日本人母A女とインドネシア人父（B男又はC男）の嫡出子であり、インドネシアは父系血統主義であることから、日本とインドネシアの重国籍者と考えられます。養親の国籍は日本であるから、養子縁組の実質的成立要件についての準拠法は日本民法とされ（法例二〇・通則法三一）、子が二か国以上の国籍を有する場合において、一方の国籍が日本であるときは、日本法を本国法とします（法例二八①ただし書・通則法三八①ただし書）。したがって、子の保護要件は日本法に基づいて審査をすることになります。

日本民法の未成年者の養子縁組については、配偶者のある者が未成年を養子とするには、配偶者とともにしなければなりませんが、配偶者の嫡出子である子を養子とする場合は単独で縁組をすることができます(民七九五)。また、配偶者のある者が縁組をするときは、その配偶者の同意が必要になり(民七九六)、未成年を養子とする場合は家庭裁判所の許可を得なければなりません(民七九八)。

未成年の子は父母の親権に服します(民八一八①)から、D子の親権について考えてみますと、D子はA女とB男の離婚後に出生しているから、子の出生前に父母が離婚した場合には、親権は母であるA女が行うとされています(民八一九③)、しかし、C男との婚姻中の子でもあるから、父母婚姻中は父母が共同してこれを行うとされ(民八一八③)、父未定の子として離婚時に親権の指定がされていないD子は、A女とC男の共同親権に服していると考えられます。

本問の場合、D子が父未定の子であるから、B男、C男のいずれかを父とする裁判が確定し、それによってB男が父とされたときは、A女の単独親権となり、C男が父とされたときは、A女とC男のいずれかに親権者を定める必要があり、親権者を定めることができないときは、家庭裁判所による親権者の指定(民八一九⑤)により、親権者の指定届をすることになります。本問のE男とD子の養子縁組については、右に述べたようにD子の父を定める訴えによる裁判を確定させ、さらに親権者が定められた上で養子縁組の届出をすることになるものと考えます。

第六　離　　縁

〔33〕　母の夫である養父に認知された一五歳未満の養子が、養子離縁をする場合の届出人及び復籍戸籍について

【問】　A女は、B男と夫の氏を称して婚姻をしたが、その後離婚し、離婚後他のC男との間の子Dを出産しました。しかし、Dは、B男との離婚後三〇〇日以内の出生子であるため、A女が嫡出子として届出し、B男の戸籍に入籍しました。その後、A女はC男と夫の氏を称して婚姻をし、DはC男との養子縁組によりC男の戸籍に入籍しています。

　このたび、B男からの嫡出否認の訴えによる裁判が確定し、関連戸籍の訂正がされましたが、その後に、C男がDを認知する届出と、C男とDの養子離縁の届出が同時にされました。

　この届出は受理できるのでしょうか。受理できるとすれば、離縁の届出人と離縁後のDの戸籍はどうなるでしょうか。

【答】　一　**任意認知の要件について**

任意認知は、嫡出でない子に対し、父が自発的に認知する法律上の行為ですが、認知の要件は、次のとおりです。

1　事実上の父子関係が存在すること
2　父が認知の意思を有すること
3　成年に達している子を認知するには、その承諾を要すること（民七八二）
3　死亡した子の認知は、その子に直系卑属がある場合に限られること。その直系卑属が成年に達しているときには、その承諾を要すること（民七八三②）
5　父と嫡出でない子との間に身分関係は問わない
とされています。

本問は、養父が養子を認知する届出となりますが、養父が養子の血縁上の父であれば自己の子として認知することができます。戸籍の先例も、既に自己又は他人の養子となっている子であっても、認知することができるとしています（明治三二・三・二九民刑二二四回答、「設題解説戸籍実務の処理Ⅲ」二六八頁参照）。

二　養子が一五歳未満の場合の離縁協議者について

一五歳未満の養子が離縁する場合には、養子の離縁後に法定代理人となるべき者が、養子に代わって離縁の協議をしなければならないとされています（民八一一②）。

本問においては、前述のように実父Cと子Dの養子縁組は、Bの嫡出子否認の裁判が確定しても、Dは母Aの離婚後の出生子なので、親権者は母Aであり（民八一九③本文）、C男との縁組の代諾者は母Aであることに影響がないため、有効です。なお、離縁後のDの親権は、実父Cと母Aが婚姻し、実父Cの認知によりDは準正嫡出子となるから、実父Cと母Aの共同親権となります。

次に、養父としてのCと、養子としてのDの養子離縁は、養父Cと養子Dの離縁後に法定代理人となるべき者との協議ですることになります（民八二一②）が、法定代理人となるべき者は、実父Cと母Aになります。そこで、養父Cと実父Cは同一人であることから、利益相反行為に該当するかどうかという点を検討する必要があり、利益相反行為となる場合には、特別代理人を選任し、その者と協議をすることとなります。

本問においては、養父（実父）Cと養子（嫡出子）D間の関係は、父Cと母Aが婚姻して共同親権となったことから、この場合の離縁は、CとDの間で利益が相反することはないと考えられるため、利益相反行為に当たらないことになります（昭和五二・一一・一〇～一一愛媛県連合戸籍事務協議会決議四問）。

また、離縁届出人については、原則としては、養父Cと養子Dの離縁後に法定代理人となるべき実父Cと母Aになりますが、養父Cと実父Cが同一人であるため、実父Cを届出人として記載するまでもなく、養父としてのCと法定代理人となるべき者の母Aのみが届出人として記載されている届書であっても、養父Cと実父Cが同一人である旨の符せんを付して受理して差し支えないとされています（「戸籍」四九五号六〇頁）。

三　戸籍の変動について

養子は離縁により、原則として、縁組前の氏に復するので、単身の養子は縁組前の戸籍に復籍します（戸一九①本文）。復籍すべき戸籍が既に除かれているとき、又は復籍する者が新戸籍編製の申出をしたときは、新戸籍を編製します（戸一九①ただし書）。

本問における養子Dについては、養子縁組後、離縁の届出前に母の前夫の嫡出子否認の裁判が確定したため、母Aの離婚後の戸籍に入籍する記載がされ、その後、戸籍法第一一三条による戸籍訂正により養子縁組による除籍事項も移記され、現在の戸籍に入籍しています。そして、その戸籍の中で母Aと婚姻した養父Cに認知され、準正嫡出子の身分を取得しているから、その後にDとCが離縁の届出をしても、Dは縁組前の氏に復することはないとされていま

す（昭和二五・五・一六民事甲一二五八通達、前掲愛媛県連合戸籍事務協議会決議四問）。

なお、C、Dの養親子関係は、Dが準正により嫡出子の身分を取得したことによって、実質的には、既に形骸化しているものと考えられるので、離縁の届出は、戸籍面上の養親子関係を解消する手続にすぎないものといえるでしょう。

第七　婚　姻

〔34〕　中国人（台湾系）女の再婚禁止期間中に届出された日本人男との創設的婚姻届について

【問】　平成一二年二月一日日本人甲男と中国人（台湾系）乙女の創設的婚姻の届出が、甲男の本籍地である当区長にされました。添付された中国人乙女の台湾の戸籍謄本によれば、同女は平成一一年一〇月三日に中国人（台湾系）丙男と離婚した旨の記載があります。中華民国民法改正（一九九八年六月一七日）により、改正前の同法第九八七条（再婚禁止期間）及び第九九四条（再婚禁止期間違反の婚姻の取消）が削除されたことにより、乙女の再婚禁止期間については、これを考慮することなく受理することができるかについてお伺いします。

なお、同人らの婚姻が平成一二年一月五日に台湾の方式で成立したとする婚姻証書の謄本の提出がされた場合のときはどのようになるかについても、併せてお伺いします。

【答】　一　**渉外的婚姻の準拠法について**

渉外的な身分関係については、どの国の法律を適用すべきかが問題となります。例えば、本問の場合、日本人男と中国人（台湾系）女が日本で婚姻を成立させる場合に、婚姻年齢、重婚禁止等の婚姻成立の要件は夫の本国法である日本の民法によるべきか、妻の本国法の中華民国民法によるべきか又は行為地である日本の民法によるべきか、また、婚姻の方式は日本の民法によるべきか又は中華民国の民法によるべきかについてなどが、問題となります。

このような渉外的な私人間の法律関係に適用すべき私法を指定する法律を国際私法といい、国際私法によって指定された私法を準拠法といいます。わが国では、法例（現行の通則法）がこの国際私法に当たります。

二　実質的成立要件について

渉外的な婚姻届についての実質的成立要件については、法例第一三条第一項（通則法二四①）により「婚姻成立ノ要件ハ各当事者ニ付キ其本国法ニ依リテ之ヲ定ム」と規定し配分的適用主義を採用しています。つまり、婚姻の実質的成立要件に関する準拠法は、各当事者の本国法ということになります。したがって、日本人と外国人が婚姻する場合、日本人については日本民法が、外国人についてはその者の本国法が適用されることになります。

なお、中国のように本土と台湾のような地域によって異なる法律が施行されている場合は、その国の規則によって指定された法律が適用されるが、もし、その規則がないときは、当事者に最も密接な関係がある地域の法律が本国法となります。

日本人の婚姻についての実質的成立要件には、婚姻の意思があること（民七四二Ⅰ）、婚姻適齢に達していること（民七三一）、重婚でないこと（民七三二）、再婚禁止期間を経過していること（民七三三①）、近親者間の婚姻ではないこと（民七三四・七三五・七三六）及び未成年者の婚姻には父母の同意を要すること（民七三七）とされており、これらの要件をすべて備えていなければなりません。

また、外国人についてもその本国法に定める要件を備えていなければなりません。

この実質的成立要件の中には、婚姻適齢、父母・後見人等の同意、精神的又は肉体的障害のようにその者についてのみ適用される一方的要件と、近親関係にあること、重婚関係にあることのように当事者の一方の本国法上の要件であっても、相手方との関係でも具備すべき双方的要件があるので、各要件ごとにそれぞれ適用関係を判断することになります。

三　実質的成立要件を欠く婚姻について

右に述べたとおり、日本人と外国人の婚姻が有効に成立するためには、各当事者の本国法に定められた実質的成立要件を備えていなければならず、この要件を欠く婚姻の届出は、受理されないことになります。

しかし、各国の国際私法や国内法の内容が異なることや、諸外国の中には婚姻成立の実質的成立要件を挙行地法によるとしている国もあり、日本人がそのような国において婚姻し、実質的成立要件を欠いたままその婚姻が有効に成立してしまうこともあり得ます。その場合には、わが国の法例第一三条第一項（通則法二四①）の規定に合致しない場合には、瑕疵ある婚姻となります。

例えば、イスラム教国で一夫多妻を認める法制の国において、既に妻を有する同国の男性と日本人女性が婚姻した場合等の、重婚を認める国で日本人が婚姻した場合には、日本民法上重婚は禁止されていますが、重婚になった場合は取消事由となっていますので（民七三二・七四四）、取り消されるまでは当該婚姻は有効なものとされます。

また、相互に従兄弟姉妹の関係にある台湾人と日本人が婚姻した場合、日本民法では婚姻の制限に該当しませんが、中華民国民法によれば、六親等内の傍系血族相互間の婚姻は認められず、この要件に違反する婚姻は無効とされています（民国民九八三）。したがって、仮にこの婚姻が受理されても、婚姻は無効ということになります。

四　再婚禁止期間について

再婚禁止期間が、前記**二**に述べた一方的要件か双方的要件かについては、再婚禁止期間が当事者各人に個別的に適用される要件であるのか、あるいは、相手方との関係における要件であるのかが問題になります。この考え方によって準拠法が異なることになります。

再婚禁止期間の規定は、父性推定の重複を防ぐ目的で定められているものであるから、妻となるべき者の側の一面的婚姻障害とみて準拠法は妻の本国法によるべきであるとする見解と、父性の重複による被害は再婚の夫にとっての方が大きいことから、夫となるべき者の一面的婚姻障害とみて準拠法は夫となるべき者の本国法によるべきであるとする見解があります。さらには、当事者双方の問題と解し、多面的婚姻障害とみて準拠法はより厳しく規定されている者の本国法によるべきであるとする見解があります。以上のように見解がわかれますが、再婚禁止期間を定めた民法第七三三条の規定の立法趣旨は、父性推定の衝突の防止を図るものであり、渉外的婚姻においても、この趣旨は尊重されなければならないと考えられていることから、夫及び妻となる者の双方的要件と解する見解が有力です。

五　本問についての検討

本問については、妻の本国法である中華民国民法上に再婚禁止期間の定めがなくても、双方的要件として扱うこととなりますので、中国人（台湾系）乙女が、日本民法の定める再婚禁止期間を経過しなければ、当該婚姻の届出は受理されないことになります。

次に、同人らが台湾の方式で婚姻を成立させた場合であれば、日本法上は、再婚禁止期間中の婚姻は無効原因ではなく取消原因とされています（民七四六）。そして、婚姻の取消しは、民法第七四四条ないし第七四七条の規定によってしなければならず（民七四三）、取り消されるまでその婚姻は有効とされています。したがって、この場合は、婚姻はすでに台湾で有効に成立しており、無効原因ではありませんから、当該証書の提出は受理されることになります。

〔35〕　旧国籍法施行当時、ブラジルで婚姻した日本人男とブラジル人女の婚姻の記載申出と死亡届の取扱いについて

【問】　筆頭者甲野太郎の戸籍に在籍している甲野一郎（大正一一年一一月八日生）は、昭和二三年六月一〇日にブラジル国籍のオツノ、マリ（大正一三年一二月六日生）と同国の方式により婚姻し、ブラジル国において婚姻登録をしましたが、日本への報告的届出はしないまま、平成一六年三月六日にブラジルで死亡しています。オツノ、マリはブラジル国サンパウロ州リンス市において日本人父母から出生していますが、日本には出生届はしてていません。

なお、今般、一郎の弟二郎が、同籍している兄一郎についてブラジル国発行の死亡証明書と、婚姻証明書を持って当区役所に来て右の事情を述べ、兄の戸籍の届出について相談に来ました。一郎の在籍する戸籍は、筆頭者の父太郎は既に死亡し除籍されていますが、同戸籍には一郎と二郎がともに在籍し、コンピュータ化の改製がされています。

この場合の戸籍手続について、ご教示願います。

【答】　一　戸籍法第四一条の証書の取扱いについて

日本人について外国で婚姻等の身分関係が成立した場合は、その日本人からの証書謄本の提出が戸籍法第四一条により義務づけられていますが、当該婚姻が成立しているかどうかについては、日本における国際私法である法例（現行

の通則法）によることになります。

本問の場合は、昭和二三年六月一〇日に婚姻が成立しているので、平成元年の改正前法例第一三条第一項ただし書によりブラジル国において適正に登録されていれば、婚姻挙行地において婚姻が成立していると解されますので、当事者が明らかに年齢等の実質的要件を備えていないと認められない限り、当該婚姻は成立しているものとして取り扱われることになり（昭和四四・二・一三民事甲二〇八回答等）、その証書謄本の提出が義務づけられています（戸四一）。また、戸籍制度は、人の身分関係を登録・公証することを目的としていますので、当事者が死亡している場合でも、その婚姻が死亡前に成立したものであれば戸籍に記載しなければなりません。したがって、日本人男が死亡した後であっても、当事者の一方である外国人女は、届出の資格がありますので、婚姻証書の謄本を提出することができますし、もし、外国人女が証書の謄本を提出をしない（又はできない）ため、日本人男の親族（両親、兄弟等）から提出された場合には、戸籍記載の申出があったものとして、市区町村長は、管轄法務局の長の許可を得て職権による戸籍の記載をすることになります。

また、夫と妻の双方が日本人のときに婚姻証書の謄本を提出する場合は、夫婦の称する氏、夫婦について新戸籍を編製すべきときにおける新本籍などを、夫婦で協議した上で届け出なければならない（昭和二五・一・二三民事甲一四五回答⑵）ので、通常は、証書謄本のほかにわが国の婚姻届書用紙を添付し、これに上記の必要な事項を記載します。ただ、本来夫婦が婚姻の際に称する氏の選択は一身専属権と解されていますので、証書謄本若しくは附属書類に夫婦の称すべき氏について記載がないときは、当事者双方から氏の選定の申出をしない限り、戸籍に記載できないと考えられます。しかし、日本人たる夫は既に死亡し、生存配偶者は外国に在住し、現実には氏の選定の申出を期待できないときは、その身分関係をいち早く公証するという戸籍制度の要請とを比較考量し、便宜、親族の申出に基づいて戸籍に記載するのが相当とされています（昭和四二・三・二民事甲三五四回答）。

二　日本人男と外国人女が婚姻した場合の戸籍の変動について

旧国籍法（明治三二年法律第六六号）施行当時は、日本人の妻となった外国人は当然に日本の国籍を取得するものとされていました（旧国五Ⅰ）ので、旧国籍法当時に日本人男と外国人女との婚姻が成立した場合は、その外国人女が戸籍に記載されていないとしても、その外国人女は既に日本国籍を有しています。

ところで、戸籍の筆頭者でない者が外国人と婚姻した場合、旧戸籍法（大正三年法律第二六号）の規定による限りは、外国人と婚姻した日本人につき、婚姻を契機とした新戸籍を編製することはなく、また、日本人配偶者は婚姻を原因とした氏の変動が生じないため、戸籍変動の事由はないことから、当該婚姻における日本人当事者の現在戸籍の身分事項欄に婚姻事項を記載するにとどめられていました。婚姻によって日本国籍を取得した配偶者は、別に国籍取得届をする必要はなく、日本人配偶者の戸籍の末尾に入籍させ婚姻事項を記載しました。しかし、昭和五九年法律第四五号をもって、国籍法及び戸籍法の一部を改正する法律の施行（昭和六〇年一月一日施行）によって、戸籍法第一六条に第三項が新設され、日本人配偶者について従来の氏で新戸籍を編製することとされました。これは、改正前に外国の方式により婚姻をし、その証書の謄本が改正後に提出されたときも同様の取扱いとされています（昭和五九・一一・一民二―五五〇〇通達第2の1⑵）。

なお、現行戸籍法（昭和二二年法律第二二四号、昭和二三年一月一日施行）の施行以後、旧国籍法施行中（昭和二五年六月三〇日まで）に、日本人男と外国人女の間に婚姻が成立した場合、当該外国人は、婚姻により日本国籍を取得し、夫の戸籍に入籍することになりますが、夫を戸籍の筆頭者として新戸籍を編製した旨を明らかにする趣旨から「称する氏は夫の氏」と記載しておきます（「改訂第一版注解コンピュータ記載例対照戸籍記載例集」第五章婚姻の項記載例【一五】一六九頁参照）。

三　旧国籍法時代に生地主義を採用する外国で出生した子の国籍について

旧国籍法（明治三二年法律第六六号）が施行された当初は、国籍留保制度は採用されておらず、生地主義を採用する外国で出生した日本人の子は、その国の国籍を取得する一方、血統主義を採用する日本の国籍も取得しました。その後、その国の国籍を取得した日本人はその国に住所があれば許可を得て日本の国籍を離脱できるようになり（旧国二〇ノ二、大正五年改正）、大正一三年法律第一九号（同年一二月一日施行）によって、生地主義を採る国のうち勅令で指定する国（当初は、アメリカ合衆国、アルゼンチン、ブラジル、カナダ、チリ、ペルーの六か国、メキシコが昭和一一年追加）で出生した者は、日本国籍を留保する意思表示をしなければ日本国籍を当然に喪失することとされました。したがって、勅令が施行された大正一三年一二月一日より前にブラジル国で日本人父母から出生した子については、出生届とともに国籍留保の届出をしなくても日本国籍を失わないことになりますので、ブラジル国籍と日本国籍との重国籍者ということになります。この場合で出生届が未届出のときは、現在においても出生の届出がされれば受理されることになります。

四　外国における日本人の死亡について

戸籍法の効力は、属地的効力と属人的効力に大別されますが、日本国籍を有する者については、属人的効力により、身分に関する事項が日本国内で発生したか外国で発生したかを問わず適用されます。したがって、外国にある日本人であっても身分に関する報告的事項が発生した場合は、戸籍法所定の届出をしなければなりません。死亡届については、事件本人の同居の親族、同居者、家主・地主等が日本人であれば当然に届出義務がありますし、また、同居していない親族も届出資格があります（戸八七）。また、同居の親族又は同居していない親族が外国人の場合は、届出義務はありませんが自ら戸籍法の規定に基づいて届出をする場合には届出資格を有するものと解されています（「戸籍」五〇九号八五頁）。

五　本問の検討

まず、日本人一郎についての婚姻証書謄本の提出ですが、一郎の親族から右の証書謄本が提出されています。これは一郎が死亡したためですが、これは戸籍法第四一条に規定されている届出資格者以外の者からの証書謄本の提出となりますので、一郎とマリの婚姻についての職権記載の申出書として取り扱うことになります。

妻となる「オツノ、マリ」の国籍については、「旧国籍法第二〇条ノ二第一項ノ規定ニ依リ外国ヲ指定スルノ件」（大正一三年一一月一五日勅令二六二号）の勅令で、ブラジル国は指定を受けていることから、勅令が施行された大正一三年一二月一日以降に、ブラジル国において出生したことによりブラジル国籍を取得した日本人は、出生届とともに国籍留保の届出をしないと出生時にさかのぼって日本国籍を失うこととされました（旧国二〇ノ二①）ので、大正一三年一二月六日生まれのマリは、ブラジル国籍のみを有していると認められます。また、当該婚姻の成立の年月日は旧国籍法当時（現行国籍法は昭和二五年七月一日施行）であることから、同法第五条第一号によって、日本人の妻となった外国人は、日本国籍を取得することになるので、当該申出書により、ブラジル国籍のマリは婚姻と同時に日本国籍を取得することになります。

戸籍の記載については、戸籍法第一六条の改正前に外国の方式により婚姻し、その証書謄本が改正後に提出されたときも、戸籍の筆頭者でない者が外国人と婚姻した場合は、新戸籍を編製します。したがって、親族からの記載申出書による職権記載をする場合においても、新戸籍を編製することになりますが、本籍については戸籍法第三〇条第三項により、従前本籍と同じ場所に定めることになります。婚姻前の一郎戸籍については、身分事項欄に婚姻による除籍の記載をします（昭和四二・三・二民事甲三五四回答の記載例参照）。

ブラジル国から発行された一郎の死亡証明書については、弟二郎から同居していない親族からの死亡の届出をする際の死亡を証する書面として取り扱うこととなります。また、死亡の届出は前述の婚姻の記載申出書の次に受理して、婚姻により編製された新戸籍の一郎の身分事項欄に記載することになります。
参考まで記載例を示すと次のとおりです。

【記載例】

1　一郎の従前戸籍について

一郎の身分事項欄

出　生	（省略）
婚　姻	【婚姻日】昭和２３年6月１０日 【配偶者氏名】オツノ，マリ 【婚姻の方式】ブラジル連邦共和国の方式 【許可日】平成１６年○月○日 【除籍日】平成１６年○月○日 【新本籍】東京都○区東町５丁目８８８番地 【称する氏】夫の氏

2　一郎の新戸籍について

一郎の身分事項欄

出　生	（省略）
婚　姻	【婚姻日】昭和２３年6月１０日 【配偶者氏名】オツノ，マリ 【婚姻の方式】ブラジル連邦共和国の方式 【許可日】平成１６年○月○日 【入籍日】平成１６年○月○日 【従前戸籍】東京都○区東町５丁目８８８番地 甲野太郎
死　亡	【死亡日】平成１６年３月６日 【死亡時分】午前8時３０分 【死亡地】ブラジル連邦共和国サンパウロ州サンパウロ市 【届出日】平成１６年１０月２２日 【届出人】親族　甲野二郎 【除籍日】平成１６年○月○日

マリの身分事項欄

出　生	【出生日】大正１３年１２月6日 【出生地】ブラジル連邦共和国サンパウロ州リンス市
婚　姻	【婚姻日】昭和２３年6月１０日 【配偶者氏名】甲野一郎 【入籍日】平成１６年○月○日 【特記事項】婚姻により国籍取得（取得の際の国籍ブラジル連邦共和国）

〔36〕 イスラム教徒であるパキスタン人男と日本人女の創設的婚姻届について

【問】 今般、イスラム教徒であるパキスタン人男と日本人女の婚姻の届出がされました。同男に関して添付された証明書類は、平成六年一〇月五日民二第六四二六号民事局第二課長回答（パキスタン人男と日本人女の婚姻に関する照会に対する回答）で示された証明書類と同一の様式のものです。

このような場合、市区町村長は、管轄法務局の長に受理照会することになるでしょうか。

【答】 一 **渉外的婚姻の成立要件について**

日本人と外国人が日本国内で婚姻の届出をすることは、渉外的な創設的届出の一つであり、法例第一三条（現行の通則法二四）による実質的成立要件と形式的成立要件（方式）の双方を具備する必要があります。

法例第一三条（通則法二四）は、婚姻の実質的成立要件については、婚姻当事者の各々の本国法によるとし、また、その形式的成立要件（方式）については婚姻挙行地の法律又は婚姻当事者の一方の本国法によることとしています。なお、婚姻当事者の一方が日本人の場合、日本で婚姻するときは日本法による方式、つまり、市区町村長に対する戸籍の届出によります。

したがって、日本人と外国人が婚姻する場合の実質的成立要件の準拠法は、日本人については日本の民法の規定が、外国人についてはその者の本国法が適用されることになります。ただし、外国人当事者の本国の国際私法において、婚姻の実質的成立要件につき絶対的挙行地法主義を採っている場合又は住所地法主義のみによっている場合で、かつ当事者が日本に住所を有しているときは、法例第三二条(通則法四一)の反致の規定により、外国人当事者の婚姻の実質的成立要件についても日本の民法を適用することになります。

二　実質的成立要件の審査について

前記のとおり、婚姻の実質的成立要件は各当事者の本国法によりますので、外国人については、当該身分行為に対する本国法の規定内容を調査し、その上で当該外国人の身分関係事実を審査することになります。

戸籍の実務上は、外国人当事者については、その本国の権限を有する官憲が本国法上その婚姻の成立に必要な要件を具備している旨を証明した書面、いわゆる「婚姻要件具備証明書」を婚姻の届書に添付させ、これにより審査しています。アメリカ人については、在日アメリカ合衆国領事の面前でなした領事の署名のある宣誓書(昭和二九・一〇・二五民事甲二二二六回答)、又は、本国における所属州の公証人が発給した証明書でも差し支えないとされています(昭和二九・九・二五民事甲一九八六回答)。また、日本国内で外国人と日本人が当該国の方式により婚姻した旨の本国官憲の発行した証明書(婚姻証明書)は、要件具備証明書として取り扱って差し支えないとされ、本問と同様に、パキスタン人男と日本人女との創設的婚姻の届出において、東京イスラム教寺院長の発給した両人の結婚証明書、当事者であるパキスタン人男の作成した婚姻の要件を具備する旨の申述書、外国人登録済証明書(現・登録原票記載事項証明書)が添付されているときは受理して差し支えないとされています(昭和四二・一二・二二民事甲三六九五回答)。

さらに、婚姻要件具備証明書を得られない場合は、当事者の本国法の内容、すなわち、身分法における婚姻の要件の内容を明らかにし、その上で、当事者が各要件を満たしているかどうかを判断するため、その身分関係事実(年齢、独身であること等)を証明する書面等、すなわち、出典を明示した法文の写しと本国官憲発行の身分証明書・出生証明書・身分登録簿の写し等が必要となります。

ところで、これらの証明書は、戸籍法施行規則第六三条を根拠としていますが、これらの証明書が提出できない場合、すなわち、法制が不明の場合、又は制度があっても本国官憲において当事者の身分関係が把握されておらず、当該当事者についての証明書が発行されない場合等の特別の事情がある場合には、管轄法務局の長に指示を求めることとされており、管轄法務局においても当該国の法律が不明のときは法務省（民事局）に指示を求めることになります（戸規八二）。

三　パキスタン国のイスラム教徒に対する実質的成立要件について

平成六年一〇月五日民二第六四二六号民事局第二課長回答によってパキスタン国におけるイスラム教徒に限った婚姻の実質的成立要件が明らかとなりました。その内容は次のようになります（「戸籍」六三二号八三頁以下参照）。

1　思春期（一五歳と推定される。）に達し健全な意思を有するイスラム教徒は婚姻契約を締結することができること

2　イスラム教徒の男子は、四人の妻を持つことができる（既に四人の妻がいてもなお五人目と婚姻したときでも、その婚姻は無効ではなく、単に不適法であるにすぎない。）こと

3　イスラム教徒の女子は、同時に二人以上の夫を有することは違法であること

4　イスラム教徒の男子は、イスラム教徒の女子のほかに、ユダヤ人又はキリスト教徒とも有効な婚姻ができるが、イスラム教徒の女子は、イスラム教徒の男子以外との有効な婚姻ができないこと

5　血族に基づく禁止婚は、直系尊属、卑属、姉妹、姪等であり、姻族に基づく禁止婚は、妻の母、妻の娘及び父又は子の妻であること。また、養親族関係についてもそれ以上の一定の禁止婚の規定があること

6　思春期に達していない場合には、後見人、すなわち父、父がいないときは父方の祖父、祖父がいないときは兄弟等が婚姻を約することができること

右の各要件は、パキスタンの法律がインドの法律と同じであるとされていることから、インドにおけるイスラム教徒である者の実質的成立要件と同様とされています。ところで、インドにおいては、一九六一年にムスリム家族法法令により次の二点(前述の1及び2)につき改正がされました。これにより、パキスタン国においても同様の取扱いであると解されています。

㈠　イスラム教徒である者の婚姻適齢は、男子一八歳、女子一六歳であること

㈡　前婚が継続している間に婚姻しようとする男子は、仲裁会議という合議体の文書による許可を得なければならず、仲裁会議を経ずにされた婚姻は登録されないこと。また、許可申請においては、現在の妻の同意を得ているか否かにつき陳述しなければならず、申請を受理した仲裁会議は、申請された婚姻が必要かつ適正と認めたときに限り許可を与えること

四　本問の取扱いについて

前掲の民二第六四二六号回答においては、前記のとおりイスラム教徒の婚姻に係わる実質的成立要件が示されたほか、国籍証明書、当事者の父が地方裁判所最高判事の面前でしたとする当事者が独身である旨等の宣誓供述書、当事者から婚姻要件具備証明書を添付できない旨の申述書、一夫多妻制が現存していることから重婚でない旨の宣誓書の添付がある場合には、受理して差し支えないとされました。

本問の事例のような場合において、添付の証明書の様式が異なること、パキスタン国の氏制度により氏のない者が届書の氏名欄中氏の欄への記載を希望すること、パスポートの当事者の生年月日が年までしか記載されていないこと等の理由から、管轄法務局の長へ受理照会される事案が多数あります。

イスラム教徒であるパキスタン人男については、前記のとおり国籍証明書、親族が本国官憲の面前でした同人が独

身である旨等の宣誓供述書、同人から婚姻要件具備証明書を添付できない旨の申述書及び重婚でない旨の宣誓書並びに出生証明書を添付して、婚姻の届出がされた場合には、添付書類の内容から実質的成立要件に疑義がないときは、市区町村長限りにおいて受理して差し支えないことになります。

第八　離　　婚

〔37〕日本人とペルー人夫婦がわが国で協議離婚する場合及び同人らのペルー国籍の未成年の子の親権者について

【問】　この度、当区長に日本人夫とペルー人妻から協議離婚の届出がされましたが、届書に同人らのペルー国籍の未成年の子の親権者の定めについて記載がされています。ペルーの本国法では裁判離婚しか認めていないそうです。この協議離婚の届出の受否についてお尋ねします。

【答】　一　**渉外的協議離婚について**

渉外的要素をもった戸籍に関する届出については、その法律関係の性質に応じて、関連する各国の私法のうち、いずれの国の法律を適用すべきかを指定する法律「国際私法」によって指定された法律「準拠法」により、その届出の要件を具備しているか否かを審査しなければなりません。

国際私法については、現在、国際的な統一法はなく、各国ごとに国内法として制定されていますが、わが国では、法例（明治三一年法律第一〇号・現行の通則法―平成一八年法律七八号）が、これに当たります。

離婚の実質的成立要件は、法例第一六条（通則法二七）において法例第一四条（通則法二五）を準用しています。すなわち離婚については、第一に、夫婦の本国法が同一であるときはその法律により、第二に、その法律がない場合において夫婦の常居所地法が同一であるときはその法律により、第三に、そのいずれの法律もないときは夫婦に最も密接な関係がある地の法律によることになります。ただし、夫婦の一方が日本に常居所を有する日本人であるときは、日本の法律によることとされています（法例一六ただし書・通則法二七ただし書）。また、離婚のように準拠法の決定が段階的連結による場合は、反致は適用されません（法例三二ただし書・通則法四一ただし書）。

したがって、日本人夫（妻）は日本に常居所を有することにより、外国人妻（夫）の本国法における離婚制度のいかんを問わず、日本法を準拠法として協議離婚することができます。外国人妻（夫）のみが日本に常居所を有する場合も同様です（平成元・一〇・二民二―三九〇〇通達第2の1(1)イ）。

二　親権者の指定について

次に、離婚の際の親権者の指定については、子の福祉の観点から親子間の法律関係によるべきとの考えに基づき、法例第二一条（通則法三二）によるものと前記通達で明示されています（前掲民二―三九〇〇通達第7）。法例（通則法）では、親権の準拠法を原則として子の本国法とし、例外として、子の本国法が父又は母の本国法のいずれとも異なる場合又は父母の一方が死亡し、若しくは知れない場合において他方の親の本国法と子の本国法が異なるときは、子の常居所地法によることとされ（法例二一・通則法三四）、原則的には、日本人である子の親権については、日本の法律を適用することとされています（前掲民二―三九〇〇通達第7）。

また、子の本国法によるべき場合、反致は適用されません（法例三二ただし書・通則法四一ただし書）。

このため、日本人と外国人との離婚において、夫婦双方又は一方の常居所地である日本の法律を準拠法として協議離婚の届出をしたとき、親権の準拠法は子の本国法による場合と子の常居所地法による場合とがあり、準拠法がどちらの国の法律になるか、また、その準拠法で指定された親権に関する規定はどうかが問題となります。

離婚については、前述のとおり段階的連結によって定めた準拠法によることになりますが、子が日本人で父母の双方又は一方が日本人の場合、親権の準拠法は日本法となり、離婚届の「未成年の子の氏名欄」に子の氏名を記載しなければ受理できません。また、日本人夫婦の子がアメリカ人であるような場合、子が父母と国籍を異にしているため、親権の準拠法が子の常居所地法によるべきときに、子が日本に常居所を有していることが、旅券・外国人登録証明証等により認定できる場合には、日本法により親権者が決定されますので、右と同様の記載が必要です。

子が外国人の場合、当該欄に子の氏名の記載があるときは、親権の準拠法を決定するため、届書の「その他欄」に子の国籍・生年月日を記載した上、国籍を証する書面及び常居所を認定するための資料の添付が必要です。準拠法で指定する国の親権の規定が不明の場合は、市区町村長は、管轄法務局の長に受理照会した上で、離婚の届出の受否を決定することになります。また、離婚届書の当該欄に子の氏名の記載がない場合は、離婚届書のみで判断すれば足ります。

三　本問の検討

本問は、日本人夫とペルー人妻が協議離婚の届出において、未成年のペルー国籍の子がいる事案です。

離婚については、前述のとおり、日本人夫が日本に常居所を有することが、住民票の写しの添付により認定できれば、わが国の民法が準拠法として指定されるので、協議離婚の届出は受理できることとなります。また、日本人夫が国外に転出し、わが国に常居所を有しない場合であっても、ペルー人妻について、在留資格及び在留期間を記した外国人登録証明書並びに旅券の写しの添付により、わが国に常居所を有しているものと認定できれば、類型的に日本法が密接関連法として認定し得ますから、協議離婚届を受理しても差し支えありません（前掲民二—三九〇〇通達第2の1(1)

イ(ア)。この場合には、密接関連法と判断するについての管轄法務局の長への受理照会は要しません。

次に親権についてですが、子と母の本国法がペルー法であり同一ですから、親権の準拠法は、ペルー法になります。ペルーは協議離婚制度がなく、裁判離婚（ペルー民法三五五）の際、裁判官が親権者を定めることとなっており（ペルー民法三四〇・四二〇）、法例（通則法）では反致の適用がありませんから、日本での協議離婚の届出に父母の協議による親権者の記載はできません。子が日本に住所がある場合は、家庭裁判所で親権者を定めることもできますが、それまでは共同親権ということになります。

したがって、本問の協議離婚の届出を処理する場合には、届書の親権者の記載を削除する補正をさせた上で、受理する取扱いが相当と考えられます。

なお、届出人らが届書の記載について補正に応じない場合には、「親権者の記載は余事記載」として符せん処理をした上で、受理するほかないものと考えます。

〔38〕カナダ国ケベック州在住のカナダ人夫と日本人妻夫婦の協議離婚届が、妻の本籍地の市区町村長に郵送された場合について

【問】　カナダ人男Aと日本人女Bは昭和六二年六月に日本において婚姻し、妻BについてS区に新戸籍が編製されました。

夫婦は現在カナダ国ケベック州に在住していますが、カナダ国において婚姻の登録をしていないため、カナダ法による離婚の手続ができないとして、平成一三年六月、日本法による協議離婚の届出が妻Bの本籍地であるS区長に郵送されてきました。届書は形式的要件を具備しており、さらに、夫婦が協議の内容を申し出た申告書、及び夫婦双方が離婚に同意した旨の宣誓供述書が添付されています。右の申告書、宣誓供述書ともケベック州において作成されていますが、官憲が認証した書面ではありません。ただし、宣誓供述書には宣誓管理官（日本の公証人に当たる職名）の署名があります。

戸籍の附票によると、妻Bは昭和六三年に住所をカナダ国ケベック州に定め、それ以後現在まで日本に住所を有したことはありません。届書中の別居する前の住所もケベック州となっています。この協議離婚の届出は受理できるでしょうか。

【答】　一　**渉外的離婚の準拠法について**

渉外的要素を含む戸籍の届出についての審査に当たっては、まず準拠法の特定が必要となります。離婚の準拠法に

ついては法例第一六条（現行の通則法二七）に定めがあり、

1　夫婦の同一本国法

2　夫婦の同一常居所地法

3　夫婦の密接関連地法

の段階的連結（法例一四の準用・通則法二五の準用）によることとなっています。また、夫婦の一方が日本に常居所を有する日本人であるときは、日本の法律を準拠法とすることになっています（法例一六ただし書・通則法二七ただし書）。

ところで、夫婦の一方が日本人である創設的届出の場合は、「法例の一部を改正する法律の施行に伴う戸籍事務の取扱いについて（平成元・一〇・二民二―三九〇〇通達―以下「基本通達」という。）」第二の1(1)イにより、

(一)　日本人配偶者が日本に常居所を有するものと認められる場合又はこれに該当しないが外国人配偶者が日本に常居所を有するものと認められる場合は、協議離婚の届出を受理することができる。

(二)　(一)のいずれの場合にも該当しないが、当事者の提出した資料等から夫婦が外国に共通常居所を有しておらず、かつ、その夫婦に最も密接な関係がある地が日本であることが認められる場合は、管轄法務局の長の指示を求めた上で、協議離婚の届出を受理することができる。

とされています。

また、法例（通則法）及び基本通達に示されている常居所については、基本通達の第八の1「我が国における常居所の認定」(1)「事件本人が日本人である場合」においては、

事件本人の住民票の写し（発行後一年内のものに限る。）の提出があれば、我が国に常居所があるものとして取り扱う。ただし、基本通達第八の2(1)の事情が判明した場合を除く。

事件本人が国外に転出し、住民票が消除された場合でも、出国後一年内であれば、我が国に常居所があるものとして取り扱う。出国後一年以上五年内であれば、事件本人が基本通達第八の２(1)のただし書に記載した国に滞在する場合を除き、同様とする。

と規定され、基本通達第八の２「外国における常居所の認定」(1)「事件本人が日本人である場合」においては、

旅券その他の資料で当該国に引き続き五年以上滞在していることが判明した場合は、当該国に常居所があるものとして取り扱う。ただし、重国籍の場合の日本以外の国籍国、永住資格を有する国又は配偶者若しくは未成年養子としての資格で滞在する場合における外国人配偶者若しくは養親の国籍国においては、一年以上の滞在で足りる。

と規定されています。

そこで、本問については妻の常居所を検討することになりますが、戸籍の附票から妻は一〇年以上日本に住所を有していないことがわかります。したがって、基本通達第八の１(1)に照らせば、常居所を日本と認定することはできないものと解されます。

さらに、法第一六条(通則法二七)により前記２の夫婦の同一常居所について検討することとなりますが、現在夫婦ともカナダ国ケベック州在住であるところから、夫婦の同一常居所については、カナダ国ケベック州と認めて差し支えないと考えられます。

したがって、カナダ法を準拠法として実質的要件を審査することとなりますので、カナダ法による離婚の成立を検討することになります。

二　本問離婚届の審査

前述のとおり、夫婦の同一常居所については、カナダ国ケベック州と認められるので、本問の協議離婚の届出は準

拠法を日本法として実質的要件を審査することはできません。

そこで、カナダ法による離婚を検討することとなりますが、カナダでは裁判を通じてのみ離婚ができるとされており、協議離婚の制度はありません。したがって、妻の本籍地の市区町村長に郵送された本件の協議離婚の届出は受理することはできないことになります（注）。

さらに、本件の離婚届を外国で成立した離婚の報告的届出とみなすことができるか検討することにします。外国において協議離婚が成立したときは、戸籍法第四一条の証書の謄本を市区町村長に提出することによって届出することになります。この届出は、準拠法上協議離婚をすることができる場合に限って受理されることになります。

三　本問の添付書面が戸籍法第四一条の証書に該当するかについて

本問の届書には申告書及び宣誓供述書が添付されています。これらを戸籍法第四一条の証書、すなわち裁判離婚をした書面として取り扱えるかどうかについては、申告書は夫婦双方が離婚について協議の内容を記載したものであり、宣誓供述書は裁判官の認証がなく、宣誓管理官（日本の公証人に当たる職）の面前で夫婦が署名をした書面であるとみなされるので、これらは裁判離婚の証書ではなく、裁判所に離婚の申立てをする際に準備するものと解されます。したがって、届書の添付書面から当該夫婦につきカナダ国における離婚の成立を認めることはできません。

四　結論

以上のとおり、本問の協議離婚の届出は準拠法を日本法とすることができず、また、外国で成立した離婚の報告的届出とみなすこともできませんので、受理しないのが相当と考えます。

（注）　カナダ・ケベック州の離婚法について「離婚手続についてであるが、現行離婚法も、裁判を通じてのみ離婚ができ

る立場に立つ。しかし、当事者が離婚及び離婚条件に合意していれば、離婚の申立てと併せて双方が署名した合意書を提出することにより、裁判官の書面審査だけで離婚判決を得ることができる。その後三〇日間の控訴期間の経過とともに、判決は確定し、それと同時に再婚も可能となるのである。」とされている（家月四六巻七号二七頁）。

〔39〕 妻の氏を称して婚姻した日本人男女についての協議離婚届及び当該日本人男と韓国人女との婚姻届が受理された後、協議離婚届が妻からの離婚届不受理申出期間中であるため当該届出は無効なものとして、戸籍訂正がされ、その後、前婚について改めて協議離婚の届出がされた場合の戸籍の処理方法について

【問】 「甲山甲男」と「乙川乙子」は、平成二年四月一日に本籍地をA区と定めて妻の氏「乙川」を称して婚姻しました。しかし、平成八年頃から不仲となり別居し、甲男は韓国人丙女と交際するようになりました。甲男は丙女と結婚したいと考え、乙子に離婚の話をしましたが折り合いがつかないうちに、丙女が甲男の子を妊娠してしまいました。甲男は、子が生まれる前に丙女と結婚したいと思い、乙子に無断で乙子との協議離婚届、B区を新本籍地とする戸籍法七七条の二の届及び丙女との婚姻届をB区長に提出し受理され戸籍の記載がされました。

ところが、B区長から甲男の従前本籍地であるA区長に届書が送付されたところ、乙子から離婚届不受理申出がされていることが判明し、管轄法務局の長に処理照会をした結果、離婚届及び戸籍法七七条の二の届の受理処分が撤回され不受理処分となり、B区の戸籍は戸籍訂正により消除されました。しかし、丙女との婚姻の届出による記載があるため、甲男はA区の乙子の戸籍に回復することなく、B区に「乙川」の氏で甲男を筆頭者とする新戸籍が編製され、現在は丙女との間に出生した長女丁子もその戸籍に記載されています。

今般、甲男と乙子の話合いがつき改めて協議離婚の届出をすることになりましたが、甲男は、乙子との離婚後も「乙川」の氏を称し、長女丁子とも同籍したいと希望しています。この場合、希望どおりできるでしょうか。

【答】　本問は、重婚状態にある甲男から、前婚を離婚した後も前婚の氏「乙川」を称したいとの相談ですが、まず、甲男が重婚になった経緯、また、夫婦同籍の原則（戸六）があるにもかかわらず、甲男、乙子夫婦が戸籍を異にすることになっている経緯から順を追って説明しましょう。

一　不受理申出制度について

届出には、既に発生した事実又は法律関係についての報告的な届出（出生、死亡、裁判離婚又は離縁、婚姻又は縁組の取消し等）と、届出をすることによって一定の身分関係が形成され又は戸籍法上の効力が発生する創設的届出（婚姻、協議離婚、縁組、協議離縁、認知等）があります。

創設的届出は、当事者が身分行為を成立させる意思をもって届書に署名・押印し、市区町村長に届出をする時点まで、その意思を有することが必要です。しかし、市区町村長には、実質的審査権がないので、形式的に不備のない届書が提出されれば、その当事者の真意によるものかどうかを調査することなく届出を受理し、戸籍にその旨の記載をすることとなります。

ところで、当事者の一方的な行為により相手方が不知のうちに、あるいは、当事者が届書に署名・押印後、その届出前に一方が意思を翻したにもかかわらず届出がされたりするおそれもあります。そこで、このような本人の意思に基づかない創設的届出が受理されるのを防止するため、不受理申出の制度（昭和五一・一・二三民二－九〇〇通達）があります。

右の通達には不受理申出に関する処理等細部にわたり定められていますが、同通達第七項には「不受理期間中に協議離婚の届出が受理され、その届出により戸籍の記載がされた場合において、相当と認めるときは、本籍地の市区長村長は、戸籍法第二四条第二項の規定による許可を求めるものとする。」とあり、第八項には「前二項の場合において、管轄局の長は、調査の結果届出時に離婚届出の意思が欠如していたと認めるときは、本籍地の市区町村長に対し、当該届出を無効なものとして所要の処理について指示し又は許可するものとする。」としています。

本問の場合は、この不受理申出制度に基づき、乙子が離婚届不受理申出をしていたため、B区長が受理した甲男、乙子の協議離婚届及び戸籍法七七条の二の届出については、B区長から送付受けたA区長より管轄法務局の長に処理照会をした後、受理処分が撤回され不受理処分となったため、B区の戸籍が訂正されたものです。ところが、甲男は乙子の戸籍に回復していませんが、次に甲男と韓国人丙女の創設的婚姻届について説明しましょう。

二　甲男と韓国人丙女の婚姻届について

渉外婚姻による準拠法については、法例第一三条（現行の通則法二四）に規定されており、実質的成立要件については、婚姻当事者の各々の本国法によることとされています。また、形式的成立要件である方式については、婚姻挙行地の法律又は婚姻当事者の一方の本国法によることとされています。つまり、実質的成立要件については、甲男については、日本民法が、韓国人丙女については、大韓民国民法が適用されます。形式的成立要件については日本で婚姻する場合は、日本法が適用されることになります（法例一三③ただし書・通則法二四③ただし書）。

本問では、離婚届が乙子の離婚届不受理申出期間中に届出され、かつ、乙子に離婚意思がなかったため、前婚が解消されていないことから、甲男は重婚となったわけです。その結果、甲男と韓国人丙女との婚姻が無効かどうかはそれぞれの本国法によることになります。

まず、甲男の本国法である日本民法では、婚姻の要件として、婚姻当事者間に婚姻意思がなければならず、その意思を欠いているときは、婚姻は無効とされています（民七四二）。また、民法第七三一条乃至第七三八条の規定においては、婚姻適齢に達していること、重婚でないこと及び近親者間の婚姻でないこと等の要件を定めていますが、これらの規定に反したときは、取り消すことができるとされています（民七四四）。

次に、韓国人丙女の本国法である大韓民国民法では、婚姻の要件として、①婚姻当事者間に婚姻の合意がないとき、②婚姻が第八〇九条第一項の規定（八親等以内の血族（親養子の縁組前の血族を含む。）の間では婚姻することができない。）に違反するとき、③直系姻族関係があるか、又はあったとき、④養父母系の直系血族関係があったときは、婚姻は無効とされています（韓民八一五）。また、同法第八〇七条乃至第八一〇条の規定においては、婚姻適齢に達していること、同意を要する婚姻、近親婚等の禁止及び重婚の禁止の要件の定めがあり、これに反したときは取り消すことができるとされています（韓民八一六）。

以上のことから、甲男の本国法である日本民法でも、韓国人丙女の本国法である大韓民国民法でも、重婚は無効ではなく取消原因とされています。したがって、甲男と丙女との婚姻については取消しの裁判が確定するまでは婚姻は有効であることになります。なお、婚姻の取消しとは、いったん有効に成立した婚姻を将来に向かって消滅させることであり、その効果は遡及しないとされています（民七四八）から、甲男と丙女の婚姻によって出生した長女が、その取消しによって、嫡出子の身分を失うことはありません。

三　戸籍の処理について

右のような経緯で甲男については重婚になっていますが、重婚に関する戸籍の処理は、前婚及び後婚においていずれの氏を称しているかによって異なった取扱いになります。戸籍の先例は、相手方の氏を称する婚姻をした者が、さらに他の者と自己の氏を称する婚姻をした場合に、後婚が有効に成立した以上、戸籍法第一六条を適用して夫婦につき新戸籍を編製すべきであり、その者を前婚戸籍から除籍し、新戸籍のその者の身分事項欄には前婚事項を移記することとされています（昭和二六・六・一九民事甲一二五四回答、昭和三一・二・一五民事甲二九五回答、昭和三一・九・三民事甲二〇

五八回答、昭和四四・一一・一七民事甲二一四四回答)。

本問の場合に、甲男の後婚が外国人との婚姻であり、このような日本人と外国人間の婚姻については、民法第七五〇条の規定の適用はないとされています(昭和二六・四・三〇民事甲八九九回答、昭和四二・三・二七民事甲三六五回答)から、婚姻に際して夫婦の称する氏を定めることは要しないことになります。また、外国人との婚姻による新戸籍の編製は、氏の変動を伴わない戸籍の変動であり、性質上は分籍に近いものと解され、日本人配偶者は、日本人同士で婚姻した場合の自己の氏を称した者と似た立場にあると解されています(「戸籍」四九〇号七六頁)。このことから、本問においては、甲男は後婚においては自己の氏、すなわち前婚の相手方である乙子の氏を称することになりますので、戸籍法第一六条第三項の規定により「乙川」の氏で甲男を筆頭者とする新戸籍が編製されることになります。

なお、外国人との婚姻によって新戸籍を編製された者については、離婚又は婚姻の取消しがあった場合においても戸籍の変動は生じない(昭和五九・一一・一民二―五五〇〇通達第2の3―戸一九①参照)とされています。

四　結論

以上のことから、本問の場合は、甲男が称している現在の氏「乙川」は乙子の氏ですので、乙子との離婚により甲男は乙子との婚姻前の氏である「甲山」に復氏することになります(民七六七①)が、丙女との後婚が継続中ですので、「甲山」の氏で新戸籍を編製することになります。本問では、甲男は離婚後も乙川を称したいとしていますので、離婚の日から三か月以内に戸籍法七七条の二の届出をすることによって、「乙川」の氏を称することができます(民七六七②)。この届出は離婚と同時にすることができますので、甲男が乙女との協議離婚届出と同時に届出をすれば、甲男について呼称上の氏「乙川」の氏で新戸籍が編製されることになります。

なお、長女については、甲男が乙子との離婚により復氏したことにより氏が異なることになります(甲男は離婚により

「乙川」から「甲山」に復し、さらに戸籍法七七条の二の届出によって「乙川」になりますが、これは、離婚復氏者の氏を呼称上変更するものであって、民法上の氏を婚氏に変更するものではありません。）が、父母である甲男と丙女が婚姻中ですので、民法第七九一条第二項の規定により、家庭裁判所の許可を得ずに、戸籍法第九八条に規定する入籍届出をすることにより、甲男の新戸籍に入籍することができます。

〔40〕 韓国人男とチュニジア人女からの協議離婚の届出が提出されたが、夫婦に最も密接な関係がある地の認定及びその処理方法について

【問】 平成一二年五月一〇日に日本で婚姻の届出をした韓国人A男とチュニジア人B女が、平成一四年四月一日協議離婚の届出を当K区長にしました。

協議離婚の届出当時、夫婦双方の本国法が同一でないので、当事者の常居所を確認したところ、韓国人A男は、最近永住資格を取得し、日本に在住していることと、チュニジア人B女は、留学の資格をもって、婚姻当時から平成一二年一二月二八日までの約七か月は、日本に滞在していましたが、同日に出国して以来、協議離婚の際の一時期に日本に入国しただけであることが、パスポートの出入国記録から判明しました。

右のとおり、協議離婚の届出当時の夫婦の常居所は同一でないので、離婚の準拠法となる「夫婦に最も密接な関係のある地の法律」は、どのようになるのでしょうか。

【答】 一 **夫婦の一方又は双方が外国人である場合の離婚の準拠法について**

法例の一部を改正する法律（平成元年法律第二七号）が平成二年一月一日から施行され、渉外的要素を含む離婚の準拠法については、法例第一六条（現行の通則法二七・二五）により、第一に夫婦の同一本国法があるときはその法、第二に夫婦の常居所地法が同一であるときは、その法、第三にいずれの法もないときは、夫婦に最も密接な関係がある地の法によることとされ、夫婦の一方が日本に常居所を有する日本人であるときは、日本法となりました。また、夫婦の

一方又は双方が外国人であり、日本に共通常居所を有しない場合であっても、夫婦に密接な関係がある地が日本にあるときは、日本民法に従って協議離婚の届出を受理することになります。

ただし、夫婦に密接な関係がある地の認定については、平成元年一〇月二日民二第三九〇〇号民事局長通達第2・1(1)イ・(イ)及びエ・(イ)により管轄法務局の長の指示を求めることとされています。右の認定については、その取扱いの統一を図るとともに、事例を集積して、処理の指針を示すために、指示を求められた管轄法務局の長は、調査の上、法務省に照会することとされていましたが、平成五年四月五日民二第二九八六号民事局第二課長通知により、夫婦に最も密接な関係がある地を日本と認めることができる場合として、

1　婚姻が日本での届出により成立し、夫婦が日本において同居し、婚姻の成立から協議離婚の届出に至るまでの間、夫婦の双方が日本に居住していた場合。

2　婚姻が外国で成立した場合であっても、夫婦が日本において同居し、以後協議離婚の届出に至るまでの間、夫婦の双方が日本に居住して婚姻生活の大部分を日本で送ったと認められる場合。

3　夫婦の一方又は双方が、協議離婚の届出の際に日本に居住しているが、協議離婚の届出のために日本に入国したにすぎない場合は、夫婦に密接な関係がある地を日本とは認められないが、これらの場合であっても、婚姻が日本での届出により成立しており、夫婦に最も密接な関係がある地が外国であると認められる事情(夫婦が外国で同居していたこと等)が全くない場合。

の三つが例示されるとともに、市区町村長から指示を求められた管轄法務局の長は法務省への照会は必要ない旨が示されました。

二　夫婦に最も密接な関係がある地の認定について

離婚の際に、夫婦に同一本国法及び共通常居所地法がない場合においても、前掲民二第二九八六号通知に示されているような、夫婦に最も密接な関係がある地が日本であることが明らかな場合は、届出を受理することができます。

しかしながら、以下の場合については、夫婦に最も密接な関係がある地を認定しなければなりません。

夫婦に最も密接な関係がある地の認定が問題となるのは、次のケースです。

1　夫婦の一方が日本人の場合は、夫婦のいずれも日本に常居所を有しておらず、かつ、外国に共通常居所を有しないとき。

2　夫婦の双方が外国人の場合は、その本国法が同一でなく、かつ、日本及び外国に共通常居所を有しないとき。

三　本問の検討

本問の事実関係は以下のようになります。

1　韓国人A男とチュニジア人B女は、日本での届出により婚姻をしています。

2　婚姻から平成一二年一二月二八日までの間は、双方が日本に滞在しています。

3　夫婦の同居の事実は、平成一二年一二月二八日以降パスポートの出入国記録上認められません。

4　チュニジア人B女は、協議離婚の届出の際、一時的に日本に滞在していましたが、その前後は日本に滞在していません。

これを整理すると、以下のことがわかります。

(一)　婚姻は日本で成立。

(二)　夫婦の一方が協議離婚の届出のために日本に入国したにすぎない。

㈢　夫婦に同居の事実がない。
㈣　夫婦双方の本国法が同一でない。

したがって、「夫婦に最も密接な関係のある地」がどこの国であるかを具体的に認定しなければなりません。

韓国人A男とチュニジア人B女は、婚姻期間は約一年一一か月と短く、また、平成一二年一二月二八日以降パスポートの出入国記録上、同居の事実が認められず、さらに、チュニジア人B女は、協議離婚の届出の際に一時的に日本に滞在したにすぎないことから、日本を夫婦の最も密接な関係にある地とは、一見すると認めがたいところですが、夫婦にとって最も関係がある地は婚姻の挙行地以外に考えられず、婚姻の解消を認めても他に弊害はないものと考えられることから、「夫婦に最も密接な関係のある地」は「日本」と認め、日本民法を準拠法として協議離婚届を受理して差し支えないと解されます。

したがって、当該届出がされたK区長においては、管轄法務局の長の指示を求めた上で、日本民法を適用し、受理して差し支えないものと考えます。

〔41〕 本籍地で協議離婚届が受理され、戸籍の記載がされて妻は復籍したが、後日、協議離婚届と同日に受理されていた調停離婚が成立したとする報告的離婚届と戸籍法七七条の二の届が送付された場合の処理について

【問】 乙女と甲男は夫の氏を称して婚姻していましたが、同夫婦は平成一四年七月七日協議離婚の届出を本籍地の当B区長にし、戸籍に記載されました。この際「妻はもとの戸籍にもどる」とされていたため、乙女は婚姻前の戸籍に復籍しています。

しかし、同月一一日になって、A区長が同月七日に受理した甲乙夫婦の調停離婚が成立した旨の報告的離婚の届出と戸籍法七七条の二の届出が、同区長から送付されてきました。離婚届に添付されている調停調書によると、夫が申立人であり、調停の成立日は同月四日です。また、届出人欄には甲乙双方の署名がされています。戸籍法七七条の二の届出では乙はB区に新戸籍を編製することとなっています。

この場合に、既に協議離婚の届出により戸籍の記載が完了していますが、当B区長に送付されてきた報告的離婚届と戸籍法七七条の二の届の処理はどのようになるのでしょうか。

【答】 一 **離婚の種類について**

民法の規定による離婚には「協議上の離婚」（民七六三）と「裁判上の離婚」（民七七〇）があります。前者は、当事者の協議に基づき戸籍法第七六条の定めるところにより市区町村長に届出をし、これが受理されることによって離婚の

効力が生ずる創設的届出です（民七六四・七三九①）。後者は、判決又は審判の確定、あるいは調停が成立したときに効力が発生し、その事実を戸籍法第七七条により届け出る報告的届出です。なお、平成一六年四月一日から人事訴訟法が施行され、離婚訴訟上において和解が成立し、又は請求の認諾があり、それが調書に記載されたときは、確定判決と同一の効力が認められることになりました（人訴三七・民訴二六七）。この場合も前記と同様に離婚の届出をすることになります。

二　裁判上の離婚の届出について

裁判上の離婚が成立した場合は、判決又は審判が確定した日、あるいは調停が成立した日から一〇日以内に、訴えを提起した者又は申立人は裁判の謄本を添付してその旨を届け出なければなりません（戸七七①・六三①）。訴えを提起した者又は申立人が期間内に届出をしないときは、その相手方も裁判の謄本を添付して届け出ることができます（戸六三②）。

これは、法律的には離婚が成立しているにもかかわらず、訴えを提起した者又は申立人が届出をしないと、その事実が戸籍に反映されず事実と相違する身分関係が公示されていることになりますし、戸籍の記載がされないとその後における再婚などの身分行為ができない等の不都合が生じますので、相手方も届出人となり得るとされたものです。

裁判上の離婚の届出の際、訴えを提起した者又は申立人と、その相手方の双方が届出人となっている離婚届が提出された場合は、前記のとおり相手方に届出資格が与えられたのは、あくまで二次的、補充的なものですので、この場合には、届出義務者である訴えを提起した者又は申立人からの届出として受理することとなります。したがって、相手方の署名押印については、余事記載として符せん処理することとなります（「戸籍」五六六号三〇頁）。

三　離婚届の効力と戸籍の処理

婚姻の際に氏を改めた者は、離婚によって当然に婚姻前の氏に復し（民七六七①・七七一）、原則として婚姻前の戸籍に復することとなります（戸一九①本文）。このときその戸籍が既に除かれているとき、又はその者が新戸籍編製の申出をしたときは、新戸籍を編製します（戸一九①ただし書）。また、婚姻前の氏に復した者は離婚の日から三か月以内に戸籍法第七七条の二に定める届出をすることによって、離婚の際に称していた氏を称することができます（民七六七②、戸七七の二）。

判決、審判又は調停による離婚の場合の届出人でない者で婚姻の際に氏を改めた者が新戸籍の編製を希望する場合は、報告的離婚届書の「その他」欄に新戸籍を編製する旨を記載し、署名押印して届出をするか、又はその旨の申出書を添付したときは、その者の意思に基づいて新戸籍を編製することになります（昭和五三・七・二二民二―四一八四通達）。

四　裁判上の離婚が成立しているにもかかわらず、協議離婚届がされた場合について

判決又は審判、あるいは調停の離婚の場合は、判決又は審判が確定、あるいは調停が成立したときに離婚が成立していますので、その成立後に協議離婚届がされた場合は、協議離婚届は無効です。調停又は審判が成立すると家庭裁判所から本籍地の市区町村長へその旨の通知がされます（家審規一四二の三）ので、その通知により離婚の成立が認められることから通知が届いた後に協議離婚届がされたときは、その届は無効であるので不受理処分になります。

しかし、外国での裁判離婚の場合や、裁判所から通知が届く前や非本籍地に協議離婚届がされた場合、又は通知を受けた市区町村長が誤って見過ごした場合には、無効であるはずの協議離婚届が受理されることがあります。このような事由により受理され、戸籍に記載された場合は、戸籍面上は有効に協議離婚が成立した旨の推定の効果が発生し

ます。
したがって、この場合、訴えの提起者又は申立人が戸籍の記載をそのままにして裁判離婚の届出をしても、同届出は戸籍上の記載を前提として処理をせざるを得ませんから、戸籍訂正の手続をとることにより協議離婚が成立したという推定を排除しない限り、これを受理することはできないことになります（「戸籍」六五〇号六七頁）。

五　本問の検討

本問については

①　届出された協議離婚届により戸籍の記載もされているが、協議離婚届以前に調停離婚が成立している報告的離婚届をどのように処理をすればよいのか。

②　婚姻によって氏を改めた乙について、離婚後の戸籍をどのように取り扱ってよいのか。

この二点が問題になります。

①について

調停離婚は調停が成立したときから離婚の効力が生じていますので、受理日が同一でも協議離婚届は無効です。しかし、いったん戸籍に記載されている以上、この記載を訂正してからでないと報告的離婚届は受理されません。

したがって、後で送付されてきた報告的離婚届については、いったん戸籍発収簿に登載をして、協議離婚届による戸籍の記載の訂正を待つことになります。

この場合の戸籍訂正の手続の方法としては、甲男から

(1)　協議離婚が無効であることにつき確定判決又はそれと同一の効力を有する審判（家審二四）を得て、戸籍法第一一六条により訂正する方法

(2) 創設的届出である協議離婚の届出の無効を理由とする訂正であることから、戸籍法第一一四条又は第一一三条による家庭裁判所の許可に基づいて訂正する方法

が考えられます。

甲男が訂正手続をしない場合又は市区町村長が誤って受理して戸籍記載をしたときは、協議離婚届以前に離婚が成立していることがA区長から送付されてきた報告的離婚届に添付された裁判の謄本により明らかなことから、戸籍に記載されている協議離婚事項は無効な届出に基づくものとして、戸籍法第二四条第二項により管轄法務局の長の許可を得て訂正することになります。

なお、届出義務者は本問の場合、調停成立日から一〇日以内の届出ですので、申立人である甲男のみとなり、乙女の署名押印は余事記載事項です。したがって、その旨を符せんで処理することとなります。

②について

協議離婚届に基づいて乙女は婚姻前の戸籍に復籍していますが、この協議離婚届は無効ですので、報告的離婚届とともに提出された戸籍法七七条の二の届出に基づいて乙女の離婚後の戸籍の処理をすることになります。この届に基づいた記載は①での戸籍訂正がされないとできませんので、いったん戸籍発収簿に登載をし、訂正が終わった後すみやかに新戸籍編製地であるB区で戸籍法七七条の二の届出に基づいて新戸籍を編製することになります。

〔42〕　日本人男とフィリピン人女がフィリピンにおいて、フィリピン法に基づく法定別居の判決を得た後、日本人男から本籍地へ報告的離婚の届出がされた場合の処理について

【問】　フィリピン在住の日本人男は、五年前に、フィリピン人女とフィリピンの方式で婚姻をし、その旨の記載が日本人男の戸籍に記載されています。

　今般、フィリピンの裁判所から法定別居の判決を得たので、当該日本人男が、本籍地である当区長に法定別居の判決書謄本を添付して離婚の届出をしました。

　この届出を受理して差し支えないでしょうか。

【答】　一　**渉外的離婚の準拠法について**

　「離婚」とは、適法に成立している婚姻関係を当事者の生存中に解消することです。

　本問は、フィリピン在住の日本人夫とフィリピン人妻の離婚なので渉外的離婚ということになります。

　渉外的離婚の成立の準拠法は、法例第一六条（現行の通則法二七）に「第一四条ノ規定ハ離婚ニ之ヲ準用ス但夫婦ノ一方ガ日本ニ常居所ヲ有スル日本人ナルトキハ離婚ハ日本ノ法律ニ依ル」とあります。

　同条の「離婚」には、①離婚そのものが認められるか、②裁判離婚によるべきか、協議離婚が可能か、③離婚原因などの法律関係が含まれるとされています。

　渉外的離婚の実質的成立要件は法例第一六条（通則法二七）により準用された同法第一四条（通則法二五）に「婚姻ノ効

力ハ夫婦ノ本国法ガ同一ナルトキハ其法律ニ依リ其法律ナキ場合ニ於テ夫婦ノ常居所地法ガ同一ナルトキハ其法律ニ依ル其何レノ法律モナキトキハ夫婦ニ最モ密接ナル関係アル地ノ法律ニ依ル」と規定されています。すなわち、夫と妻の本国法が同一のときはその法律によることとされ（同一本国法）、本国法が同一でないときは、夫婦が同じ国に居住していればその法律によることになり（共通常居所地法）、それらの法律もないときは夫婦にとって最も密接な関係がある地の法律を適用する（密接関連法）こととなりますが、「但夫婦ノ一方ガ日本ニ常居所ヲ有スル日本人ナルトキハ、日本ノ法律ニ依ル」（法例一六ただし書・通則法二七ただし書）こととなります。なお、反致は認められません（法例三二ただし書・通則法四一ただし書）。

また、渉外的離婚の形式的成立要件については、法例第二二条（通則法三四）に「其行為ノ成立ヲ定ムル法律ニ依ル但行為地法ニ依ルコトヲ妨ゲズ」と定められていることから、離婚の成立を定める法律又は行為地法によることとなります。

二　報告的離婚届の審査

離婚届には報告的届出（既に法律上成立している離婚についての届出）と創設的届出（届出が受理されることによって法律上離婚が成立する届出）の二つがあり、本問は前者の届出に該当するかどうかが問題となります。

報告的届出の例としては、①日本国内で行われる裁判離婚の届出、②外国で成立した協議離婚等の届出、③外国で成立した離婚裁判の届出等がありますが、外国の裁判所の判決による離婚については、外国離婚判決の承認の問題として論じられ、学説は多岐に分かれるところですが、実務上は、民事訴訟法第一一八条が適用され、

1　法令又は条約により外国裁判所の裁判権が認められること。

2　敗訴の被告が訴訟の開始に必要な呼出し若しくは命令の送達（公示送達その他これに類する送達を除く。）を受けたこと又はこれを受けなかったが応訴したこと。

3　判決の内容及び訴訟手続が日本における公の秩序又は善良の風俗に反しないこと。

4　相互の保証があること。

の要件を欠いていると明らかに認められる場合を除き、届出を受理して差し支えないとされています。（昭和五一・一・一四民二―二八〇通達）

なお、届出に際しては、原則として、判決の謄本及び判決の確定証明書、日本人の被告が呼出しを受け又は応訴したことを証する書面（判決の謄本によって明らかでない場合）並びにそれらの訳文の添付（戸規六三の二）が必要となります。

三　フィリピンにおける離婚について

フィリピンにおける離婚は、フィリピン民法及び特別法であるフィリピン家族法にも離婚に関する規定がないため、離婚は認められていないと解されています。

なお、キリスト教でない地区に住む者にとっては、その種族の法又は慣習によって完全離婚が今なお許されているようであり、現に、イスラム教徒に適用される特別法では、離婚に関する規定が設けられていることに留意する必要があるものと思われます（「戸籍」六六二号三頁）。

また、フィリピン家族法第五五条以下には、法定別居の規定が置かれており、所定の事情がある場合には、裁判所に対し法定別居を申し立てることができます。

さらに、同法第六三条第一号の規定によると、法律上の夫婦関係を断絶しないまま、互いに単独で居住することが認められています。

四　本問について

したがって、フィリピンでは、裁判上の離婚もないこととなります。

本問の離婚の届出の受否については、渉外的離婚の成立の準拠法を定める法例第一六条（通則法二七）の「離婚」に離婚そのものが認められるか否かの法律関係についても含まれるとされていることから、本件離婚届に添付されている法定別居の判決書の「法定別居」が同条の「離婚」に該当するか否かが問題となります。

「離婚」とは、「婚姻関係の解消」であり、婚姻関係の「法律上の解消」を意味するものです。

前述のようにフィリピン法上、「法定別居」は「夫婦の関係は断絶しない」ものであり、婚姻関係の「法律上の解消」を含まないものと解されますので、当該「法定別居」の裁判所の判決は法例第一六条（通則法二七）で定める「離婚」と認めることはできません。

したがって、当該離婚届に添付されているフィリピンの裁判所の法定別居の判決書をもって離婚そのものが成立したとは認められないことから、当該離婚の届出は受理することはできないことになります。

五　日本人男が日本に常居所を有していると認められる場合

本問の場合に、日本人男が日本に常居所を有していると認められるときは、法例第一六条ただし書（通則法二七ただし書）により実質的成立要件の準拠法は日本民法となります。また、形式的成立要件は、法例第二二条ただし書（通則法三四②）により、日本国内における戸籍の手続により離婚を成立させることもできます。

例えば、本籍地の乙区長に協議離婚（創設的離婚）届出をするか、又は日本の裁判所に離婚裁判を提起し、その判決を得た場合は、報告的離婚届出をすることができます。

右のような場合のフィリピン法上の効力は、「フィリピン人と外国人が有効に婚姻しその後外国において離婚が有効に成立し、外国人配偶者が再婚する資格を得た場合は、フィリピン人配偶者もフィリピン法に従い再婚する資格を取得する。」（フィリピン家族法二六②）こととなります。

〔43〕 離婚届と戸籍法七七条の二の届が妻の新本籍地となる市区町村長において受理され、当該市区町村において新戸籍を編製するとともに、両届書を本籍地の市区町村長に送付したが、送付を受けた市区町村で戸籍に記載前に、妻の離婚の際に称していた氏と婚姻前の氏が同一であることが判明した場合の戸籍法七七条の二の届出の処理について

【問】　夫の氏を称して婚姻した甲男と乙女の協議離婚届及び戸籍法七七条の二の届が、妻の離婚後の新本籍地であるＡ区長に届出され受理されました。Ａ区役所では乙女の新戸籍を編製するとともに、夫婦の本籍地であるＢ区長に両届書を送付しましたが、Ｂ区役所で戸籍に離婚の記載をする前に、妻の戸籍法七七条の二の届出は離婚の際に称していた氏と婚姻前の氏の呼称が同一であることが判明しました。この場合、戸籍法七七条の二の届についてどのように取り扱ったらよいでしょうか。

【答】　一　**離婚の際に称していた氏を称することについて**

離婚の際に称していた氏を称することができる旨の規定である民法第七六七条第二項及びその戸籍手続の規定である戸籍法第七七条の二は、昭和五一年六月一五日法律第六六号をもって民法及び戸籍法の一部が改正された際に新設されたものです。

改正の趣旨は、婚姻中に夫婦の氏で社会生活をしている者が、離婚によって復氏することとなると、婚姻により称していた氏と異なることになり、社会生活上、不便をきたすおそれがあることや不利益を被る場合が生じること、ま

た、離婚により復氏する者が未成年の子を養育する場合、子と氏が異なることになり、養育者にとって不便であるとともに、子に対する悪影響が生じるおそれがあることから、婚姻中に称していた氏を離婚後も引き続き称することを認めようとしたものです。

二　戸籍法七七条の二の届出について

婚姻により氏を改めた者は離婚により、民法上及び呼称上の氏が婚姻前の氏に復します。この場合は、婚姻前の氏に復した者が戸籍法第七七条の二に定める届出を離婚の日から三か月以内に届出したときは、呼称上の氏について離婚の際に称していた氏に変更することができます（民七六七②）。

したがって、戸籍法七七条の二の届出は、同法第一〇七条第一項の規定に基づく呼称上の氏の変更の届出と同一の性格を有する届出であるとされておりますが、離婚又は婚姻解消の日から三か月以内に当該届出をするときは家庭裁判所の許可を必要としません。このことから、戸籍法七七条の二の届出は同法第一〇七条の特則ともいわれています。なお、当該届出は市区町村長が受理することによって氏の変更の効力が生じる取扱いのため、いわゆる創設的届出となります。

戸籍法七七条の二の届出は、前述のとおり離婚又は婚姻の解消の日から三か月以内でなければ届出ができず、三か月を経過した後は同法第一〇七条第一項の規定により家庭裁判所の許可を得た上で氏の変更の届出をすることになります。また、戸籍法七七条の二の届出は、離婚届出と同時に届出をすることもできます（昭和五一・五・三一民二―三二三三通達一の2）。

期間の計算は、三か月の期間は民法において規定されている（民七六七②）ことから、戸籍法第四三条の規定の適用がありません。したがって、民法の期間計算に関する一般の原則（民一四〇・一四三）に従うことになりますので、離婚の日の翌日から起算し、その起算日に応当する日の前日をもって満了します。

なお、戸籍法七七条の二の届出をした者が、当該届出の受理後に、呼称上の氏を婚姻前の氏に戻したい場合については、同法第一〇七条第一項の規定により家庭裁判所の許可を得た上で氏の変更届出をしなければなりません。しかし、裁判所の許可の判断に当たっては、やむを得ない事由が認定されなければ許可しないこととされていますが、やむを得ない事由に当たるとして許可された事例があります（名古屋高裁平成七・一・三一決定・家月四七巻一二号四一頁、千葉家裁平成一一・一二・六審判・家月五二巻五号一四三頁）。

三　離婚の際に称していた氏と婚姻前の氏の呼称が同一な場合について、

この届出は、離婚の際に称していた氏と婚姻前の氏の呼称が同一でない者について、離婚後も引き続き離婚の際に称していた氏を称することを可能とする届出であるので、離婚の際に称していた氏と婚姻前の氏の呼称が同一である者からの届出は法律の意図する効果を得ることができないとして受理しないものとされています（昭和五八・四・一民二－二二八五通達二）。ただし、戸籍法七七条の二の届出が前掲民二－二二八五号通達にかかわらず届出の審査不十分により誤って受理され、新本籍地の市区町村において、既に新戸籍の編製が完了し、さらに、本籍地の市区町村においても戸籍の記載が完了した後に、離婚の際に称していた氏と婚姻前の氏の呼称が同一である者からの届出であることが判明した場合は、本来であれば前記のとおり受理できない届出であったことから戸籍訂正を要するとの考えもありますが、戸籍訂正をしてもしなくても結果として、同じ呼称の氏を称することになり、戸籍訂正自体に意味がないとして、そのままにしておくほかないものと考えられています。しかし、戸籍法七七条の二の届出の記載事項は移記事項（戸規三七）とされていることから、他の市区町村に転籍をしても戸籍上、離婚していたことがうかがわれることとなってしまうので、事件本人が戸籍訂正を求めている場合は、これを認める実益がないとはいえないので、これに応じて差し支えありませんが、事件本人から戸籍訂正が求められていない場合は、職権で訂正する必要はないとされています(「戸籍」五五三号四五頁以下)。

四　本問についての検討

本問は、A区で新戸籍の編製が完了していますが、B区では戸籍の記載前に、受理できない届出であることが判明したとのことですので、乙女から協議離婚届の復籍戸籍について追完の届出をさせることが可能と考えられますから、戸籍法七七条の二の届書を受理地のA区へ返戻し、A区長において当該届出の受理処分を撤回した上で不受理処分とし、乙女に当該届書を返戻すると同時に協議離婚届の婚姻前の氏にもどる者の本籍欄について追完の届出をさせることになります。その後、A区の戸籍を訂正することになりますが、これは戸籍法第二四条第二項による職権訂正で差し支えないと考えます。

具体的な手続は、次のとおりです。

1　B区長はA区長に戸籍法七七条の二の届出は、離婚の際に称していた氏と婚姻前の氏の呼称が同一である者からの届出であるため、前掲民二一二二八五号通達により受理できない届出であるとして、協議離婚届書及び戸籍法七七条の二の届書を返戻します。

2　A区長はB区長からの返戻を受けた後、乙女に対し事案の説明を行い、戸籍法七七条の二の届出の受理処分を撤回して、不受理処分とした上で乙女に戸籍法七七条の二の届書を返戻するとともに、前述のように婚姻前の氏にもどる者の本籍欄について、協議離婚届に追完の届出をさせます。追完の届出を受理した後、B区長に協議離婚届書と追完届書を一緒に送付します。

なお、追完の届出の内容によりA区が非本籍地になり、乙女の離婚後の本籍地がB区以外の場合は、B区と同様に当該市区町村長に送付することになります。

3　A区長は2の手続後、直ちに戸籍法第二四条第二項による職権訂正の許可を管轄法務局の長に求め、既に編製した新戸籍について消除する旨の戸籍訂正を行います。

また、追完届により乙女の離婚後の本籍が、再度、A区となった場合は、離婚届と追完届に基づき新戸籍を編製します。この場合、A区は本籍分として受理することになりますので、離婚事項には追完の事項も記載することになります。

4　B区長はA区長から離婚届書と追完届書の送付を受けたときは、当該両届書をもって一つの完全な届書が送付されてきたものとして、戸籍に通常の振合いによる協議離婚の記載をします。

5　2のなお書きによる場合について

乙女の離婚後の本籍地となった市区町村長は、4と同様にA区長から協議離婚届書と追完届書の送付を受けた後、当該両届書をもって一つの完全な届書が送付されてきたものとして、通常の振合いによる協議離婚の新戸籍編製を行います。

6　追完に応じない場合について

A区は電話又は郵便によって連絡を行っても乙女が追完に応じない場合は、正式に戸籍法第四五条で準用する同法第四四条の規定により、相当の期間を定め、その期間内に追完の届出をする旨及び追完の届出をしない場合は婚姻前の戸籍に入籍することになる（戸一九①）旨の催告を行います。なお、婚姻前の戸籍が既に除籍となっている場合は同一の場所に新戸籍が編製されること、また、婚姻前の戸籍が転籍の場合は転籍先の戸籍に入籍することになる旨についても付記して催告を行います。一度目の催告に応じない場合は、さらに二度目の催告をし、これにも応じない場合は、A区長は乙女の婚姻前の戸籍を確認し、催告した資料とともに婚姻前の氏にもどる者の本籍欄について符せん処理をした離婚届をB区及び乙女が復籍する地の市区町村長に送付します。

なお、戸籍法第七七条の二の届書の返戻について、追完に応じないことから乙女がA区役所に一度も出頭しないことが考えられます。この場合は、乙女の住所地に書留にて送付する方法等安全で確実な方法によって返戻手続をすることになるものと考えます。

また、前記の方法で返戻手続をしたが、どうしても乙女に返戻できないときは、戸籍発収簿に不受理処分をした旨を記載し、当該届書を戸籍の記載を要しない書類つづり（戸規五〇）につづって保存することになるものと考えます。

〔44〕 調停離婚成立後の離婚の届出とその届出期間について

【問】　甲男と乙女は、甲男の氏を称して婚姻していましたが、調停の申立人を甲男、相手方を乙女として平成一六年四月二三日に調停離婚が成立し、乙女は五月一日に住所地であるA市長に離婚の届出をしました。一方、甲男は五月六日に本籍地であるB市長に離婚の届出をし受理されましたが、まだ戸籍の記載が終わらない八日にA市長から乙女が届出した離婚届が送付されてきました。本籍地であるB市長はどのように処理すべきでしょうか。

なお、妻の離婚後の本籍については、いずれの届書においても、もとの戸籍に復籍するとなっています。

また、平成一六年は五月一日が土曜日、二日が日曜日に当たり五連休となっていました。

【答】　一　**裁判離婚の届出について**

裁判上の離婚は、判決又は審判が確定したとき、あるいは調停が成立したときに、離婚の効力が発生します。また、平成一六年四月一日には、人事訴訟法（平成一五年法律一〇九号）が施行され、離婚又は離縁については、訴訟における和解又は請求の放棄若しくは認諾を調書に記載することにより確定判決と同一の効力が認められることになりました（人訴三七・四四）。したがって、裁判上の離婚が確定した後に行う離婚の届出は、離婚の事実を報告する旨の届出、つまり報告的届出ということになります（戸七七）。

報告的届出については、既成の事実又は法律関係を迅速かつ的確に戸籍に反映させる趣旨から、戸籍法上、出生届

（戸四九）や、裁判認知届（戸六三）等のように、それぞれの届出について届出をすべき者及び届出期間が規定されています。

離婚の裁判が確定した場合においては、訴えを提起した者（又は調停の申立人）が、裁判が確定した日から一〇日以内にその旨を届け出なければなりません（戸七七①・六三①）。さらに上記届出義務者が期間内に届出をしないときは、訴えの相手方も届け出ることができる（戸六三②）として届出資格を与え、実体的身分関係と戸籍の記載をすみやかに合致させるよう規定しています。

ここで注意を要するのは、訴えの相手方が届出をすることができるのは、届出義務者が届出をしないときに初めて認められるものであり、その地位は二次的、補充的なものという点です。そのため、裁判確定後一〇日が経過した後でなければ相手方からの届出は認められず、その届出は受理できないことになります。

届出期間内に届出義務者が届出をしなかった場合には、訴えの相手方に届出資格が生じますので、期間経過後の相手方からの届出は有効なものとなります。このことから、届出期間が経過した後に訴えの提起者及び相手方の双方からそれぞれ離婚届がされた場合においては、先に出された届書に基づいて戸籍の記載をします。

しかしながら、届出期間経過後の同日に双方から届出がされ、その先後関係が不明の場合には、法定届出期間経過後といえども、相手方の届出資格は届出義務者が届出をしないときに初めて認められる補充的な地位であることから、原則は、届出義務者からの届出によるものと考えます。

二　起算日及び満了日について

届出期間の計算については、民法第一四〇条による期間の初日は参入しないという初日不参入の原則がありますが、戸籍法にはその例外として、届出の起算日を特に定めているものと、定めていない場合があります。特に起算日について規定されていない場合には戸籍法第四三条第一項の規定により、届出事件発生の日から起算するものとなりますが、裁判離婚の届出においては、裁判認知の届（戸六三①）を準用し、「裁判が確定した日」から起算するものとされています。

なお、裁判が確定した日から戸籍に関する届出の期間を計算する場合、その裁判が送達又は交付前に確定したときは、その送達又は交付の日を起算日とします（戸四三②）（**注**）。

戸籍法には起算日についての定めはありますが、期間の満了日についての定めはないため、期間の計算は民法の規定に従って計算することになります。一〇日というように期間が日をもって定められているときは、日にちを計算して満了日を決めることになります（民一四一）。

では、期間の満了日が休日に当たる場合は民法の規定（民一四二）の適用を受けるのか、それとも戸籍の届出は日曜、祭日でも受け付けることになっているので、その日が満了日となるのかという問題があります。これについては、「行政機関の休日に関する法律及び地方自治法の一部を改正する法律の施行に伴う戸籍事務の取扱いについて」の通達（昭和六三・一二・二〇民二―七三三二通達）が発せられたことにより、戸籍の取扱いも、創設的届出、報告的届出を問わず、届出期間の満了日が、市区町村の条例で定める休日（日曜日、条例で定める土曜日、祝日、年末又は年始の条例で定める日）に当たるときは、その翌日をもって期間の満了日とするとされました。

三　本問の届出期間について

本問においては、離婚届に添付された調停調書により、調停の申立人は夫であり、平成一六年四月二三日に離婚の調停が成立していることが分かります。そこで、離婚届は第一義的には届出義務者である夫が届出をしなければならないことになります。

また、調停離婚の成立は、右のとおり四月二三日であることから、この離婚の届出の起算日は、四月二三日が起算日となり、届出期間の末日の一〇日目は五月二日になります。しかし、五月二日は日曜日にあたるため、休日の取扱いについて定めた通達により、満了日は翌日になりますが、三日、四日、五日も祭日であることから、五月六日が期間の末日となります。

以上により、この離婚届は届出義務者（申立人）である夫が五月六日までに届出をしなければならないことになります。このことから五月一日に提出された妻からの離婚届と五月六日に提出された夫からの離婚届は双方とも届出義務者が届出すべき期間内に届出されたことになります。

四　届出期間内に提出された相手方の届書の扱いについて

前記**三**のとおり、五月一日に調停の相手方である妻からされた届出は、まだ届出資格が発生しておらず、届出義務者に課せられた届出期間内であり、その期間が経過した後にはじめて相手方も届出をすることができることになるので、妻からの離婚届は受理できないこととなります。

そのため不受理処分をするところですが、実務上の取扱いとしては、届出期間内に届出義務者からの届出がない場合があることを考慮し、また、届出期間の満了によって相手方からの届出も適法な届出となることから、直ちに不受理処分とはしないで、いったん戸籍発収簿に登載しておき、届出義務者からの届出がなく期間を満了したときは、その翌日に受理処分をした上戸籍の記載をすることになります。この場合の戸籍の記載については期間満了の翌日となる一方、受理決定の効果は受領日から発生するため、受理の日と戸籍記載の日の双方を記載することになります。

また、本問のように相手方からされた届書の受領後でも、届出期間内に届出義務者から適法な届出がされた場合は、その届出を受理し、これによって戸籍の処理をすることとなり、相手方からの届出は届出資格発生前の届出となるため、不受理処分をした上、返戻することになりますが、この原則的取扱いとは別に、相手方からされた届書の内容が全く同じであるときは、同一事件につき数人からの届出があった場合と同じように考え、その届書を戸籍の記載を要しない事項について受理した書類つづりにつづっておくという実務上の取扱いもあります（戸規五〇、大正七・一二・二一民二四三六回答）。

以上により、本問においては、届出義務者である夫から届出期間内にされた届書により戸籍を記載し、非本籍地であるA市長から送付された妻からの届書は、前記いずれかの方法により取り扱うこととなります。

なお、不受理処分に当たって注意を要するのは、申立人から提出された届書と相手方から提出された届書において「婚姻前の氏にもどる者の本籍」欄の記載が違う場合の取扱いです。

本問においては、いずれの届書も妻はもとの戸籍に復籍するとなっていて特に問題はありませんが、仮に違う場合であれば、次のようになります。

その場合における先例としては、「裁判又は調停による届出人でない者が、当該届出によって復氏する場合に、同届書の「その他」欄に新戸籍を編製する旨を記載して署名、押印して届け出た場合、又はその旨の申出書を添付して届出があった場合には、これに基づいて新戸籍を編製して差し支えない」とする昭和五三年七月二二日民二第四一八四号民事局長通達があげられます。

これにより、相手方の届出した届書中に、復籍せずに新戸籍の編製を希望する旨の表示がある場合には、その離婚届書を右の先例の申出書とみなして、申立人からの離婚届に添付し、前記通達に従った取扱いをすることになります。

この場合本籍地であるB市では、妻から届出された離婚届書を新戸籍編製の申出書と認める旨の符せんを付した上で、申立人からの離婚の届出書類と併せてつづり、妻について新戸籍を編製します。同時に受理地であるA市長へは届書を申出書として取り扱う旨の通知書を作成し、送付する必要があります。そして、通知書の送付を受けたA市では、当該届出の戸籍受附帳の備考欄にその旨がわかるよう記載しておくこととなります。

(注) 通常、裁判は上訴期間の経過により確定するので、裁判に基づく戸籍届出の届出期間については、戸籍法第六三条等の定めるように裁判確定の日から起算しても、届出義務者にとって特に問題はないと考えられます。ところが、上告審での判決があった場合は、その判決は、言渡しによりただちに確定するため、裁判の送達又は交付前に届出期間の進行が開始することになります。それでは届出義務者にとって酷となることから、これに備える規定として戸籍法第四三条第二項が設けられているといわれています(青木・大森「全訂戸籍法」二四四頁参照)。そこで、右の上告審の判決に基づく届出の場合には、裁判が確定した日からその届出期間を起算するのではなく、判決又は決定の送達又は交付の日から起算することになります(例えば、最高裁判所の判決の言渡し年月日と謄本交付の日は、判決書の第一頁上部欄外に記載され、書記官の印が押捺されているので、これによって起算日を確認することができます)。

また、家事審判においては、審判に基づいて届出をすべき場合も、通常、即時抗告(家審一三)又は異議の申立て(家審二五)ができるので、その期間(二週間)の経過によって審判が確定します。ただ、就籍許可の審判については即時抗告が許されないので、家審の告知によって効力を生じます(家審一三)。したがって、就籍の届出(戸一一〇)についての届出期間は、就籍許可の審判の送達又は交付の日から起算されることになります(戸四三②)。

〔45〕 裁判上の和解を原因とする離婚が確定した後、訴えの提起者である夫から離婚の届出がされない間に、妻から本籍地の市区町村長へ戸籍法七七条の二の届出がされ、その後、夫の住所地で受理された報告的離婚届が本籍地の市区町村長へ送付された場合について

【問】 この度、裁判上の和解が成立したとして妻から夫婦の本籍地である当M市長へ戸籍法七七条の二の届出がされた後、夫の住所地であるO市長が受理した報告的離婚届が送付されてきました。しかし、送付された離婚の届出書の「婚姻前の氏にもどる者の本籍」欄には、妻は新しい戸籍をつくるとして、本籍と筆頭者の氏名が記載されています。この場合、この戸籍法七七条の二の届出は受理できるのでしょうか。また、受理できるとした場合、妻の新戸籍はどのように編製するのでしょうか。

なお、妻は、復籍後に新戸籍を編製するのではなく、離婚と同時に新戸籍を編製することを希望しています。

【答】　一　裁判上の離婚

わが国における離婚の形態には、協議離婚及び裁判上の離婚があります。前者は、当事者の合意に基づく離婚であり、後者は従前、離婚の調停が成立した場合の調停離婚、調停が成立しない場合の審判離婚及び判決による判決離婚の三種類とされていましたが、平成一六年四月一日、人事訴訟法（平成一五年法律一〇九号）の施行に伴い、離婚の訴えに係る訴訟において、和解又は請求の放棄若しくは認諾が調書に記載された場合にもその調書は確定判決と同一の効力を生じるとされ（人訴三七）、訴訟上の和解又は請求の認諾によっても直ちに離婚が成立するとされました。これによ

り、裁判上の和解及び認諾を原因とする離婚届が新たに認められ、離婚届書の「離婚の種別」欄に当該原因が加えられました。

二　裁判上の離婚の届出と戸籍法七七条の二の届出について

裁判上の離婚の届出は、訴えの提起者（調停の場合は申立人）が裁判の確定した日から一〇日以内に裁判の謄本を添付して、その旨を届け出なければならないとされ、さらに、訴えを提起した者がこの規定による届出をしない場合には、その相手方も裁判の謄本を添付して離婚の裁判が確定した旨を届け出ることができるとされています（戸七七①、六三②）。したがって、相手方も届出資格を有していることになりますが、この場合の権利行使は届出義務者に対する届出期間経過後とされており、当然には上記期間中に届け出ることはできません。しかしながら、調停条項中「相手方の申出により本日調停離婚する。」旨の記載がある場合には、相手方に対し調停成立と同時に戸籍法上の届出義務者である調停申立人と同順位の届出資格を付与したものと解するのが相当とされています（第八一回法務省・裁判所・法務局戸籍事務連絡協議会決議第三問（昭和四一年五月一九日開催）及び第一二四回東京戸籍事務連絡協議会決議第三問（昭和五〇年二月一二日開催）、「戸籍時報」五七一号一三六頁以下参照）。

また、裁判上の離婚が成立した場合には、民法第七六七条第一項（民七七一により準用）において、「婚姻によって氏を改めた夫又は妻は、協議上の離婚によって婚姻前の氏に復する。」とされ、同条第二項において、「前項の規定により婚姻前の氏に復した夫又は妻は、離婚の日から三箇月以内に戸籍法の定めるところにより届け出ることによって、離婚の際に称していた氏を称することができる。」と規定されています。この戸籍法の定めるところによる届出とは、離婚により復氏した者の呼称上の氏を変更するための届出であり、戸籍法第七七条の二に規定されているため、「戸籍法七七条の二の届出」（以下「七七条の二の届出」という。）と呼ばれています。

三　本問の検討

裁判上の離婚が成立した場合には、裁判の確定した日から一〇日以内に訴えの提起者が離婚の届出をしなければならないとされ（戸七七①）、また、夫婦の一方が引き続き婚姻の際に称していた氏を称する場合には、民法第七六七条第二項により離婚の日から三か月以内に戸籍法の定めるところにより届け出ることとされています（戸七七の二）。

本問においては、まず、訴えの提起者たる夫から離婚の届出がされない間に、訴えの相手方である妻から本籍地のM市長へ七七条の二の届出がされた場合、その届出を受理することができるか否かが問題となります。

七七条の二の届出について、民法第七七一条が準用する同法第七六七条第二項によれば、「離婚の日から三箇月以内に戸籍法の定めるところにより届け出ることによって」と規定されていることから、七七条の二の届出は、離婚の届出後に限定されることなく、離婚成立の日以後であれば何時であっても届け出ることが可能であると解されます。

また、家事審判規則第一四二条の三及び人事訴訟規則第三一条（人訴規一七を準用）によれば、「裁判所書記官は、遅滞なく事件本人の本籍地の戸籍事務を管掌する者に対しその旨を通知しなければならない。」と規定されていることから、事件本人の本籍地の市区町村長は、家庭裁判所からの離婚成立の旨の通知により、離婚の成立日が確認できることになります。したがって、本問のように、訴えの提起者から離婚届出がなされていない場合であっても、家庭裁判所からの離婚成立の旨の通知が到達した時点において、事件本人の離婚が成立したことを確認できることになり、七七条の二の届出が受理できることになります。

なお、当該届出の戸籍記載については、離婚事項の記載を必要とすることから、離婚の届出後に記載することになります。

次に、七七条の二の届出を受理した場合、O市長から送付された離婚の届書の「婚姻前の氏にもどる者の本籍」欄に新戸籍編製の記載がされているため、離婚届書の記載と七七条の二の届書の記載に齟齬が生じることから、妻の新戸籍の編製について問題となります。しかし、離婚届出時に妻がその旨の記載をする場合は、「その他」欄に妻が署名押印する取扱いとなっているため、当該記載は訴えの提起者である夫が記載したものと解されます。したがって、妻の意思は、先に届出された七七条の二の届出と認められることから、送付された離婚届書には、「婚姻前の氏にもどる者の本籍」欄は余事記載と認め、年月日届出による七七条の二の届書の記載により戸籍を編製する旨の符せんを付した上、処理することになります。

以上のことから、事件本人の本籍地の市区町村長は、訴えの提起者から離婚の届出がされていない場合であっても、家事審判規則第一四二条の三及び人事訴訟規則第三一条に基づく家庭裁判所からの通知により、事件本人の離婚の事実を確認できるため、七七条の二の届出を受理することができることになります。しかし、七七条の二の届出による新戸籍編製及び離婚事項の戸籍記載は、離婚の届出と同時にその処理を行うことになります。なお、離婚の届出を受理したO市長に対しては、七七条の二の届書の謄本を参考として添付しその旨の通知をすることになります。

右の場合における戸籍記載例を示すと次のとおりです。

【記載例】

1　妻の新戸籍について

本　　　籍 氏　　　名	M市N町３０番地 甲野　梅子
戸籍事項 　氏の変更 　戸籍編製	 【氏変更日】平成１６年１２月８日 【氏変更の事由】戸籍法７７条の２の届出 【編製日】平成１６年１２月１４日
身分事項 　離　　婚	 【離婚の和解成立日】平成１６年１２月３日 【配偶者氏名】甲野義太郎 【届出日】平成１６年１２月１２日 【届出人】夫 【送付を受けた日】平成１６年１２月１４日 【受理者】O市長
氏の変更	【氏変更日】平成１６年１２月８日 【氏変更の事由】戸籍法７７条の２の届出 【従前戸籍】M市O町１番地　甲野義太郎 【記録日】平成１６年１２月１４日

2　妻の従前戸籍について

本　　　籍 氏　　　名	M市O町１番地 甲野　義太郎
身分事項 　離　　婚	 【離婚の和解成立日】平成１６年１２月３日 【配偶者氏名】甲野義太郎 【届出日】平成１６年１２月１２日 【届出人】夫 【送付を受けた日】平成１６年１２月１４日 【受理者】O市長
氏の変更	【氏変更日】平成１６年１２月８日 【氏変更の事由】戸籍法７７条の２の届出 【新本籍】M市N町３０番地 【記録日】平成１６年１２月１４日

〔46〕 裁判上の和解により離婚が成立した場合の届出義務者及び届出期間の起算日について

【問】 今般、離婚訴訟の控訴審において裁判上の和解が成立したとして、控訴人から離婚届が提出されましたが、戸籍法で規定された届出期間内の届出は、控訴人が届出義務者になるのでしょうか。それとも被控訴人が届出義務者になるのでしょうか。

また、裁判上の和解により離婚が成立した場合の届出期間の起算日はいつからになるのでしょうか。

なお、離婚の訴えを提起したのは妻であり、控訴人は夫です。また、和解調書が送達されたのは、和解成立から数日後です。

【答】 一 **裁判上の離婚について**

司法制度改革の一環として、家庭裁判所の機能を充実させ、人事訴訟の審理の充実及び迅速化を図ることを目的とした「人事訴訟法」が平成一五年七月一六日法律第一〇九号をもって公布され、平成一六年四月一日から施行されました。

人事訴訟法では、離婚又は離縁について訴訟における和解又は請求の認諾を調書に記載することにより、確定判決と同一の効力が認められることとなった（人訴三七・四四）ため、訴訟上の和解又は請求の認諾によって直ちに離婚又は離縁が成立することになりました。

したがって、裁判上の離婚については、判決による離婚（民七七〇）、審判による離婚（家審二四・二五）及び調停による離婚（家審一八・二一）と前述した「訴訟上の和解」、「請求の認諾」があることになります。

二　人事訴訟法の施行と戸籍事務の関係

(1)　人事訴訟事件の戸籍通知

人事訴訟事件についても、家事事件と同様に、戸籍の届出又は訂正の申請を必要とする事項について判決が確定した場合、また、離婚又は離縁の訴訟における和解又は請求の認諾が調書に記載された場合には、裁判所から市区町村長に通知されることになります。この通知を受けた市区町村長は、戸籍の届出又は訂正申請を懈怠している届出義務者等に対して届出等の催告をし、催告をしても届出等がないときは、管轄の法務局の長の許可を得た上で、職権で戸籍の記載をすることになります（戸四四・二四②・一一七、平成一六・四・一民一－七六九通達1、同日民一－七七〇通達）。

(2)　訴訟上の和解又は請求の認諾による離婚又は離縁の届出

訴訟上の和解又は請求の認諾が成立したときは、それに基づく報告的届出によって戸籍に記載されることになります。訴訟上の和解及び認諾を原因とする離婚又は離縁の届書様式が新たに定められました（前掲民一－七七〇通達）。

さらに、当該届書に添付すべき書面は、和解については、「和解調書の謄本」であり、認諾については、「認諾調書の謄本」となります。なお、添付すべき裁判の謄本は、戸籍の記載に関係のない事項を省略した、「省略謄本」で差し支えないとされています（前掲民一－七六九通達3）。

三　裁判上の離婚の届出義務者及び届出期間について

裁判上の離婚の届出は、届出義務者として訴えの提起者（調停の場合は申立人）が裁判の確定した日から一〇日以内に裁判の謄本を添付して、その旨を届け出なければならないとされ、さらに、訴えを提起した者がこの規定による届出をしない場合には、その相手方は裁判の謄本を添付して離婚の裁判が確定した旨を届け出ること（届出義務者に対する届出期間経過後）ができるとされています（戸七七①・六三②）。

また、届出期間の計算については、民法第一四〇条による期間の初日は算入しないという初日不算入の原則がありますが、戸籍法にはその例外として、届出の起算日を特に定めている場合と、定めていない場合があります。特に起算日について規定されていない場合には、戸籍法第四三条第一項の規定により、届出事件発生の日から起算するものとなることから、裁判離婚の届出においては、裁判認知の届（戸六三①）を準用（戸七七）し、「裁判が確定した日」から起算するものとされています。

なお、裁判が確定した日から戸籍に関する届出の期間を計算する場合、その裁判が送達又は交付前に確定したときは、その送達又は交付の日を起算日とすることとされています（戸四三②）。

四　本問の検討

本問は、第一審の判決を不服として被告たる夫が控訴し、その控訴審において和解が成立したものですが、戸籍届出をすべきとされる者（届出義務者）は、控訴審において和解が成立したことから、控訴人がこれに当たるのか、それとも第一審における原告がこれに当たるのかを問うものであり、また、訴訟上の和解に基づく離婚届出期間の起算日がいつになるのかを問うものです。

本問前段の届出義務者について、法で規定する「訴えの提起者」とは、第一審の原告を指すものです。すなわち、第一審の判決に不服で控訴した者が、原告である場合と被告である場合いずれにおいても、控訴審において離婚等が確定したとすれば、第一審の原告の主張が認容されたこととなりますので、主張が認容された第一審の原告（訴えの提起者）が届出義務者になることになります。控訴審等を経て結果的に離婚請求が認容されなかったとすれば、戸籍の届出にも及ばず、届出義務者を検討する余地がないことは当然です。

後段の届出期間の起算日については、前述のとおり訴訟上の和解については、和解調書に記載することにより確定判決と同一の効力を生ずることになりますので、戸籍の届出は戸籍法第七七条で準用する同法第六三条第一項の規定により、裁判の確定した日から一〇日以内に届出しなければなりません。

なお、この届出期間を過ぎた後は、相手方からも届出ができることになります（戸六三②）。

従来、離婚訴訟において離婚することの和解が成立しても、協議離婚の合意が成立したものと解し、裁判上の離婚としては取り扱わないこととされており（昭和三五・一二・二八民事甲三三六四回答）、離婚訴訟において成立した和解調書の謄本を添付して当事者の一方のみから協議離婚の届出があった場合は、これを受理することができないとされていました（昭和五二・八・一五民二―三八五七回答）。しかし、人事訴訟法の施行に伴い、訴訟における和解又は請求の認諾により離婚が成立することになり、この和解等による戸籍届出の届出期間、届出義務者に関する取扱いについては、これまでの判決、審判及び調停等による裁判上の離婚と同様に取り扱うことになります（前掲民一―一七六九通達2）。

第九　親　権

〔47〕調停離縁及び調停離婚が同一の調停調書で成立しているが、一五歳未満の子の親権者の指定がなされていない場合の取扱いについて

【問】　A女は甲男と妻の氏を称する婚姻をし、嫡出子Bが出生しましたが、A女と甲男は、子Bの親権者を母Aと定め協議離婚しました。その後A女はC男と夫の氏を称する婚姻をし、BはCと養子縁組をしました。今般、調停によるＡＣの離婚、ＢＣの縁組離縁が成立し、調停調書の謄本を添付して、①離婚届、②離縁届の順で申立人兼申立人法定代理人A女から届出がされました。これら二件の申立事件は一つの調停調書で成立しており、調停条項は①離縁、②離婚の順で記載されています。子Bは一五歳未満の未成年者ですが、調書には親権者の定めはありません。

これら一連の届出は受理できるでしょうか。受理できるとすれば、どのように取り扱えばよいでしょうか。

【答】　一　親権について

まず、本問における調停成立前の子Bの親権について確認しておきましょう。

未成年の子は父母の親権に服しますので（民八一八①）、婚姻中のA女甲男間に生まれた子Bは、同夫婦の共同親権に

服します。

その後、父母が協議離婚をしていますので、協議によって、その一方を親権者と定めなければなりませんが(民八一九①)、ここでは母Aを親権者と定めています。

さらに、A女はC男と婚姻をし、子BとC男が養子縁組しています。一五歳未満の未成年の子が養子となるには、その法定代理人が代諾することになる(民七九七①)ため、父母が協議離婚の際に定めた親権者A女の代諾により養子縁組がされることになります。養親と実親が婚姻しているときは、養子縁組の時期が婚姻の前であると後であるとを問わず、養親と実親が共同で親権を行使することになります(民八一八③、昭和二三・三・一六民事甲一四九回答、昭和二四・二・一二民事甲一九四回答)。したがって、調停離婚成立前のBの親権は実母Aと養父Cの共同親権となります。

二 裁判上の離婚後の親権者について

実親と養親が離婚する場合にも、いずれか一方を親権者と定めなければなりません(昭和二五・九・二二民事甲二五七三通達)が、裁判上の離婚の場合には、裁判所がその一方を親権者と定めることとされています(民八一九②)。

裁判上の離婚には、調停離婚・審判離婚・訴訟法の和解離婚・認諾離婚及び判決離婚がありますが、まず、家庭裁判所に調停の申立てをしなければなりません(家審一八・調停前置主義)。調停において、当事者間に合意が成立し、これが調停調書に記載されたときは、調停が成立したものとし、その記載は確定判決と同一の効力を有します(家審二一①)。

そして、離婚する夫婦の間に未成年の子があるときは、調停において離婚後の親権者を定めることになりますが、調停において離婚の合意は成立したものの、親権者については当事者間で合意が成立しないため、子の親権者は後日当事者間で協議して定める旨が調停調書に記載されている場合には、離婚そのものは調停離婚として有効であるとされています（昭和三四・一〇・三一民事甲二四二六回答）。したがって、この調停調書の謄本を添付した離婚の届出があった場合は、これを受理し、後日、親権者指定届によって親権者を記載することになります。

三　離縁後の親権者について

養子縁組の当事者は、その協議で離縁をすることができます（民八一一①）が、養子が一五歳未満の場合は、養子の離縁後に法定代理人となるべき者が、養子に代わって離縁の協議をしなければなりません（民八一一②）。当事者間で協議離縁することができない場合には、裁判上の離縁の手続を執ることができますが、養子が一五歳未満の場合は、離縁後に法定代理人となるべき者が原告（申立人）あるいは被告（相手方）となります。裁判上の離縁をするには、離婚と同様に、まず家庭裁判所に調停の申立てをしなければなりません。

四　本問における親権者について

本問は、離縁と離婚という二件の申立てが一つの調停でなされており、調停条項は①離縁、②離婚の順になされています。この調停条項の記載順に従えば、離縁後に親権者となるのは実母Aであることは明らかであり、離婚後に親権の変動を生じないことから、親権者の定めがなされなかったものと思われます。

しかし、届出は、①離婚届、②離縁届の順でなされており、この順で受理したとすると、離婚後の親権者の記載をしなければなりませんが、調停調書に離婚後の親権者の定めがなく、これを戸籍に記載することができないことから疑義を生じたものと思われます。

①離婚、②離縁の順でなされた場合の親権者について考えてみると、離婚後の親権者を実母と定めて離婚した場合（昭和二六・六・二二民事甲一二三一回答）であっても、養父と定めて離婚した場合（昭和二六・一・一〇民事甲三四一九回答、昭和二六・八・四民事甲一六〇七回答）であっても、その後、養父と一五歳未満の養子とが離縁すると結局離縁後の親権者は

実母になります。

本問の事例では、離縁及び離婚は調停期日においてすでに有効に成立しており、また、親権者が誰であるかは明らかであることから、①離婚届、②離縁届の順で届出があっても不受理とすることはできませんし、離婚届を先にすることによって、離縁によって子が離婚後の母の戸籍に直接入籍できる場合もあるため、実益もあります。

離婚届を先にした場合、調停調書には親権者の定めがないことから、届書及び戸籍に親権者の定めの記載をすることはできませんが、前述のとおり親権者がA女であることは明らかです。しかし、戸籍の記載からは親権者が誰であるか明らかではないので、公示上戸籍に親権に関する記載をする必要があります。そこで、参考記載例一四五にならって、離縁によって編製した新戸籍あるいは入籍した戸籍のBの身分事項欄に、市区町村長の職権で「平成　年　月　日母の親権に服するに至る　月　日記載㊞」と記載することになります（昭和三七・九・一二、一三高松連合戸籍事務協議会決議参照）。離縁届書に離縁後の親権者が実母Aであることを付記することになりますが、実母が親権者であることは明らかな報告的届出ですので、届出人にその旨の記載を当該届書の「その他」欄に記載をさせることで差し支えありません。

五　本問における戸籍の編製について

A女について復籍すべき戸籍は除籍となっていますので、離婚の際に称していた氏を称するか否かにかかわらず、C男との離婚届によりA女につき新戸籍を編製することになります。

A女が復氏している場合には、子Bは離縁によりA女の新戸籍に入籍する（昭和二六・二・五民事甲一七五回答、昭和二七・一・二六民事甲三四回答）か、単独で新戸籍を編製します（戸一九①）。この際単独で新戸籍を編製した場合には、本人の意思に基づいて母と戸籍を異にしたことになりますので、その後母と同籍する旨の入籍届は認められません（昭和二六・

一二・一四民事甲二三五九回答)。

A女が戸籍法七七条の二の届出により離婚の際に称していた氏を称して新戸籍を編製している場合には、Bは、離縁によって当然にはA女の新戸籍に入籍しません。この場合、Bは単身で新戸籍を編製することになりますが、復籍すべき戸籍が除籍されていることに伴い新戸籍を編製するものですので、母と同籍する旨の入籍届により母の戸籍に入籍することができます(「戸籍」六四一号七九頁)。また、離縁届の際に、戸籍法七七条の二の届出後のA女の新戸籍に入籍する旨の表示をした場合には、直接A女の戸籍に入籍することができます(昭和五二・二・二四民二—一三九〇依命回答)。

なお、この取扱いは、本問のように一つの調停調書で離婚と離縁が成立した場合のみでなく、離婚と離縁が同日付で別個の調停により成立し同時に届け出られた場合(「戸籍」五八六号八〇頁参照)にも当てはまります。

第一〇　未成年後見

〔48〕 未成年者の後見開始届の選定後見人の就職年月日について

【問】　未成年者の後見開始届が、選定後見人の選任について家庭裁判所から通知が届く前にされたときは、就職の日を誤らないように届書の「その他」欄に、「告知（送付）を受けた年月日と告知の方法」を届出人に記載させ、また、裁判所からの通知が届いた後に、届出があったときは、市区町村長が職権で「効力発生の日は、平成　年月　日裁判所からの通知により確認」と、符せんを付すこととしたいが、いかがでしょうか。

また、裁判所が、選任した後見人に交付する「審判書謄本」は、告知すると同時に戸籍届出の際の法定添付書類としての意味もあると考えるので、審判書に未成年後見人の「就職の日の効力発生日」を家庭裁判所において付記してもらうことはできないでしょうか。

【答】　一　未成年後見について

1　未成年後見開始の原因及び後見人

未成年後見（以下「後見」という。）とは、未成年者に対して親権を行う者がないとき、又は親権を行う者が管理権を有しないときに開始します（民八三八Ⅰ）。具体的には次のとおりです。

㈠　親権者の死亡、親権・管理権の喪失（民八三四・八三五）、親権・管理権の辞任（民八三七）。
㈡　親権者に対する後見開始の審判。
㈢　親権者の行方不明など事実上親権を行使することができないとき。
　以上の各事例は、父母が共同で親権を行使していて、その一方についてのみ右の各事由が生じたときは、他方が単独で親権を行使するから、後見は開始しない（民八一八③）。
㈣　父母の離婚後、親権者と定められた者が死亡した場合は、後見が開始する。
㈤　養父（夫婦の場合は、その双方）が死亡した場合は、実親があっても後見が開始する。
㈥　養父母離婚後、親権者と定められた者と離縁した場合は、後見が開始する。
㈦　養親の一方の死亡後、生存養親と離縁した場合は、後見が開始する。

これらが後見開始の原因です。

未成年後見人（以下「後見人」という。）には、指定未成年後見人（以下「指定後見人」という。）と選定未成年後見人（以下「選定後見人」という。）があります。

指定後見人とは、未成年者に対して最後に親権を行う者（管理権を有しない者を除く。）が、遺言で指定した後見人です（民八三九①）。

選定後見人とは、指定後見人となるべき者がいないとき、又は後見人が欠けたときに、未成年被後見人又はその親族その他の利害関係人の請求により家庭裁判所が選任した後見人です（民八四〇）。

なお、児童相談所長は、親権者も後見人もない児童について、その福祉のため必要があるときは、家庭裁判所に対して後見人の選任を請求しなければなりません（児童福祉法三三の七）。

後見人の数は、一人でなければなりません（民八四二）。

2　後見開始の年月日

後見開始の年月日については、その原因に応じて次のとおりです。

(一)　親権者死亡の日

(二)　親権者が行方不明・心神喪失など親権を事実上行使することができなくなった日（行方不明の日が明らかでないときは、行方不明になったことを知った日を後見開始の日とする（昭和二九・九・二五民事甲一九三五回答、昭和四〇・一〇・一九民事二発四〇七回答））。

(三)　親権又は管理権喪失宣告の審判が確定した日

(四)　親権又は管理権辞任届の日

(五)　親権者に対する成年後見開始の審判があったとき

(六)　後見人指定の遺言が効力を生じた日（遺言者死亡の日）

3　後見人が就職した日

指定後見人については、遺言が効力を生じた日（遺言者死亡の日）です。

選定後見人については、後見人選任の審判が、後見人に告知された日になります（家審一三）。口頭によって告知された場合には、その告知の日、審判書謄本の送付の方法による告知の場合には、それが後見人に到達した日になります（昭和三七・六・一第一五回栃木県連合戸籍事務協議会決議）。

二　後見開始届の届出について

後見開始の届出は、後見人がその就職の日から一〇日以内にしなければならず、届書には、後見開始の原因及び年月日、後見人が就職した年月日を記載しなければなりません（戸八一）。

添付書類として、指定後見人の場合は指定に関する遺言の謄本（戸八三①）を、選定後見人の場合は審判書の謄本を届書に添付しなければなりません（戸八三②）。

三　本問についての検討

1　本問の後見人は選定後見人であり、その就職の日は選任の審判が後見人に告知されたときに生じることになります。告知には、一の3で述べたとおり「口頭による告知」と「審判書の送付による告知」があり、いずれかの告知の日（就職の日）から一〇日以内に、後見人が審判書の謄本を添付して後見届をすることになります。

そこで本問についての検討ですが、届書に記載する「後見人が就職した日」が「口頭による告知」か、あるいは「審判書の送付による告知」か、どちらによって効力が発生したのか判明しないことから、届出人に届書の「その他」欄に「告知（送付）を受けた年月日と告知の方法を記載させ、就職の日を誤って記載することを防止する考えと思われますが、戸籍法等に「告知の方法」を記載する規定はありませんので、届出人に記載させる必要はなく、就職の日に疑義があるときは、届出人に確認することで足りると考えます。なお、未成年後見人を選任する審判が効力を生じたときは、家庭裁判所書記官から未成年被後見人の本籍地及び未成年後見人の住所地の市区町村長に遅滞なく通知されることになっている（家審規八五）ので、後見人就職の日を市区町村長において確認することができます。

2　次に、告知年月日と告知の方法を符せん処理することについては、本来符せん処理は届出を受理した後、届書の記載に不備を発見したが、その不備が軽微なものであるときに、届出人に追完をさせるまでもなく、不備の個所に符せんをして処理して差し支えないとされている（大正四・一・一八民一七五六回答、標準準則三三）ものであることから、本問の趣旨はこれとは異にしているので、符せん処理は相当ではないと考えます。

3　また、家庭裁判所の審判書に「効力発生の日」を付記してもらえないかとのことですが、審判書については、主文及び理由の要旨を記載して家事審判官が、これに署名押印する(家審規一六)としていること、さらに前記のとおり裁判所書記官から市区町村長への通知が法定されていること等を考えると、ご質問のような審判書への付記は困難であると考えます。

第一一　死亡・失踪

〔49〕　死亡の届出と警察官からの本籍分明報告が同時にされた場合の戸籍の処理について

【問】　このたび、警察官から検視調書を添えてA区長に身元不明者の死亡報告がありました。その後、身元が判明した（死亡者の氏名甲野太郎・本籍地B区）として、警察から通報を受けた親族から死亡の届出と警察官からの本籍分明報告が同時にA区長にされました。なお、死亡届に添付された死体検案書の氏名及び生年月日は「不詳」となっています。

また、甲野太郎は一〇年間行方不明であったことから、失踪宣告により戸籍から除かれ、その後、同人の妻は他男と婚姻をしています。

このような場合、A区及びB区の区役所ではどのような戸籍の処理をすることになるか、ご教示願います。

【答】　一　はじめに

人が死亡すると、相続が開始し（民八八二）、生存配偶者との婚姻が解消するなど、身分法・財産法上重大な影響を及ぼすため、死亡の事実は戸籍に、迅速かつ的確に記載する必要があります。死亡による戸籍の記載は、原則として死亡の届出によりますが（戸八六）、事変による死亡等特殊な死亡事件については、届出によらず、その態様に応じて官公署、刑事施設の長、警察官の報告又は船長の作成した航海日誌の謄本により記載をします（戸一五、八九、九〇、九二、九三）。

本問は、本籍不明者の死亡に関する戸籍の処理の取扱い、及び失踪宣告を受けた者の配偶者の身分関係についての照会です。

二　本籍不明者の死亡報告について

1　本籍不明者の死亡報告と死亡届

死亡者の本籍が明らかでない場合又は死亡者を認識することができない場合は、取調べに当たった警察官は検視調書（注）を作成した上で、これを添付して遅滞なく死亡地の市区町村長に死亡の報告をすることとされています（戸九二①）。

その後に死亡者の身元が判明した場合は、警察官は遅滞なく本籍分明報告（以下「分明報告」という。）をすることになります（戸九二②）。この場合、身元が判明しても届出義務者（戸八七）の届出義務は免除されませんから、届出義務者である同居の親族、その他の同居者は、死亡者を認識したときは、その日から一〇日以内に死亡の届出をしなければなりません（戸九二③）。

このように戸籍法は、死亡者の身元が明らかでない場合に、警察官にその旨の報告をさせ、身元が判明次第、判明した旨の報告をさせ、また、死亡の届出についても並行して届出を義務付けることによって、死亡の事実を迅速かつ正確に戸籍に記載がされるようにしています（戸九二）。

2　本籍不明者の死亡報告の戸籍の処理

㈠　戸籍受附帳の記載

本籍不明者の死亡報告を受けた市区町村長は、非本籍人の戸籍受附帳に件名を「死亡」、事件本人の氏名及び本籍欄を「不明」と記載した上、死亡報告書を「本籍不分明者・無籍者に関する届書報告書その他の書類つづり」につづって保存しておきます（昭和二五・二・一六民事甲四五〇回答、標準準則三七②、付録二九号様式）。

次に、身元が判明し警察官からの分明報告がされると、先に本籍不明者として受付した該当欄の氏名、本籍欄について「不明」とした部分について、判明した内容を記載するとともに、その備考欄に「　年　月　日受付第　号参照」と分明報告があったことを記載します（標準準則三五）。この場合、身元が判明した事件本人が本籍人であるか非本籍人であるか否か、すなわち、死亡地が事件本人の本籍地か否かにより、以下の手続を行います。

(1)　事件本人が本籍人の場合には、非本籍人の戸籍受附帳に記載した死亡報告の記載を、本籍人の戸籍受附帳に移記し、非本籍人の受附帳の記載は消除します。また、本籍人の戸籍受附帳には、死亡報告の記載を移記した上、次の番号に分明報告の件名を「その他（本籍分明報告）」として記載します。

(2)　事件本人が非本籍人の場合には、分明報告についても非本籍人の戸籍受附帳に件名を「その他（本籍分明報告）」として記載します。

なお、備考欄には死亡報告と分明報告との関連を記載します。

㈡　報告書の処理

事件本人が本籍人の場合には、戸籍記載後は本籍人届書として原本を一括して管轄法務局に送付します（戸規四八②）。

事件本人が非本籍人の場合には、死亡報告書と分明報告書の謄本を作成し、非本籍人届書として保存し、原本は一括して本籍地の市区町村長に送付します。送付を受けた本籍地の市区町村長では、一括して死亡報告書のみを受付し、分明報告書は、死亡報告書の添付書類として扱います。

㈢　戸籍の記載

(1)　死亡報告を受けた市区町村が事件本人の本籍地である場合は、「平成　年　月　日時刻不詳東京都A区で死亡　月　日○○警察署長報告　年　月　日（分明報告を受けた日）除籍㊞」と記載します。

(2)　死亡報告を受けた市区町村が事件本人の非本籍地である場合には、前述のとおり本籍地の市区町村長に死亡報告書と分明報告書が一括して送付されますが、この場合は、死亡報告書のみ受け付けますから、「平成　年　月　日時刻不詳東京都A区で死亡　月　日○○警察署長報告　月　日同区長から送付除籍㊞」と記載します（以上、参考記載例一六五参照。）。

三　失踪宣告について

住所又は居所を去って行方不明となり、帰来する見込みのない者をいつまでも生存者として取り扱うと、後に残った者の法律関係が不確定のままとなり多くの不都合が生じます。そこで、不在者の生死不明の状態が一定期間（失踪期間）継続し、利害関係人から請求があった場合に、家庭裁判所は失踪宣告の審判をします（家審九①甲類Ⅳ）。これにより、当該不在者は死亡したものとみなされ（民三一）、その者の法律関係が確定します。これが失踪宣告の制度です。

失踪宣告は、失踪者の最後の住所地を中心として死亡したと同様の効果を与えるものですが、失踪者の権利能力を剝奪し喪失させるものではないため、失踪宣告を受けた者がどこかで生存していれば法律関係に何らの支障をきたすものではありません。

失踪宣告は、もっぱら審判手続によって行われます。失踪宣告に当たっては、①生存も死亡もいずれの証明もできないといった不在者の生死が明瞭でないこと、②生死不明の状態が一定期間継続すること、③利害関係人の請求があることが要件とされています。

失踪宣告の審判が確定すると、普通失踪では失踪期間が満了したとき、危難失踪の場合は、危難の去った時に死亡したとみなされます（民三一）ので、通常、死亡の時期は失踪宣告の日より前にさかのぼることになります。

失踪宣告の審判が確定したときは、審判の申立人が審判確定の日から一〇日以内に失踪宣告の届出をします（戸九四・六三①）。

失踪の宣告を受けた者が生存していた場合には、失踪宣告取消しの審判確定により、失踪宣告の取消しの効力が生じます。

失踪宣告取消しの届出があると、その失踪者について、当該者が在籍していた戸籍の末尾に回復することになります。

この場合の回復方法は、いったん除籍された失踪者の身分事項欄に取消事項を記載し（法定記載例一三五）、失踪宣告事項を朱線で消除します。次にその戸籍の末尾に、事件本人を回復し、戸籍法施行規則第三九条第一項に規定する移記事項のほか、名欄、父母欄、父母との続柄欄及び出生年月日欄を従前と同様に記載します。また、配偶者が再婚していない場合は、その婚姻は回復するので、配偶者の身分事項欄に配偶者失踪の旨の記載を消除する事由を記載し、死亡とみなされる旨の記載事項を朱線で消除します（法定記載例一三六）。

四　本問の検討

1　死亡の届出と分明報告書が同時にされた場合の処理

警察官からの分明報告書と届出義務者からの死亡の届出の双方が提出された場合には、先に受理したものに基づいて、戸籍の記載をすることになります（昭和二四・八・一二佐賀戸籍事務協議会決議、昭和二六・七・二三民事甲一五〇五回答）。

本問のように死亡の届出と分明報告書の双方が同時に提出された場合には、先に受理したものにより戸籍の記載をすることとなります（昭和二五・六・一七青森戸籍事務協議会決議）が、届出と報告とでは戸籍の記載が異なることから、国民感情を考慮して親族からの死亡の届出を先に受理している取扱いが事実上されているようです。これはあくまでも同時に提出された場合に限り認められるものであり、分明報告がされた後、死亡の届出がその後にされるのを待って、死亡の届出によって戸籍の記載をするというものではありません。

また、分明報告により戸籍の記載をしたところ、死亡届が届出人の所在地の市区町村長に先に届出されている場合は、戸籍法施行規則第四三条に準じて、戸籍訂正をすることになります。

なお、本籍不明者の死亡報告がされた後に分明報告がされて、戸籍の記載をした後に死亡の届出がされた場合は、その届出書類は、戸籍の記載を要しない届書として戸籍法施行規則第五〇条によって処理することになります。また、死亡の届出がされて、戸籍の記載をした後、分明報告がされた場合は、その分明報告書類は戸籍の記載を要しない報告書として右と同様に処理することになります（昭和二四・九・三〇民事甲二一七五回答）。

2　死亡者の氏名及び生年月日を不詳とする死体検案書の処理

死亡者の氏名及び生年月日を「不詳」とする死体検案書を添付して死亡の届出がされた場合、死亡の戸籍記載は慎重を要します。死亡の届出を受理するに当たっては、届書と検案書との記載を対照し、一致しているか審査しなければならず、仮に検案書の氏名が不詳と記載されているときは、監察医に訂正を求めることは届書の虚偽記載防止の観点から必要な措置と考えられます。

しかし、検案した監察医の協力が得られず訂正できないときは、死亡報告書、分明報告書及び死亡届書を対比し、届書と検案書に記載された者の同一人性が確認できる場合、例えば、同時に提出された分明報告書と死亡届書に記載された事件本人が、同日、同一の監察医により検案されている場合は、同一人であると推定されることから、そのまま受理して差し支えないものと考えます。この場合、同一人と認められる旨の符せん処理をし、後に受けた死亡報告書又は死亡届の写しを参考資料として添付しておく取扱いでよいと考えます。同一人性が確認できないときには、管轄法務局の長に指示を求めた上で処理すべきものと考えます。

3　失踪宣告を受けた者について死亡の届出がされた場合の処理

失踪宣告の審判が確定し、その届出により戸籍から消除されている者について死亡の届出がされた場合には、その取消し前であっても、そのまま受理して戸籍に死亡の記載をします。

この場合、戸籍には失踪の記載の次に死亡の記載がされることになりますが、失踪宣告の記載は失踪宣告取消しの届出を待って消除することになります（昭和二九・二・二三民事甲二九一通達）。

配偶者が失踪宣告取消し前に再婚している場合は、戸籍の実務では前婚が回復しない取扱いですので、後婚には何らの影響もきたしません（昭和二五・二・二一民事甲五二〇回答）。

（注）　死体が犯罪に起因しないときは、検視調書に代えて死体見分調書を用いてよいとされています（昭四二・八・一一民事甲二二〇〇通達）。

また、死亡報告書の様式は特段の定めはありませんが、人口動態調査等が行われるため、報告書には死亡届書に記載すべき事項をすべて記載しなければなりません。

〔50〕 身寄りのない在日外国人についての死亡届が、届出義務者、届出資格者以外の者からされた場合の取扱いについて

【問】 日本に在住する身寄りのない外国人が、居住するアパートで死亡しているのが発見され、医師から死体検案書が発行されました。アパートの家屋管理人は死亡届の届出人となることを拒否したため、当市の社会福祉事務所長が死亡の届出をしました。この死亡届はどのように扱うべきでしょうか。

【答】 一 はじめに

戸籍は、日本国民の親族法上の身分関係を登録・公証する公簿とされていますが、戸籍法の適用については、次のとおり属人的効力と属地的効力に大別されています。

属人的効力によると、日本国内、日本国外で発生したか否かを問わず、すべての日本国民についてその身分に関する事項が適用されます。また、属地的効力によると、事件本人が日本国民、外国人であるとを問わず日本国内で発生した身分に関する事項については、性質上、適用されない条文を除き、戸籍法が適用されることとなります。

したがって、日本国内で出生、死亡の事実が発生した場合は属地的効力により、日本国民はもちろんのこと、外国人についても戸籍法の定めるところに従って、出生届又は死亡届をしなければなりませんし（戸二五②・四九①②III、戸規五八II、昭和二四・三・二三民事甲三九六一回答、昭和二四・一一・一〇民事甲二六一六通達）、創設的届出においても、外国人同士が日本法の定める方式（市区町村長に届出すること）によって婚姻等の身分行為をする場合は、日本において、その届出

をすることができます。

しかし、届出によって戸籍に入籍するのは日本国民に限られているため、外国人については、戸籍簿には記載されませんが、日本人との身分関係について、日本人の戸籍の身分事項欄に記載されることがあります(例えば、日本人との婚姻、縁組等)。外国人のみの届出については、「戸籍の記載を要しない事項・日本の国籍を有しない者に関する届書報告書その他の書類つづり」につづって、戸籍法施行規則第五〇条の規定によって、受理した市区町村長において出生、死亡等の報告的届出書については一〇年間、婚姻、離婚等の創設的届出書については五〇年間、保存することになります。

二　死亡の届出人について

死亡の届出人については戸籍法の第八六条、第八七条において一定の者に対し、一定の期間内に死亡の届出をすることを義務づけています。この届出を義務づけている一定の者(届出義務者)とは、戸籍法第八七条第一項により、届出順序を、第一に、同居している親族、第二に、親族以外の同居者、第三として、死亡の場所である家屋又は土地の所有者(家主、地主)若しくは、その管理人と定められています。また、昭和五一年法律第六六号により戸籍法の一部が改正され、新たに戸籍法第八七条に第二項が設けられ、同居していない親族にあっても届出ができることになりました。この届出順位はあくまで相対的なものですから、前順位者の同居している親族が届出をせず、同居していない親族が先に死亡届出をすることができます。ただし、届出期間経過後に同居していない親族が届出した場合、この届出の懈怠義務を負うのは先順位者の同居している親族になります(大正三・一二・二八民一九九二回答)。このように死亡の届出人は戸籍法上、厳格に定められておりますので、戸籍法第八七条第一項に定められた届出義務者、また同条第二項に定められた届出資格者以外の者を届出人として死亡の届出がされた場合、市区町村長はこれを届出として受理することはできないことになります。しかし、これでは現実に死亡した者の、戸籍に死亡事項が記載されないことになり、死亡したことが戸籍に反映されないことになります。そこでこれを反映させるために、戸籍法で定められた者以外の者から死亡の届出がされた場合は、これを死亡の届出としては受理できませんが、この届書を死亡事項の記載申出書として扱い、市区町村長は、管轄法務局の長の記載許可を得て、職権で戸籍に死亡事項を記載することができます。

三　在留外国人の死亡通知について

日本国民の死亡についての戸籍法の取扱いは、前記**一**、**二**のとおりですが、日本に居住する外国人の死亡については「領事関係に関するウィーン条約」第三七条（a）項の規定に基づき、同条約加盟国の国民が日本国内で死亡した場合は外務省がその旨を遅滞なく当該国の領事機関へ通報することになります。外国人の死亡に関する情報については戸籍事務を管掌する市区町村長から死亡通知を受けた法務局、地方法務局の長が外務省に通知して死亡に関する情報を当該国の領事機関へ提供することになりました。

この条約に基づく死亡通知の対象となる外国人は、アメリカ合衆国及びロシア連邦の国民並びに無国籍者を除くすべての外国人ですが、締結国の増加が予想されることから、外務省へは締結国の国民であるか否かを問わず通知しています。また、アメリカ合衆国においては、同条約締結以前の昭和三九年七月二日に批准書の交換が行われ同年八月一日から効力が生じている「日本国とアメリカ合衆国との間の領事条約」に基づき、また、ロシア連邦においても二か国間の条約に基づき外務省に通知することになりますので、結果的には明らかに無国籍の者以外の外国人すべてについて、外務省へ通知することになっています。

この取扱いにより、同条約の発効した昭和五八年一一月二日以降から市区町村長は戸籍法の規定により、受理した外国人の死亡届書の写しに、「死亡通報用」と朱書し、毎月一日から末日までの届書をまとめて、戸籍法施行規則第四八条第二項所定の届書を送付する際に併せて管轄法務局に送付し、送付を受けた管轄法務局の長は、毎月この通知を取りまとめ、国別に整理し、速やかに外務省へ送付することになっています（昭和五八・一〇・二四民二―六一一五通達）。

四　本問について

外国人が日本において死亡した場合、戸籍法第八七条で規定されている届出義務者又は届出資格者から市区町村長へ死亡の届出をしなければなりません（戸籍法の属地的効力）。もし、この届出義務者又は届出資格者がこの届出に応じない場合は届出義務者に対し、相当の期間を定め、その期間内に届出するよう催告することになります（戸四四①②）。もし、届出義務者がこの届出に応じない場合において、届出義務者、届出資格者以外の者から届出がされたときは、日本人と同様、この届出を死亡届として受理することはできません。

本問における社会福祉事務所長も戸籍法に規定する届出義務者、届出資格者には当たりませんので当然、受理することができません（注1）。また、本問は外国人の死亡ですので、戸籍簿に死亡事項を市区町村長が職権で記載することはありませんので、この死亡の届出を死亡事項記載申出書として取り扱うこともできないことになります。したがって、この死亡届出は、原則として、受理できないことになりますので、その場合は、不受理処分整理簿に処分及び返戻の年月日、事件の内容並びに不受理の理由を記載し（標準準則三二）、届書を提出した者に返戻することになります（注2）。

なお、返戻するときは当該届書の写しを作成し、不受理処分整理簿にその写しをつづっておくのが適当でしょう。

また、在留外国人の死亡通知については、死亡の届出を受理した場合の取扱いですので、不受理処分となった外国人の死亡については、外務省への通知の必要はないことになります。

さらに、埋葬許可書の交付については埋火葬を行おうとする者から死亡診断書、検案書が提出され、許可を申し出た場合には、これに応じて差し支えないとされています（厚生労働省に確認済み）。

（注1）「大阪戸籍だより」第九一号二二頁・第一一四号八頁

（注2）以上は、本問についての原則的な取扱いですが、わが国に在住する外国人については、死亡届の届出義務者、届出資格者がいない場合も考えられます。

その場合において、それらの者以外の者からの届出がされたときは、戸籍法の属地的効力により、わが国に在住する外国人についても同法が適用され届出義務を課していること、また、死亡の届出は法定されていること、外国人については届出人がいない場合もあること、戸籍の記載を要しないこと等を考えると、届出義務者、届出資格者以外の者からの届出については、その届出が右の者からされたものであることを明らかにして（標準準則三三の符せんを付して）、便宜受理することも考えられます。

第一二　氏の変更

〔51〕婚姻の際に氏を改めた者が配偶者の死亡後復氏することなく、自己の氏を称して婚姻した後に、後夫の父と縁組をした場合の戸籍の処理と、後夫が死亡した後の復氏について

【問】　原田花子は平成五年に夫の氏を称して田中一郎と婚姻しましたが、夫の死亡後に復氏することなく自己の氏を称して中島次郎と婚姻し、その後、夫の父の中島義太郎と縁組をしました。この場合の戸籍の処理はどのようになるでしょうか。

また、縁組後に後夫の次郎が死亡したため原田の氏に戻りたいと、離縁も含めて相談があった場合、届出の方法と戸籍の処理等についてはどのようになるのでしょうか。

【答】　本問の花子の現在に至るまでの戸籍の変動と記載は**【別図】**のようになります。

夫婦は、婚姻の際に定めるところに従い、夫又は妻の氏を称し（民七五〇）、既に戸籍の筆頭に記載された者の氏を称する場合を除き、夫婦について新戸籍を編製する（戸一六①）ことから、花子は最初の婚姻により夫の氏で新戸籍を編製しています。

また、婚姻の際に氏を改めた夫又は妻は、配偶者の死亡により婚姻関係が終了した場合でも、当然には婚姻前の氏に復することはありませんので、復氏するためには、復氏届をする必要があります（民七五一、戸九五）。

【別図】

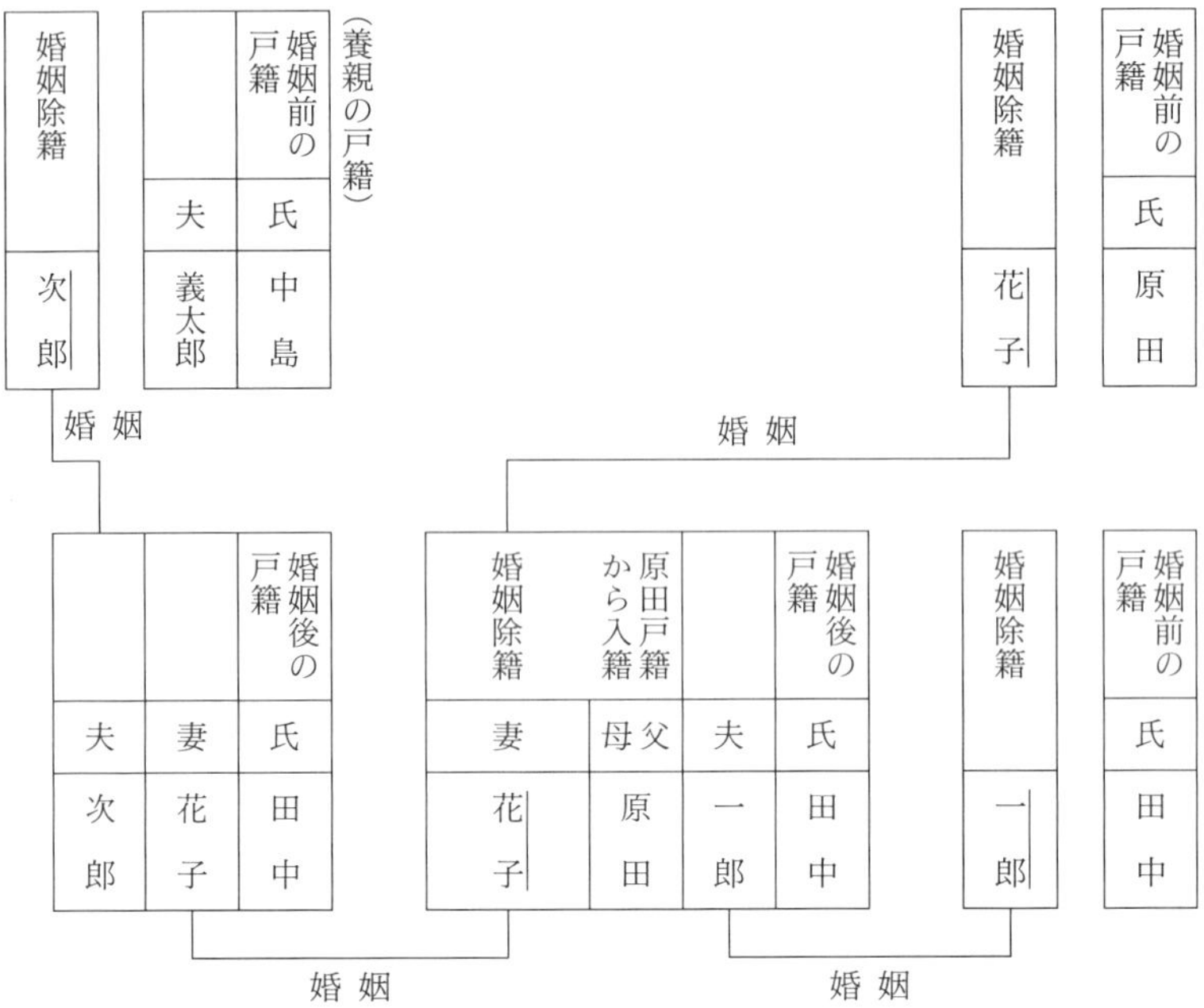

本問の花子は復氏届をしていないことから、中島次郎との婚姻では、前夫の田中一郎の戸籍から自己の氏である「田中」の氏で新戸籍を編製します。

では、本問につき検討したいと思います。

一　夫の父の中島義太郎との縁組による戸籍の処理について

養子は養親の氏を称し（民八一〇）、養親の戸籍に入ります（戸一八③）が、婚姻により氏を改めた者は、婚姻の際に定めた氏を称すべき間は、この限りでない（民八一〇ただし書）とされています。

この民法第八一〇条ただし書は、昭和六二年の養子法の改正（昭和六二年法律第一〇一号「民法等の一部を改正する法律」）により、配偶者のある者についても単独縁組が可能となったことから、単独縁組をした養子が縁組の効果として養親の氏を称することになると、その称する氏は配偶者と異なる結果となるため、夫婦同氏の原則（民七五〇）との調整を図る必要から養子法改正の際に追加されたものです。

改正法の施行に伴う基本通達によれば、「養子が婚姻によって氏を改めた者であるときは、その者は婚姻の継続中はもとより配偶者の死亡により婚姻が解消しても、養親の氏を称することなく、引き続き配偶者又は配偶者であった者の氏を称する。また、配偶者の死亡により縁組時に婚姻が既に解消している場合も同様である。」（昭和六二・一〇・一民二－五〇〇〇通達第一の3）とされています。

そこで、本問における田中花子は、前婚の配偶者死亡後、復氏をしていないので、後婚の際に自己の氏を称し戸籍の筆頭者となったとしてもその氏自体は「婚姻によって改めた氏」ということになり、同人は、前婚の際に改めた氏を引き続き称していることになります。

したがって、養子縁組に際しても養親の氏を称することはなく、新戸籍を編製することもありません。戸籍の処理として養子縁組事項を同人の身分事項欄に記載すればよいことになります（「戸籍」七〇五号六二頁）。

二　縁組後、後夫の次郎死亡後に原田の氏に戻る場合について

花子が次郎の死亡後に婚姻前の氏である原田に戻りたい希望があったとしても縁組が継続中の場合は原田に戻ることはできません。

花子が生存配偶者の復氏届をした場合は、観念的には、養子はいったん婚姻前の氏に復しますが、婚姻前の氏を称することなく、直ちに縁組による養親の氏を称することになるので（昭和六二・一〇・一民二－五〇〇〇通達第一の3）、復氏の届出により養親の中島義太郎の戸籍に入籍することになります。

花子が離縁届をした後に復氏届をした場合であれば、通常どおりの復氏の効果として婚姻前の氏である「原田」に復籍することができます。なお、復籍すべき戸籍が除かれているとき、又は、花子が新戸籍編製の申出をしたときは、花子について「原田」の氏で新戸籍を編製することになります（戸一九条②①）。

〔52〕日本人の養子となった外国人が、その後、日本人と婚姻し日本に帰化したが、その後に離婚した場合における戸籍の変動について

【問】日本人の田中一郎同人妻梅子夫婦と五年前に養子縁組した中国人女「陳華」は、その後日本人男「渡辺正義」と婚姻をした後、日本に帰化し夫の戸籍に入籍して「渡辺花子」となりました。今般当A区長に「花子」夫婦から協議離婚の届出がされましたが、離婚後の「花子」の戸籍、氏はどうなるのでしょうか。

【答】一　養子縁組の効果について

養子縁組とは相互に血縁関係のない者、又は血縁的親子関係はあっても嫡出親子関係のない者に、嫡出子親子関係を人為的に創設する制度で、我が国には普通養子縁組と特別養子縁組の二つの制度があります。前者は、実親との親子関係も存続したままですが、後者については、養子と実親との法律上の親子関係が断絶する効力を有しています。

養子は縁組の日から養親の嫡出子としての身分を取得します(民八〇九)。また、養子の縁組前の血族と養親との間には親族関係は生じませんが、養子と養親及びその親族との間においては、血族間におけると同一の親族関係を生じることになり(民七二七)、日本人の間で養子縁組がされた場合、婚姻の際に氏を改めた者以外の養子は、養親の氏を称することになります(民八一〇、戸一八③)。しかし、日本人と外国人の養子縁組については、現行国籍法上においては、養子縁組による国籍変動は認めていませんので、外国人が日本人の養子となる養子縁組によっては、当然に日本国籍を取得することができず、日本人のように直接、養親の戸籍に養子が入籍することはありません。なお、この場合、養

子縁組事項は日本人養親の戸籍に記載されますが、縁組事項には養子となる者の国籍、氏名及び生年月日が括弧書きで記載されます。

二　帰化した者の氏について

帰化とは、日本国籍を有しない者が、日本国籍を取得するための手続きで、原則として国籍法第五条の要件を満たすことが必要です。帰化により日本国籍を取得した者の氏については、日本民法が適用されることになるので、自己の意思により自由に氏を創設し、本籍を定めることになります（大正一四・一・二八民事三四回答、昭和二三・一・一三民事甲一七通達）。

なお、日本人配偶者と婚姻中に帰化した場合は、夫婦同氏の原則（民七五〇）から、日本人配偶者の戸籍に入籍するか、又は自己の氏を創設して新戸籍を編製し日本人配偶者を入籍させることになります（昭和二五・六・一民事甲一五六六通達）。

三　婚姻によって氏を改めた者が離婚する場合の氏の取扱いについて

日本人夫婦が離婚により婚姻が解消した場合、婚姻によって氏を改めた夫又は妻は婚姻前の氏に復することになります（民七六七①・七七一）。他方、養子として縁組が継続中に、婚姻によって氏を改めた夫又は妻が離婚する場合は、離婚によって直ちに養親の氏を称することになり（民八一〇）、養子は養親の戸籍に入籍することになりますが、新戸籍編製の申出がされたときは養親の氏を称して新戸籍を編製することもできます（平成六・四・四民二―二四三七回答）。

これに対し、外国人が日本人と婚姻後に帰化し、帰化の際に日本人配偶者の氏を称し、日本人配偶者の戸籍に入籍した者については、離婚したときの復すべき従前の氏・戸籍が存在しないことになりますので、その者の戸籍は、戸籍法第一九条第一項ただし書の規定に準じて、その者の意思により氏及び本籍を定め、新戸籍を編製することになります（昭和二三・一〇・一六民事甲二六四八回答）。

四　本問について

本問については、花子は帰化前に既に日本人夫婦と養子縁組していますから、前記**一**で説明したとおり、養子縁組によって日本人の田中一郎同人妻梅子夫婦とは、嫡出親子関係が発生しています。戸籍法第一八条第三項によると養子は養親の戸籍に入籍することとなっていますが、花子は養子縁組当時外国人のため、養親の戸籍に入籍せず養親の戸籍の養子縁組事項中に氏名、国籍及び生年月日が記載されるだけです。しかし、帰化前に養子縁組をしたことによって当然に日本法上の嫡出親子関係が生じていることになり、さらに帰化によって日本国籍を取得したので、養親の氏を称することになる（民八一〇）が、日本人男と夫の氏を称する婚姻をしているため、縁組によって養親の氏を称することにはなりません（民八一〇ただし書）。その後離婚したことによって、養子縁組が継続していることから養親の氏を称し、養親の戸籍に入籍することになります（戸一八③）が、その場合には、養親の戸籍に入籍するか又は養親の氏「田中」を称して新戸籍を編製することもできます（戸一九①ただし書）。

また、離婚後も「渡辺」の氏を希望する場合は、離婚により復氏するのは「田中」の氏でありますが、離婚の際に称していた氏を称する届出（戸七七の二の届出）もできることになります（「戸籍」五四六号四一頁）。

なお、仮に離婚当時、養子離縁していた場合は、復する氏も存在しないことになりますので、離婚の際には新たに氏を創設することになりますので、この場合は、戸籍法第七七条の二の届出の必要性がなく、婚姻中の氏と同じ「渡辺」の氏を創設して新戸籍を編製することになります。

〔53〕 養親が離婚し、養母が復氏した戸籍に養子が入籍した後、養父は氏を変更し（戸一〇七条一項）、その後相手方の氏を称して再婚している場合において、養子が、養母のみと離縁した場合の養子の復すべき氏と戸籍について

【問】 養父母が離婚したため、離婚復氏した養母の戸籍に入籍した養子から、この度、その養母との離縁の届出がされました。養父の戸籍は、養父が、養母と離婚後に戸籍法第一〇七条第一項により氏を変更しています。また、養父はその後、他女と相手方の氏を称して再婚したため同戸籍は除籍されています。離縁後の養子の復すべき氏及び戸籍はどのようになるでしょうか。

【答】 一 **養子縁組による氏の変動について**

養子縁組による氏については、「養子は、養親の氏を称する。」とされています（民八一〇本文）。したがって、養子は、婚姻の際に氏を改めた配偶者が養子となった場合を除き、原則として養親の氏を称することになります。例えば、配偶者のある者がその配偶者とともに養子となった場合や婚姻の際に氏を改めなかった配偶者が単独で養子となった場合は、養子夫婦は養親の氏を称し、同夫婦について新戸籍を編製することになります（戸六・二〇）。ただし、養子が婚姻によって氏を改めた者である場合は、例外として「婚姻によって氏を改めた者については、婚姻の際に定めた氏を称すべき間は、この限りではない。」とされております（民八一〇ただし書）。これは婚姻継続中はもとより配偶者の死亡により婚姻が解消しても養親の氏を称することはなく、引き続き配偶者又は配偶者であった者の氏を称することに

なります。この場合は、養親の氏を称するよりも、婚姻に際して定めた夫婦の氏を称することを優先させることになっているものと考えられます。

二　養子離縁による氏の変動について

養子離縁による養子の氏については、「養子は、離縁によって縁組前の氏に復する。」とされています（民八一六本文）。したがって、離縁後、養子は原則として縁組前の氏に復することになります。ただし、「配偶者とともに養子をした養親の一方のみと離縁をした場合は、この限りでない。」とされており（民八一六ただし書）、配偶者とともに養子をした養親の一方のみと離縁をした場合は、養子は縁組前の氏に復することはないとされています。したがって、他の一方と養子縁組が継続している場合は、養子は実方の氏に復することはありません（昭和六二・一〇・一民二―五〇〇〇通達第二の三(1)）。また、実母の後夫と養子縁組した実母の嫡出子が、養父と実母の離婚後、家庭裁判所の許可を得て実母の氏を称する入籍届により実母の戸籍に入籍している場合は、養父と離縁しても縁組前の氏に復しないとされています（「戸籍」七〇八号七五頁以下）。

三　養親夫婦の離婚により養子が離婚復氏した養親の氏を称することについて

前述したとおり、「養子は、養親の氏を称する。」（民八一〇本文）とされていますので、養親が離婚した場合であっても、縁組継続中は養子の称する氏に何ら変更はありません。しかし、離婚により養親の一方が婚姻前の氏に復氏した場合には、養子は家庭裁判所の許可を得て、その養親の一方の氏に変更することが認められています（民七九一①、戸九八）。また、実母の嫡出子が実母の後夫と養子縁組した後、実母と養父が離婚した場合も、養父母が離婚した場合の取扱いに準じ、養父との離縁前であっても実母の称する氏へ変更することが認められています（昭和二六・九・四民事甲一七八七通達）。

四　戸籍法第一〇七条第一項による氏の変更について

氏は、出生により決定し（民七九〇）、婚姻・養子縁組等民法上の規定に基づく身分変動により変更しますが、原則として、一度定まった氏を当事者の自由な意思により変更することは認められません。しかし、氏が難読、珍奇であったり、その氏を使用することが個人の尊厳を侵したり、他人との区別が容易にできない等の「やむを得ない事由」がある場合は、戸籍の筆頭者及びその配偶者は家庭裁判所の許可を得て、氏を変更することができるとされています（戸一〇七①）。

この戸籍法の規定による氏の変更は、「呼称上の氏」の変更とされ、「民法上の氏」に変更はないと解されています。また、戸籍法第一〇七条第一項による変更の効力は、同一戸籍内にある在籍者すべてに及ぶとされています（昭和二四・九・一民事甲一九三五回答）。

五　本問について

本問は、養親夫婦が共同で養子縁組をした後に離婚し、養母は離婚復氏し、養父は戸籍法第一〇七条第一項により氏を変更した後、他女と相手方の氏を称して再婚しています。また、養子は、養親の離婚後、養父の氏変更前に養母の氏を称して養母の戸籍に入籍しているところ、今般、養母と離縁の届出をしたことから、離縁後の養子の復すべき氏及び戸籍について検討するものです。

前述したとおり、離縁後の養子の氏については、「養子は、離縁によって縁組前の氏に復する。ただし、配偶者とともに養子をした養親の一方のみと離縁をした場合は、この限りでない。」とされています（民八一六①）。また、養親夫婦がともに養子をした後に離婚をし、その養子が離婚復氏した養親の戸籍に入籍しているときに、離婚復氏した養親のみと離縁した場合は、養子は入籍の届出前の氏（縁組時の氏）に復するものとされています（昭和六二・一〇・一民二―五〇

○○通達第二の三㈡)。したがって、本問の養子は、養母のみと離縁し、養父との縁組は継続していることから、民法第八一六条第一項のただし書の規定により養子縁組前の氏に復することはありません。

本問の場合、養父は養母と離婚後、戸籍法第一〇七条第一項の規定により「縁組時の氏」と異なる氏に変更しているため、養子は、養母の戸籍に入籍する前の氏(縁組時の氏)に復することができるか否かが問題となります。しかし、この養父の氏の変更は、「呼称上の氏」の変更であるため、戸籍上、「養父の氏」が変更されていても、「民法上の氏」は変更していません(戸一〇七①による氏変更の戸籍記載は、当該戸籍の戸籍事項欄にその事項を記載するとともに、筆頭者の氏名欄に変更後の氏を記載するため、新戸籍は編製されません)。

戸籍の先例は、養子の実方の氏が、戸籍法第一〇七条第一項の規定によって変更された後に養子が離縁した場合は、養子は変更後の氏に復するものとされています(昭和二三・一・一三民事甲一七通達㈤)。したがって、本問の養子は、離縁により養父の変更後の氏に復することになりますが、復すべき戸籍の筆頭者である養父は、相手方の氏を称して再婚しているため同戸籍は既に除籍となっているため、養子は再婚前の養父の氏を称して新戸籍を編製することになります(戸一九①)。

次に、養父は、氏変更後、相手方の氏を称して再婚しているため、養子は、「再婚後の養父の氏」に復することができるか否かが問題となります。前述したように、婚姻は、民法上の規定による身分変動のため、当然に「民法上の氏」も変更されることになります。したがって、養子が復する氏と再婚後の養父の氏は「民法上の氏」が異なるため、養子は、直ちに「再婚後の養父の氏」に復することはできないことになります。

第一三　転　籍

〔54〕転籍届の受理前に他の市区町村で受理されていた婚姻届書が、転籍届の処理後に原籍地の市区町村に送付されたときの取扱いについて

【問】　当甲区に本籍のあるA男から、平成一五年七月七日に丙区への転籍の届出が当区長にされ、受理しました。当区では、この届出に基づき除籍の処理をし届書を丙区長へ送付し、転籍地の丙区では七月一〇日にA男について新戸籍を編製しています。

　ところが、A男の氏を称するA男とB女の婚姻の届出が七月四日に乙区長にされ、七月九日に当区長へ送付されてきました。B女の従前本籍地は丁区であり、丁区では既にB女について婚姻届に基づいて、当区のA男戸籍に入籍として除籍の記載をしています。

　この場合、送付された婚姻届書を当区ではどのように処理すればよいでしょうか。

【答】　**一　転籍届について**
　転籍とは、戸籍の所在場所である本籍を移転することですが、転籍届は戸籍の筆頭者及びその配偶者が届出をしなければなりません(戸一〇八①)。また、届出地は届出人の本籍地又は所在地ですが、新しい本籍地においても届出をす

ることができるとされ（戸二五①・一〇九）、他の市区町村に転籍する場合は、戸籍謄本を届書に添付しなければなりません（戸一〇八②）。

他の市区町村に転籍する届出がされた場合は、転籍地において新戸籍が編製され、従前戸籍は消除されます。従前の戸籍から新戸籍に移記すべき事項は、戸籍法施行規則第三七条に定められていますが、同条一号乃至五号に掲げる事項を除いて、届書に添付した戸籍の謄本に記載されている事項を記載しなければならないとされています。

また、転籍の前後では、戸籍の同一性は失わないとされています（昭和二六・二・一民事甲一二三回答）。

二　本籍地変更後に受理した届書について

戸籍の制度上、本籍地変更後に届書類を受理することがやむを得ず発生する場合があります。たとえば、新本籍地の市区町村長が受理した転籍届が原籍地の市区町村長へ送付される前に、本籍地又は非本籍地の市区町村長において何らかの届出が受理されたケースがあるからです。

このように、本籍地変更後に届書類を受理した場合の取扱いについて、戸籍法施行規則第四一条は、次のように定めています。

第一項　本籍地の変更の後に、原籍地の市町村長が、届書、申請書その他の書類を受理したときは、新本籍地の市町村長にこれを送付し、且つ、その書類によってした戸籍の記載は、これを消除して、戸籍にその事由を記載しなければならない。

第二項　新本籍地の市町村長が、前項の書類の送付を受けたときは、これによって戸籍の記載をしなければならない。

同条の規定は、届出された事項をすみやかに実体に合致させ戸籍に反映させるために、簡便な是正方法を講じたものと解されています（昭和三五・一二・一四民事甲三一四〇通達）。

三　本問の転籍届及び婚姻届について

乙区長が七月四日に受理した婚姻届については、届出の時点ではAの本籍地は甲区にありますので、実質的及び形式的成立要件を満たしている限り受理されることとなり、当該婚姻届は創設的届出ですので、受理された時点でA男とB女の婚姻の効力は生じています。

また、甲区長に届出された転籍届については、甲区では乙区長が受理した婚姻届が送付されるまでは、A男とB女の婚姻届が乙区長で受理されていることを知ることができませんので、筆頭者から届出された転籍届が適正に届出されていれば受理されることとなり、転籍届も創設的届出ですので効力は受理された時点で生じています。

以上から、転籍届及び婚姻届ともに有効な届出であり、これらの届書に基づいてなされた戸籍記載に過誤はないこととなります。

四　本問における婚姻届と転籍届の処理についての検討

本問は、まず婚姻届が転籍届より前に受理されているため、転籍届の届出人には配偶者も必要となることから転籍が無効か、又は戸籍法施行規則第四一条によって処理できるか、さらに処理できるとした場合、転籍前の戸籍にB女が入籍していたとして追完届が必要になるかが問題となります。

まず、同規則第四一条は、「本籍地の変更の後に、原籍地の市町村長が、届書、申請書その他の書類を受理したとき」となっており、本問のような、転籍届出前に他の市区町村長が受理した「届書の送付を受けた場合」には適用されないかを検討すると、同条は、転籍先で転籍届が受理された後に原籍地で他の届出等が受理された場合の規定であると解されますが、本条の趣旨である身分関係の実体をすみやかに反映されることを考えますと、「届書の送付を受けた場合」をも含むと解されています（前掲民事甲一二三回答）。

したがって、本問のような事例についても、同条の規定を準用すべきと考えられますので、同条に基づいた届書の処理を検討しますと、乙区長から婚姻届書の送付を受けた甲区長は、この届書に当該届書は転籍届出前に受理されたものである旨を記載した符せんを付した上、転籍地である丙区長へ転送し、丙区長ではその送付を受けた日をもって当該婚姻届による戸籍の処理をすればよいこととなります。この場合、追完届等を提出させる必要はありません。

五　B女の婚姻前の戸籍の記載について

B女は、婚姻届により入籍する戸籍は、丙区に転籍したA男の戸籍になりますが、丁区で記載された婚姻による除籍事項中の入籍先の戸籍の表示は甲区のA男の戸籍に入籍したと記載されていますので、一致しません。この点について、本問の事例について前述のとおり戸籍法施行規則第四一条の規定の趣旨に準じて処理することとすると（前掲民事甲一一三回答）、同条の処理の場合は、関連戸籍を訂正することになっています（昭和三一・一二・六民事甲二七三六回答）ので、本問の場合もB女の婚姻除籍事項中の入籍先の戸籍の表示を丙区と訂正する必要があるとの考え方もあります。しかし、婚姻によって他の戸籍に入籍した者の実方戸籍が、婚姻届書送付前に婚姻による除籍の記載未了のままで他の市区町村へ転籍することがあっても、転籍後の戸籍は婚姻入籍者の実方戸籍としての同一性を失うものではなく、婚姻入籍者についてその実方の現戸籍との関連を明らかにする必要が生じた場合にも支障はない（前掲民事甲一一三回答）ので、入籍先の戸籍の表示を訂正する必要はないと考えます（「戸籍時報」三二七号五八頁）が、B女から訂正の申出がされたときは、市区町村長限りの職権でB女の婚姻後の入籍戸籍の記載を訂正して、差し支えないとされています（昭和四二・五・一九民事甲一一七七通達）。

なお、婚姻届書の転送については、戸籍事務取扱準則制定標準第三四条等を参考にしてください。

（参考文献）「設題解説戸籍実務の処理Ⅱ」二二九頁以下参照

第一四　戸籍訂正

〔55〕　夫の氏を称して婚姻している妻について、戸籍上の父母との親子関係不存在確認の裁判及び実母との親子関係存在確認の裁判が確定したが、同人は、実母が朝鮮人と婚姻し、平和条約発効前に離婚している間に出生している場合の戸籍訂正について

【問】　甲野梅子（昭和二一年七月一一日生）は、昭和四七年六月八日、丙山健一と夫の氏を称する婚姻をし、同夫婦間に昭和五二年二月三日長男弘が出生しています。

この度、梅子について、戸籍上の父母との親子関係不存在確認の裁判及び実母との親子関係存在確認の裁判が確定しました。梅子の実母は昭和二一年七月一日に朝鮮人男との婚姻によって戸籍から除籍された後、昭和二五年四月一日離婚により婚姻前の戸籍に復籍しています。

このような場合、戸籍の訂正はどのようにしたらよいのでしょうか。

なお、梅子の実母は平成一〇年五月二〇日に死亡しています。

【答】　**一　はじめに**

本問は、日本人夫婦の嫡出子として戸籍に記載されている者が、配偶者の氏を称して婚姻した後、戸籍上の父母と

の親子関係不存在確認の裁判及び実母との親子関係存在確認の裁判が確定した場合に、関係戸籍をどのように訂正すればよいかという問題です。本問においては、事件本人の実母が平和条約発効前に朝鮮人男と婚姻しており、事件本人が当該婚姻成立後一〇日目に日本で出生していることから、戸籍への登載の前提となる同人の日本国籍の有無を検討する必要があります。

二　事件本人の日本国籍の有無について

事件本人の梅子は、母の婚姻成立後一〇日目の出生子であり、母の嫡出でない子又は母と朝鮮人男の嫡出子のいずれかになりますから、梅子の日本国籍の保有について検討する前に、まず、梅子の出生当時の日本と朝鮮の関係について説明します。

朝鮮は、明治四三年八月二九日公布の日韓併合条約により、日本に併合され、朝鮮の全領土が日本の主権の下におかれた結果、朝鮮人は日本国籍を取得しました。しかし、当時の朝鮮では日本の内地と異なる風習・習慣が定着している事情を配慮して、朝鮮人については内地と異なった地域に属する者とし、内地人とは区別した取扱いがなされていました。すなわち、朝鮮については、内地における法律が当然に適用されたわけではなく、異なる法制が採られており、いわゆる異法地域を構成していたものです。したがって、戸籍に関していえば、内地人については、戸籍法の適用を受けて日本戸籍に登載され、朝鮮人については、民籍法・朝鮮戸籍令の適用を受けて朝鮮の戸籍に登載されており、それぞれの民族籍（内地籍、朝鮮籍）を明示していたわけです。

内地と外地（日本領域中の異法領域）という地域社会相互間においては、家籍ないし身分籍の混同を許さないという建前から、その民族籍の異動について厳しい制限を加え、個人の身分行為による以外、自由に戸籍を移すことを認めない方策を採っていました（本籍転属不自由の原則）。よって、内地人、朝鮮人等の外地人は、単に一つの民族共同体に属する家籍の変動自体を直接の目的とする転籍、就籍、分家、一家創立、廃絶家再興によっては、内地人が外地に、外地人が内地に本籍を移転することは認められておらず（大正一〇・一二・二八民事四〇三〇回答、大正一一・一・一六民事四一七七回答、大一一・五・一六民事三二三六回答、大一一・五・一七民事一七五五回答、大正一三・六・一四民事八四九〇回答、大正一五・六・二九民事五四〇七回答、昭和四・二・六民事六八九回答）、例外として、内地人・外地人間の認知、婚姻、縁組、離縁などによる家族法的効果としての家籍の変動による場合は、民族籍の異動まで認めることとなっていました。

ところで、昭和二〇年八月一五日ポツダム宣言の受諾とともに、朝鮮は事実上日本の主権が及ばなくなりましたが、昭和二七年四月二八日午後一〇時三〇分平和条約の発効をみるまでは、法律上は依然として日本の領土であると解し、朝鮮人に対する戸籍事務は従前どおり行うこととされました（昭和二一・六・四民事甲三五七回答、昭和二三・一・二九民事甲一三六通達(八)、昭和二三・一〇・一五民事甲六六〇回答）。

従来、多くの国際条約は、国家の領域の一部が領有国の支配から離れる場合、とりわけこれに基づいて新たに独立国家ができるときには、国民のない国家は存在しないことから、独立国家の成立に伴い国家に所属する国民について国籍の変更を生じることとされていますが、日本と朝鮮の関係についても、平和条約第二条(a)項で「日本国は、朝鮮の独立を承認して、済州島、巨文島及び欝陵島を含む朝鮮に対するすべての権利、権原及び請求権を放棄する。」と規定しているところから、平和条約によって日本は朝鮮の独立を承認し、朝鮮に属すべき人の日本国籍を喪失させることになったと解されています。実務上の取扱いも平和条約発効の日から、内地に在住する者を含めてすべての朝鮮人は日本国籍を喪失するとしています（昭和二七・四・一九民事甲四三八通達）。

ここで、問題となるのが、前掲民事甲第四三八号通達にある「朝鮮人」の解釈ですが、同通達第一の(二)(三)で明らかにしているとおり、血統主義を採用することなく、条約発効の時点における戸籍の帰属によって国籍を決定することにしています。すなわち、もと朝鮮人であった者でも、条約の発効前に内地人との婚姻、縁組等の身分行為により、現に内地の戸籍に入籍している者又は入籍すべき事由の生じている者（身分行為をしたが、手続上入籍未了となっている者）は、内地人であり、引き続き日本国籍を有するものとして取り扱うことになりますし、これに反し、もと内地人であった者でも、条約の発効前に朝鮮人との婚姻、縁組等の身分行為により、内地の戸籍から除籍されて現に朝鮮の戸籍に入籍している者又は入籍すべき事由の生じている者は、朝鮮人であって、条約発効とともに日本国籍を喪失することになります。

以上の点を踏まえて、梅子の日本国籍の有無を検討してみます。梅子は、実母と朝鮮人男の婚姻後一〇日目に出生しています。梅子の出生当時、実母は朝鮮人男との婚姻により内地の戸籍から除籍され、朝鮮籍に入籍していますから、梅子の嫡出性等については、朝鮮民事令第一一条により、朝鮮の慣習が適用されることになりますが、先例によれば、梅子は前述のとおり、嫡出でない子又は実母と朝鮮人男の嫡出子のいずれとしても届出することができました（昭和一〇・一一・四朝鮮総督府法務局長回答）。実母が既に死亡しており、梅子が嫡出子であるのか嫡出でない子であるのかは必ずしも明らかではありませんが、本来、梅子が入籍すべきであった戸籍は、①梅子が嫡出子である場合は父の戸籍、②梅子が嫡出でない子の場合は出生当時の母の戸籍（ただし、母の戸籍の戸主の同意が得られなければ、一家創立）となります。よって、①及び②のどちらの場合であっても入籍すべき戸籍は朝鮮籍であり、仮に②の場合において母の戸籍への入籍について戸主の同意が得られなかった場合であっても、本籍転属不自由の原則により朝鮮に一家創立することになりますから、いずれの場合においても梅子は出生によって朝鮮に籍を置くことになります。また、実母はその後、離婚により平和条約発効の前に内地戸籍に復籍しているとのことですが、朝鮮人と婚姻し朝鮮の戸籍に入った内地人女が、平和条約発効前に離婚復籍した後に、朝鮮の家に残した子を民法第七九一条によって右女の戸籍に入籍させることはできないとされますから（昭和二四・四・一五民事甲八〇八回答）、梅子が、実母の離婚に伴い、内地の戸籍に入籍することはありません。

したがって、梅子は、平和条約発効前に「朝鮮戸籍に入籍すべき事由が生じている者」であり、昭和二七年四月二八日午後一〇時三〇分の条約発効をもって日本国籍を喪失しているものと考えられます。

三　戸籍の訂正について

本問については、検討の結果、梅子は日本国籍を保有しない者（戸籍に登載されるべきではない者）であることが判明しましたので、梅子を戸籍から消除しなければなりませんが、現在ある戸籍を真実の身分関係に訂正するためには、以下の訂正方法になります。

《梅子の婚姻前の戸籍》

まず、梅子と表見上の父母との親子関係不存在確認の裁判及び実母との親子関係存在確認の裁判が確定したことにより、訴えを提起した梅子が、戸籍法第一一六条の規定により戸籍訂正の申請をすることになります。この申請により市区町村長は、梅子の出生当時の戸籍（改製原戸籍・**図1**）及び同戸籍の改製により編製された婚姻前の戸籍（**図2**）中、梅子の身分事項欄に、戸籍上の父母との親子関係不存在確認の裁判及び実母との親子関係存在確認の裁判確定により、戸籍から消除する旨の記載をし、身分事項欄下部全欄を朱線を交差する方法により消除します。

ところで、梅子は日本国内で出生していますから、本来であれば、改めて正当な届出義務者である実母から、出生の届出をさせることになりますが、本件については、既に実母が死亡していますので、他に届出義務者がなければ、届出することはできません。

《健一・梅子の婚姻による戸籍》（**図3**）

梅子については、婚姻前の戸籍と同様の手続で、戸籍から消除します。また、梅子が日本国籍を有しない者であったことから、健一の婚姻事項及び弘の母欄について、別途、戸籍法第一一三条による戸籍訂正許可の審判を得る必要があります。

《健一の婚姻前の戸籍》（**図4**）

健一の身分事項欄中、梅子との婚姻による除籍事項について、戸籍法第一一三条の規定による戸籍訂正許可の審判を得て訂正を行うことになります。

各記載例については、図に示したとおりです。

なお、本問は、梅子について国籍の変動をもたらす事案ですので、当該戸籍訂正申請について市区町村長は、管轄法務局の長に受理照会をし、その指示により処理することになるものと考えます。

図1（梅子の出生時の戸籍）

改正原戸籍

本籍　東京都A区B町一丁目二番地

前戸主　甲野太郎

（省略）

戸主　一郎
前戸主トノ続柄　亡甲野太郎長男
父　亡甲野太郎
母　亡まつ
男長
出生　大正参年五月五日

（省略）

妻　竹子
父　乙川三郎
母　はな
女長
出生　大正五年拾月拾日

東京都A区B町一丁目一番地ニ於テ出生父甲野一郎届出昭和弐拾壱年七月拾五日受附入籍㊞
平成　年　月　日佐藤光子との親子関係存在確認及び甲野一郎及び同人妻竹子との親子関係不存在確認の裁判確定　月　日申請戸籍の記載全部消除㊞

長女　梅子
父　甲野一郎
母　竹子
女長
出生　昭和弐拾壱年七月拾壱日

図2（梅子の婚姻前の戸籍）

本籍　東京都A区B町一丁目二番地

氏名　甲野一郎

（省略）

（省略）

夫　一郎
父　甲野太郎
母　まつ
男長
出生　大正参年五月五日

（省略）

妻　竹子
父　乙川三郎
母　はな
女長
出生　大正五年拾月拾日

昭和弐拾壱年七月拾壱日東京都A区B町一丁目一番地で出生父甲野一郎届出同月拾五日受附入籍㊞
昭和四拾七年六月八日丙山健一と婚姻届出東京都C区D町二丁目三十四番地に夫の氏の新戸籍編製につき除籍㊞
平成　年　月　日佐藤光子との親子関係存在確認及び甲野一郎及び同人妻竹子との親子関係不存在確認の裁判確定　月　日申請戸籍の記載全部消除㊞

梅子
父　甲野一郎
母　竹子
女長
出生　昭和弐拾壱年七月拾壱日

図3（健一・梅子の婚姻により編製された戸籍）

本籍	東京都C区D町二丁目三十四番地
氏名	丙山健一

（省略）

（出生事項省略）

~~昭和四拾七年六月八日甲野梅子と婚姻届出同月拾壱日東京都A区長から送付東京都A区B町三番地丙山正夫戸籍から入籍㊞~~

平成　年　月　日戸籍訂正許可の裁判確定　月　日妻申請婚姻事項を「昭和四拾七年六月八日国籍朝鮮甲（西暦千九百四拾六年七月拾壱日生）と婚姻届出東京都A区長から送付東京都A区B町三番地丙山正夫戸籍から入籍」と訂正㊞

父	丙山正夫
母	雪子
	長男
夫	健一
出生	昭和弐拾壱年八月五日

~~昭和弐拾壱年七月拾壱日東京都A区で出生同月拾五日父届出入籍㊞~~

昭和四拾七年六月八日丙山健一と婚姻届出東京都A区B町一丁目二番地甲野一郎戸籍から入籍㊞

平成　年　月　日佐藤光子との親子関係存在確認及び甲野一郎及び同人妻梅子との親子関係不存在確認の裁判確定　月　日申請戸籍の記載全部消除㊞

父	甲野一郎
母	竹子
	長女
妻	~~梅子~~
出生	~~昭和弐拾壱年七月拾壱日~~

（出生事項省略）

平成　年　月　日戸籍訂正許可の裁判確定　月　日母申請母の氏名訂正㊞

父	丙山健一
母	甲 ~~梅~~子
	長男
	弘
出生	昭和五拾弐年弐月参日

図4（健一の婚姻前の戸籍）

本籍	東京都A区B町三番地
氏名	丙山正夫

（省略）

（省略）

父	丙山直治
母	しげ
	長男
夫	正夫
出生	大正参年壱月壱日

（省略）

父	丁村善次
母	寿美
	長女
妻	雪子
出生	大正五年参月参日

（出生事項省略）

~~昭和四拾七年六月八日甲野梅子と婚姻届出東京都C区D町二丁目三十四番地に夫の氏の新戸籍編製につき除籍㊞~~

平成　年　月　日戸籍訂正の裁判確定　月　日妻申請婚姻事項を「昭和四拾七年六月八日国籍朝鮮甲（西暦千九百四拾六年七月拾壱日生）と婚姻届出東京都C区D町二丁目三十四番地に新戸籍編製につき除籍」と訂正㊞

父	丙山正夫
母	雪子
	長男
	~~健一~~
出生	昭和弐拾壱年八月五日

〔56〕 父母離婚後三〇〇日以内に出生した子の嫡出子出生届により戸籍に記載された後、子の出生届出前に受理された転籍届が従前本籍地に送付された場合の処理について

【問】　浦島太郎と瀧宮乙女は、夫の氏を称して婚姻（新本籍地をA区と定め）したが、その後離婚（乙女は従前戸籍B区に復籍）しました。その三〇日後、太郎はC区への転籍届をC区長に届出し、その翌日、乙女はB区で花子を出産しました。

太郎の転籍届がA区長に送付されるまでの間に、乙女から届出された花子の嫡出子出生届が乙女の本籍地・住所地であるB区長において受理され、離婚当時の父母の戸籍があったA区長に送付され、戸籍の記載がされました。

今般、A区長はC区長から太郎の転籍届の送付を受けましたが、転籍届に花子の記載がなく、A区においては、このままでは転籍による戸籍の消除の記載ができません。どのように処理したらよいかご教示願います。なお、A区の戸籍はコンピュータ化されています。

【答】　一　父母の婚姻成立二〇〇日後、かつ、婚姻解消後三〇〇日以内に生まれた子は、婚姻中に懐胎したものとの推定を受け（民七七二②）、離婚の際における父母の氏を称し（民七九〇①ただし書）、離婚の際の戸籍に入籍します（戸一八①）。花子は、太郎と乙女の嫡出子として、離婚の際の父母の戸籍である太郎を筆頭者とするA区の戸籍に入籍することになります。

しかし、入籍すべき戸籍は、出生届の時点では既に転籍していますので、除かれた戸籍として考えることになりますと入籍することはできません。

このような場合、父母が婚姻中であれば、届書を転籍後のC区長に回送し、C区長は届書に基づき子の入籍の記載をし、A区長は戸籍の記載を消除することとなりますが（戸規四一、昭和三五・一二・一四民事甲三一四〇回答）、本問のように父母が離婚した後に転籍したときは、転籍後の戸籍には父しか在籍していないので、母と子の関係がつかないため、転籍前の戸籍にいったん入籍させると同時に、転籍後の新戸籍に直ちに入籍させる取扱いとなっています（昭和三八・一〇・二九民事甲三〇五八通達）。そのため、出生届書の「その他」欄に「父の現在戸籍の表示　C区〇〇町〇番地　浦島太郎、父母離婚当時の戸籍（上記(6)欄）が転籍により除かれているため、出生子を同戸籍にいったん入籍させると同時に除籍の上、上記父の現在の戸籍に入籍する。」旨、記載することになります。

したがって、出生届がB区長に届出された時点で、太郎が転籍したことが判明していれば、届出人である乙女に届書の「その他」欄の記載を補正させた上で受理することになったはずです。そうであれば、非本籍地であるB区長から花子の本籍地であるA区長及びC区長にそれぞれ届書が送付され、正しい処理がされることになります。

そして、花子の戸籍の身分事項欄は、コンピュータ庁であるA区においては次頁の**図1**のようになります。

新本籍地C区においては「平成〇年〇月〇日東京都B区で出生〇月〇日母届出〇月〇日東京都A区〇〇町〇番地浦島太郎戸籍から入籍㊞」と記載することになります。

ところが、転籍届が転籍地から送付されていないことから、出生届に前記「その他」欄の記載がないまま同届が受理され、またその旨の補正をすることができず処理されたため、届書はA区長に送付され、C区長への送付はされていません。

図１

戸籍に記録されている者 除　　籍	【名】花子 【生年月日】平成○年○月○日 【父】浦島太郎 【母】瀧宮乙女 【続柄】長女
身分事項 出　　生	【出生日】平成○年○月○日 【出生地】東京都Ｂ区 【届出日】平成○年○月○日 【届出人】母 【送付を受けた日】平成○年○月○日 【受理者】東京都Ｂ区長 【入籍戸籍】東京都Ｃ区○丁目○○番地　浦島太郎

その結果、花子は、太郎の現在の戸籍への入籍ができない状態に置かれているものです。また、Ａ区の花子の身分事項欄には【入籍戸籍】の表示がないため、この記載の訂正も必要となります。

二　では、本問において花子を太郎の転籍後のＣ区の戸籍に入籍させるにはどうしたらよいのでしょうか。また、Ａ区の戸籍の処理はどうなるのでしょうか。

前述したように、花子の出生届の時点で、Ａ区の戸籍は既に転籍となっていましたので、花子をＡ区の戸籍にいったん入籍させた後、転籍後のＣ区の戸籍に入籍する旨の届書への記載ができなかったために、Ｃ区へ届書が送付されなかったわけです。つまり、届書にこの旨の記載があれば、Ｃ区へも出生届が送付され、花子がＣ区の太郎の戸籍に入籍する処理が行われたはずです。いわば、Ｃ区では戸籍の記載を遺漏している状態にあるわけです。

ところで、市区町村長が受理した届書につき誤記又は遺漏等の不備があるため、戸籍の記載をすることができない場合には、届出人に催告し、その不備を是正、補完すべく追完届を認めています（戸四五）。戸籍の先例においても新本籍の記載遺漏がある場合について追完届を認めています（昭和三九・一二・一六民事甲三九六六回答）。

したがって、出生届の「その他」欄に、遺漏した事項を記載する追完届をさせることによりＣ区長に出生届書を送付できることになります。

それでは、A区の花子の身分事項欄にこのような記載の訂正は当該追完届で足りるのでしょうか。

追完届は届書の不備により戸籍の記載ができない場合に認められているものですから、たとえ届書に不備があったとしても、戸籍の記載をした以上は、追完によって訂正することはできず、戸籍訂正の手続きによることになります（大正四・七・七民一〇〇八回答）。

例えば、非本籍地の市区町村長において届出を受理し、二か所以上の本籍地の市区町村長に届書を送付した場合、既に戸籍の記載をした市区町村長は、戸籍訂正の手続により記載訂正をし、未だ戸籍の記載をしていない市区町村長においては、追完の届出によって戸籍の記載をすることになります（大正四・六・二四民六三四回答）。

したがって、本問においては、花子の出生の記載が完了したA区については戸籍訂正により、戸籍の記載をしていないC区については、基本の届出である出生届と追完届の届書の送付を待って、完全な届書として戸籍の記載をすることが相当であると考えます。

三　具体的な処理手続としては、出生届の届出人である母乙女から、届書の「その他」欄に関する追完届を基本の届出を受理したB区長に対してさせます。この場合、乙女は他の市区町村長に対してすることも可能ですが、届書が保存されており、かつ、乙女の本籍地・住所地であるB区長に対してするのが相当であると考えます。

追完届を受理したB区長は、B区に保存されている出生届（戸規四八③）と追完届を併せてC区長に送付します。

なお、届書の一通化（平成三・一二・二七民二―六二一〇通達）に伴い、非本籍地B区においては届書の謄本に基づいてその謄本を作成することになりますが、保管されている謄本は原本とみなされるので、この場合の認証方法は戸籍法施行規則第六七条（戸規一二②附録一五号書式一）によります（「戸籍時報」四一〇号四一頁）。

図2

訂　　正	【訂正日】平成○年○月○日 【訂正事由】記録遺漏 【記録の内容】 　　【入籍戸籍】東京都Ｃ区○丁目○○番地　浦島太郎

Ｂ区長から出生届と追完届の送付を受けたＣ区長は両届書を併せて一つの完全な届書が送付されたものとし、「平成○年○月○日東京都Ｂ区で出生○月○日母届出○月○日東京都Ａ区○○町○番地浦島太郎戸籍から入籍㊞」と記載します。

一方、Ｂ区長は追完届を受理したことにより、Ａ区の戸籍の記載に錯誤の記載がされていることを知ることとなるので、戸籍法第二四条第三項に基づく戸籍訂正通知書を作成し、Ａ区長に通知します。そして、訂正通知を受けたＡ区長は管轄法務局の長の許可を得て戸籍訂正をすることになりますが（戸二四②）、本問は、そもそも太郎の転籍による本籍の変更に起因するものですから、転籍前後の戸籍記載によって、戸籍訂正の内容を確認することができ、かつ、その内容が届書類により明白であるので、市区町村長限りの職権訂正を行って差し支えないものと考えます（昭和四二・五・一九民事甲一一七七通達参照）。この場合の訂正の記載は、上記**図2**のようになります。

〔57〕 外国人女との創設的婚姻届出により新戸籍が編製された日本人男の戸籍に、その後嫡出子の出生届により子が入籍した後、右の婚姻届出以前に外国の方式による婚姻が成立していたとして婚姻証書の謄本が提出された場合の戸籍訂正について

【問】 日本人男甲と外国人女乙が平成七年八月一六日A区長に創設的婚姻届をし、甲につき同区に新戸籍が編製されました。夫婦間には平成一〇年一月一五日に子丙が出生し、同月二一日に出生届がされ子は父の戸籍に入籍しています。

今般、乙の本国官憲発行の婚姻証書により、甲乙の婚姻が創設的婚姻届をした日より前の平成七年七月二三日に成立していることが判明しました。そこで、甲から乙の本国の方式により成立した婚姻証書の謄本が平成一二年一〇月一日にA区長に提出されました。

この場合、戸籍の処理はどのようになるでしょうか。

【答】 一 **外国の方式で成立した婚姻**

日本人と外国人が外国で婚姻する場合、婚姻の方式は原則として挙行地の法律によることとなります(法例一三②・現行の通則法二四②)。日本人がその国の方式に従って婚姻証書を作らせたときは、三か月以内にその国に駐在する日本の大使、公使又は領事に証書の謄本を提出しなければなりません(戸四一①)が、本籍地の市区町村長に直接送付する(昭和二四・九・二八民事甲二二〇四通達)か、帰国後に直接提出することも可能です(昭和五・六・一九民事二八〇回答)。また、

所定の届出期間が経過していても、市区町村長はこれを受理しなければなりません（戸四六）。

二　報告的婚姻届がされた場合の処理について

戸籍は人の身分関係を正確に登録・公証するものですから、その記載は常に真実の身分関係と合致していることが要請されるところです。

ところで、既に婚姻している夫婦同士が重ねて婚姻の届出をすることは考えられないことですが、もし誤って届出をした場合、たとえそれが受理されたとしても、後からの届出は無効であり、その届出に基づく戸籍の記載もまた違法なものとなります。

本問の場合は外国の方式による婚姻が成立していながら、その証書の謄本を提出せずに同一当事者の創設的婚姻届をしたことによって、既に成立している婚姻が戸籍に反映されず、無効な婚姻届に基づく戸籍の記載がされていることになります。それが今回、外国の方式によって有効に成立した婚姻証書の謄本が提出された結果、戸籍に記載されている創設的婚姻は無効であることが判明したものです。

同一の事件について、数人の届出人から各別に届出があった場合に、後に受理した届出によって戸籍の記載をしたときは、前に受理した届出に基づいて、後の届出に基づく記載を市区町村長限りの職権訂正により消除することになります（戸規四三・参考記載例二一五）。これは同一人が同一事件につき重複して届出をした場合にも適用されます（大正六・四・一八民五二二回答）。

また、先例も、証書の謄本が本籍地の市区町村長に送付される以前に創設的届出が受理され、その届出に基づいて新戸籍が編製されている場合についても同様の処理をして差し支えないとしています（昭和二八・二・一七民事甲二二四回答）。

本問についても、右の先例と同様の事案ですから、同様の処理をして差し支えないものと考えます。では、どのような処理になるかをみることにしましょう。

1　甲の婚姻前の戸籍の甲の身分事項欄に
(1)　創設的婚姻事項を消除する旨記載して同事項を消除する。
(2)　報告的婚姻事項を記載する。
2　報告的婚姻届により新戸籍を編製する。
3　創設的婚姻届により編製されている戸籍について
(1)　甲の身分事項欄に婚姻事項を消除する旨記載して同事項を消除、及び名欄に朱線を交差する。
(2)　戸籍事項欄に戸籍を消除する旨の記載をする。

右の場合の処理は、筆頭者の外には同籍者がいない場合です。

なお、創設的婚姻届により編製された戸籍を消除するのは、錯誤によって戸籍が編製されたからではありません。編製事由に無効原因があるためです。婚姻の届出に基づいて編製された戸籍が、届出の無効という原因によって消除されるという態様は、婚姻無効の裁判による訂正に類似しているといえます。

三　創設的婚姻届によって編製された戸籍に筆頭者の外に在籍者がある場合

前記の**二**で、創設的婚姻届により編製した戸籍は消除すると説明しましたが、本問のように子が入籍している場合、子の記載はどうするのでしょうか。まず、子の身分に変動がないかどうかを確認します。婚姻成立の日が平成七年八月一六日から同年七月二三日となりますが、子の出生は平成一〇年一月一五日ですので、嫡出子としての身分に変動はありません。次に、子の入籍戸籍について、戸籍が編製の誤りで消除されることになりますが、子の出生の届出時には、子がこの戸籍に入籍したことに誤りはありません。しかし、右のとおり入籍した戸籍が消除されることになるから、子を父につき新たに編製される戸籍に移記する必要があります。

これは、報告的婚姻届がすみやかにされていれば、子はこれによって編製される父の戸籍に入籍することができたが、右のとおり戸籍編製に誤りがあったので、これを新たに編製される父の戸籍に移記することになります。この移記する訂正は、原則的には戸籍法第一一三条による家庭裁判所の許可を得て、することになります。しかし、当事者が訂正申請をしない場合は、管轄法務局の長の許可を得て訂正することもできます（戸二四②）。

四　戸籍の記載

以上に述べた点を基に、戸籍訂正及び報告的婚姻届出による戸籍の記載について確認したいと思います。

1　創設的婚姻届により編製された戸籍

戸籍事項欄

「平成拾弐年拾弐月五日消除㊞」（戸籍訂正申請に基づく記載）

夫・甲の身分事項欄

「平成七年八月拾六日届出による婚姻の記載は○○○国の方式による婚姻後にされているため平成拾弐年拾月壱日その記載消除㊞」

婚姻事項及び名欄に朱線を交差します。

子・丙の身分事項欄

「平成拾弐年拾弐月弐日戸籍訂正許可の裁判確定同月五日父申請東京都A区○町一丁目二十番地甲戸籍に移記につき消除㊞」（戸籍訂正申請に基づく記載）

名欄に朱線を交差します。

2　夫・甲の婚姻前の戸籍中、その身分事項欄
「平成七年八月拾六日届出による婚姻の記載は○○○国の方式による婚姻後にされているため平成拾弐年拾月壱日その記載消除回復㊞」

「平成七年七月弐拾参日国籍○○○国乙(西暦　年　月　日生)と同国の方式により婚姻平成拾弐年拾月壱日証書提出東京都A区○町一丁目二十番地に新戸籍編製につき除籍㊞」

回復の戸籍記載は、原則としては戸籍の末尾に同人を記載して回復しますが、直ちに婚姻事項の記載がされ除籍となるため、便宜このような処理をします。

3　婚姻証書の謄本の提出により編製する新戸籍
戸籍事項欄
「平成拾弐年拾月壱日編製㊞」
夫・甲の身分事項欄
「平成七年七月弐拾参日国籍○○○国乙(西暦　年　月　日生)と同国の方式により婚姻平成拾弐年拾月壱日証書提出東京都A区○町一丁目二十番地甲某戸籍から入籍㊞」
子・丙の身分事項欄
「平成拾年壱月拾五日東京都A区で出生同月弐拾壱日父届出入籍㊞
平成拾弐年拾弐月弐日戸籍訂正許可の裁判確定同月五日父申請東京都A区○町一丁目二十番地甲戸籍から移記㊞」(戸籍訂正申請に基づく記載)

五　結　論

先に届出された婚姻届による戸籍の編製及び婚姻事項の記載の訂正は、前記の**二**で述べたとおり、家庭裁判所の許可又は、管轄法務局の長の許可を得る必要はなく、市区町村長限りの職権訂正ですることになります（戸規四三）（注）。しかし、同籍する子の記載を市区町村長限りの職権で訂正することができませんので、これは既に述べたとおり原則として戸籍法第一一三条による家庭裁判所の許可を得て戸籍訂正申請をすることになります。

しかし、届出人が戸籍訂正を行わないときは、催告をし（戸二四①）、それでもなお訂正申請をしないときは、管轄法務局の長の許可を得て訂正をすることになります（戸二四②）。

（注）　この場合の戸籍訂正は、事件本人甲の戸籍及び婚姻証書の謄本を資料に戸籍訂正書を作成してすることになります。

（「全訂　戸籍訂正・追完の手引き」二一四頁以下）

〔58〕 夫の氏を称する婚姻後、離婚し、その後、養子となる縁組後、離縁した者について、養子縁組前に日本国籍を喪失している旨の国籍喪失届が離縁後の本籍地の市区町村長に送付され、その戸籍に当該国籍喪失の旨が記載された場合の戸籍訂正について

【問】 甲野太郎と乙川花子は、昭和四一年一一月七日神奈川県A市長に夫の氏を称する婚姻の届出をし、同市に新戸籍が編製されたが、昭和六二年四月一四日に協議離婚の届出をしました。その後、甲野太郎は、平成五年八月六日に丙山千恵子の養子となる縁組の届出をし、東京都B区にある養親の戸籍に入籍したが、平成一二年五月二二日養子離縁し、太郎は当区（東京都C区）に新戸籍を編製しました。

平成一三年一〇月一七日、当区長に甲野太郎の日本国籍の国籍喪失の届出がされ、その旨の戸籍の記載がされていますが、国籍の喪失は、平成二年六月二一日のアメリカ合衆国の国籍取得によるものです。この戸籍の記載は国籍喪失当時の戸籍に記載すべきものであると思いますが、この場合の戸籍訂正はどのようにすべきでしょうか。

【答】 本問は、国籍喪失の届出が本籍地の市区町村長にされ、国籍喪失時の戸籍に記載すべきところを、そのまま、現在の戸籍に記載された事例で、これを図にすると後掲のようになります。

自己の志望により外国の国籍を取得したときは、そのときから日本の国籍を喪失します（国一一）。国籍喪失の届出は、報告的届出であり、届出事件の本人、配偶者又は四親等内の親族が、国籍喪失の事実を知った日から一か月以内

（届出をすべき者がその事実を知った日に、国外に在るときはその日から三か月以内）に届出をしなければなりません（戸一〇三）。本問のように、身分変動が生じた後に届出がされた場合には、国籍喪失当時の本籍地である市区町村長へ送付（回送）することになります（戸規四一の類推適用―参考「戸籍時報」四〇七号七五頁参照）。

それでは本問の戸籍訂正の方法について検討します。

甲野太郎が東京都C区長へ国籍喪失の届出をし、その旨が記載されたが、国籍を喪失した当時甲野太郎は神奈川県A市にある自己の戸籍に在籍したときであり、その後の養子縁組の届出時には既に日本国籍を喪失していますので、アメリカ人として養子縁組及び離縁をしたことになります。したがって、養子縁組による丙山千恵子戸籍への入籍、及び離縁による新戸籍編製の記載を消除するとともに、丙山千恵子の縁組事項及び離縁事項については、アメリカ人養子との縁組及び離縁とする訂正をすることになります。この訂正については、事件本人らに戸籍法第一一三条による戸籍訂正申請をするよう通知（戸二四①）することになりますが、事件本人らが外国に在るためこの通知をすることができないとき、又は事件本人らが国内に在って通知しても戸籍訂正の申請に応じないときは、市区町村長は、同法第二四条第二項によって管轄法務局の長の許可を得て訂正することになります。

参考までに戸籍法第二四条第二項により関係戸籍を訂正する場合の記載例を示します。

図1―1は、神奈川県A市の訂正前の戸籍です。

図1―2は、同戸籍の訂正後の戸籍です。

この戸籍は、回復することになります。

回復は原則的には、当該戸籍の末尾に新たに記載をした上で、別に新しい用紙を用いてこれに従前戸籍と同一の内容のものを記載し、その戸籍事項欄に回復戸籍である旨を記載します。しかし、本問については、回復しても国籍喪失事項を移記して、直ちに除籍されることが明らかなことから、右の原則的な回復方法によることなく、便宜、従前戸籍に回復事項を記載する処理方法を採っても差し支えないものと考えます（前掲「戸籍時報」四〇七号七五頁参照）。したがって、消除事項を消除し戸籍が回復したことを戸籍事項欄に記載します。なお、消除日は、訂正の許可を受けて記載する日となります。

太郎については、東京都C区の戸籍から国籍喪失の記載を移記した後、既に記載されている養子縁組事項を消除します。

図2―1は、東京都B区の訂正前の戸籍です。

図2―2は、同戸籍の訂正後の戸籍です。

丙山千恵子はアメリカ合衆国国籍コウノ、タロウと縁組、離縁したこととなるので、その旨に訂正するとともに、太郎の養子縁組による入籍は誤りとなるので、縁組、離縁事項を消除の上、太郎を消除します。

図3―1は、東京都C区の訂正前の戸籍です。

図3―2は、同戸籍の訂正後の戸籍です。

戸籍事項欄については**図1―2**の処理と同様となります。太郎については、国籍喪失の記載を神奈川県A市の戸籍に移記するとともに、縁組事項を消除し、さらに、この戸籍を消除します。

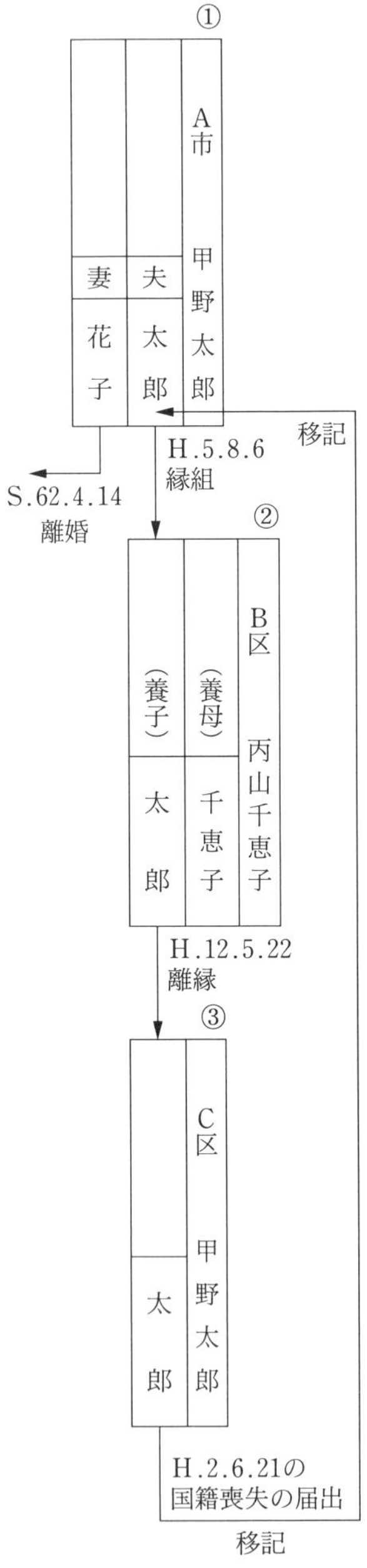

図1−1　除籍

本籍	神奈川県A市××二丁目五百四十番地
氏名	甲野太郎

婚姻の届出により昭和四拾壱年拾壱月七日夫婦につき本戸籍編製㊞
平成五年八月九日消除㊞

(出生事項省略)
乙川花子と婚姻届出昭和四拾壱年拾壱月七日受附石川県Y市××十二番地甲野一郎戸籍より入籍㊞
昭和六拾弐年四月拾四日妻花子と協議離婚届出㊞
平成五年八月六日丙山千恵子の養子となる縁組届出同月九日東京都B区長から送付同区××三丁目二十八番地丙山千恵子戸籍に入籍につき除籍㊞

父	甲野一郎	長男
母	美子	
夫	太郎	
出生	昭和拾九年参月九日	

(出生事項省略)
(婚姻事項省略)
(離婚事項省略)

父	乙川良一	二女
母	麗子	
妻	花子	
出生	昭和拾九年参月弐日	

図1−2　除籍

本籍	神奈川県A市××二丁目五百四十番地
氏名	甲野太郎

婚姻の届出により昭和四拾壱年拾壱月七日夫婦につき本戸籍編製㊞
~~平成五年八月九日消除㊞~~
戸籍消除の記載は錯誤につき平成年月日許可年月日東京都C区長から許可書謄本送付その記載消除の上回復㊞
平成年月日消除㊞

(出生事項省略)
乙川花子と婚姻届出昭和四拾壱年拾壱月七日受附石川県Y市××十二番地甲野一郎戸籍より入籍㊞
昭和六拾弐年四月拾四日妻花子と協議離婚届出㊞
~~平成五年八月六日丙山千恵子の養子となる縁組届出同月九日東京都B区長から送付同区××三丁目二十八番地丙山千恵子戸籍に入籍につき除籍㊞~~
平成弐年六月弐拾壱日アメリカ合衆国の国籍を取得したため国籍喪失平成拾参年拾月拾七日届出除籍㊞
錯誤につき平成年月日許可同月日東京都C区長から許可書謄本送付国籍喪失事項を東京都C区××二丁目七番甲野太郎戸籍から移記㊞
国籍喪失後の縁組であるため平成年月日許可月日東京都C区長から許可書謄本送付縁組事項消除㊞

父	甲野一郎	長男
母	美子	
夫	太郎	
出生	昭和拾九年参月九日	

(出生事項省略)
(婚姻事項省略)
(離婚事項省略)

父	乙川良一	二女
母	麗子	
妻	花子	
出生	昭和拾九年参月弐日	

図2-1

本籍 東京都B区××三丁目二十八番地

氏名 丙山千恵子

（編製事項省略）

（出生事項省略）
（離婚事項省略）
平成五年八月六日甲野太郎を養子とする縁組届出㊞
平成拾弐年五月弐拾弐日養子太郎と協議離縁届出㊞

父 松野昌治
母 ツヤ
女長
出生 昭和七年九月九日
千恵子

（出生事項省略）
平成五年八月六日丙山千恵子の養子となる縁組届出神奈川県A市××二丁目五百四十番地甲野太郎戸籍から入籍㊞
平成拾弐年五月弐拾弐日養母丙山千恵子と協議離縁届出東京都C区××二丁目七番に新戸籍編製につき除籍㊞

父 甲野一郎
母 美子
男長
養母 丙山千恵子
養子
出生 昭和拾九年参月九日
太郎

図2-2

本籍 東京都B区××三丁目二十八番地

氏名 丙山千恵子

（編製事項省略）

（出生事項省略）
（離婚事項省略）
平成五年八月六日甲野太郎を養子とする縁組届出㊞
平成拾弐年五月弐拾弐日養子太郎と協議離縁届出㊞
錯誤につき平成年月日許可月日東京都C区長から許可書謄本送付縁組事項を「平成五年八月六日国籍アメリカ合衆国コウノ、タロウ（西暦千九百四拾四年参月九日生）を養子とする縁組届出」及び離縁事項を「平成拾弐年五月弐拾弐日養子コウノ、タロウと協議離縁届出」と訂正㊞

父 松野昌治
母 ツヤ
女長
出生 昭和七年九月九日
千恵子

（出生事項省略）
平成五年八月六日丙山千恵子の養子となる縁組届出神奈川県A市××二丁目五百四十番地甲野太郎戸籍から入籍㊞
平成拾弐年五月弐拾弐日養母丙山千恵子と協議離縁届出東京都C区××二丁目七番に新戸籍編製につき除籍㊞
国籍喪失後の縁組による入籍であるため平成年月日許可月日東京都C区長から許可書謄本送付縁組事項及び離縁事項消除の上戸籍の記載全部消除㊞

父 甲野一郎
母 美子
男長
養母 丙山千恵子
養子
出生 昭和拾九年参月九日
太郎

図3－1 除籍

本籍	東京都C区××二丁目七番
氏名	甲野太郎

平成拾弐年五月弐拾五日編製㊞
平成拾参年拾月拾七日消除㊞

（出生事項省略）
平成拾弐年五月弐拾弐日養母丙山千恵子と協議離縁届出同月弐拾五日東京都B区長から送付同区××三丁目二十八番地丙山千恵子戸籍から入籍㊞
平成弐年六月弐拾壱日アメリカ合衆国の国籍を取得したため国籍喪失平成拾参年拾月拾七日届出除籍㊞

父	甲野一郎
母	美子
続柄	長男
名	~~太郎~~
出生	昭和拾九年参月九日

図3－2 除籍

本籍	東京都C区××二丁目七番
氏名	甲野太郎

平成拾弐年五月弐拾五日編製㊞
~~平成拾参年拾月拾七日消除㊞~~
戸籍消除の記載は錯誤につき平成年月日許可月日その記載消除の上回復㊞
平成年月日消除㊞

（出生事項省略）
~~平成拾弐年五月弐拾弐日養母丙山千恵子と協議離縁届出同月弐拾五日東京都B区長から送付同区××三丁目二十八番地丙山千恵子戸籍から入籍㊞~~
~~平成弐年六月弐拾壱日アメリカ合衆国の国籍を取得したため国籍喪失平成拾参年拾月拾七日届出除籍㊞~~
錯誤につき平成年月日許可月日国籍喪失事項を神奈川県A市××二丁目五百四十番地甲野太郎戸籍に移記につき消除㊞
国籍喪失後の離縁であるため平成年月日許可月日離縁事項消除の上戸籍の記載全部消除㊞

父	~~甲野一郎~~
母	~~美子~~
続柄	~~長男~~
名	~~太郎~~
出生	~~昭和拾九年参月九日~~

〔59〕 フィリピン人女と同国の方式により婚姻した旨の戸籍の記載がある日本人男から、当該配偶者の死亡の届出がされたが、添付の死体検案書によると配偶者であるフィリピン人女は、実は男であることが判明した場合の死亡届の処理について

【問】 日本人A男は、平成一三年一月一〇日フィリピン人B女と同国の方式により婚姻しました。同年三月一〇日にA男は住所地の乙区長に婚姻証書の謄本を提出し、本籍地である甲区のA男の戸籍にフィリピン人B女と同国の方式により婚姻した旨の記載がされました。その後、日本で共同生活をしていましたが、平成一四年四月四日フィリピン人B女が事故に遭い死亡し、A男から、B女の死亡届が乙区長にされました。添付の死体検案書に、性別①男、手術②有、等の記載があることから、外見上女性になるための手術が施されており、フィリピン人B女は、実は男であることが判明しました。
この場合の死亡届及び婚姻の記載の処理等について、ご教示願います。

【答】 一 **日本において日本人の配偶者である外国人が死亡した場合について**
戸籍法は、その者が日本国民、外国人を問わず、日本国内で発生した人の身分に関する事項に適用されます(戸籍法の属地的効力)。したがって、日本国内で出生又は死亡した外国人も戸籍法の定めるところにより、その届出義務があります(昭和二四・三・二三民事甲三九六一回答)。死亡者が外国人の場合の死亡届の届出義務者は、死亡者が日本人の場合と同様、第一に同居の親族、第二にその他の同居者、第三に家主、地主又は家屋若しくは土地の管理人とし、届出資格

者として同居していない親族も届出することができます(戸八七)。また、届出地は原則として戸籍法第二五条第二項により届出人の所在地になりますが、死亡地ですることもできます(戸八八)。日本人の配偶者である外国人が死亡した場合は、日本人生存配偶者の戸籍に婚姻解消事項を記載する必要があります(戸規三六①)が、その外国人が日本で死亡した場合には、死亡届書の「その他」欄に日本人である夫又は妻の戸籍に婚姻解消事項を記載するに必要な事項を記載させ、その届書に基づいて、日本人配偶者の身分事項欄に婚姻解消事項を職権で記載することになります。なお、日本人の本籍地以外の市区町村長に死亡届がされた場合、受理地の市区町村長は、当該死亡届の謄本を作成し、日本人配偶者の本籍地の市区町村長に対し、当該届書謄本を送付することになります(「戸籍」七〇五号六〇頁)。また、日本人の配偶者である外国人が、外国で死亡した場合は、死亡の届出はできませんので、日本人配偶者等に婚姻解消事項の記載に必要な事項の申出をさせ、その申出書に基づいて生存配偶者の身分事項欄に市区町村長限りの職権で記載することになります。

死亡届をする場合には、この届出事項の真実を担保するために、戸籍法第八六条第二項により届書に死亡診断書又は死体検案書を添付しなければならないとされています。この死亡診断書又は死体検案書には、医師法施行規則第二〇条第一項の規定により、医師は一定の事項を記載し、記名押印又は署名することになっています。死亡の届出には届書の通則的記載事項(戸二九)のほか戸籍法第八六条、戸籍法施行規則第五八条に定められている事項を添付の診断書等に基づき記載しなければなりません。届出された市区町村長は、死亡届書と添付の診断書等により、死亡者の氏名、性別、生年月日、死亡の年月日日時及び死亡場所の記載を調査の上、死亡者を特定し受理することになります。

二　外国で成立した婚姻について

日本人が、外国において外国の方式によって婚姻した場合においても、実質的成立要件については、各当事者の本国法が準拠法となりますから（法例一三①・現行の通則法二四①）、その準拠法に基づく各要件を満たす必要があります。外国の方式により婚姻する場合、日本人については、原則として婚姻要件具備証明書を得た上で婚姻することになりますが、外国の方式で婚姻するすべての日本人が、婚姻要件具備証明書を得て婚姻するとは限りません。また他方、相手方である外国人についても、何らかの事情で実質的要件に欠缺がある場合が考えられますので、以下のように分けて考えてみます。

(1) 当事者の双方又は一方の実質的要件に、取消事由がある場合

外国で日本人と外国人がその国の方式によって婚姻をし、その旨の婚姻証書が提出された場合、その婚姻について取消事由があったとしても、そのことを理由に受理しないとすることはできません。例えば、その日本人の戸籍に配偶者がいる場合でも重婚は、相手国の法律上重婚が明らかに無効でない限り、日本民法上、取消しの事由でしかないので（民七四四）それをもって届出の受理を拒むことはできません（「戸籍時報」五二二号六九頁）。

(2) 当事者の双方又は一方の実質的要件が、無効事由である場合

婚姻の実質的要件に当然無効となるような要件の欠缺がある場合には、外国の方式によって有効に成立したとしても、その婚姻は無効ですから、受理することはできません（昭和五・九・二九民事八九〇回答）。

ところで、日本人男がフィリピン人女とフィリピン国の方式により婚姻したとして、報告的婚姻届出（婚姻の証書謄本の提出）がされた後、フィリピン人女は実は男であることが判明し戸籍法第一一三条による戸籍訂正許可の申立がなされた事案において、同性婚は、日本法によれば婚姻意思を欠く無効なものであり、フィリピン家族法によれば婚姻の合意を欠く無効なものであると解され、当該日本人男の戸籍の婚姻の記載は、錯誤又は法律上許されない記載であることが明らかであり、このような場合、それが重大な身分事項に関する記載であっても、真実の身分関係につき当事

者間において明白で争いがなく、これを裏づける客観的な証拠があるときは、真実の身分関係について確定裁判を経るまでもなく戸籍法第一一三条により直ちに戸籍訂正することができるとした審判例があります（佐賀家裁平成一一・一・七審判・家月五一巻六号七一頁以下）。

また、日本人が外国人と外国において婚姻する場合に、いわゆる婚姻要件具備証明書の交付を求められることがありますが、これが同性婚に使用されるおそれがあるため、この婚姻要件具備証明書を交付する場合は婚姻相手方である外国人の性別を記載することとされています（平成一四・五・二四民一―一二七四通知）。

右の審判例にもみられるとおり、いわゆる同性婚は、日本法上両性の合意を欠く無効なものと解さざるを得ないと考えますが、市区町村長は、両性の婚姻であるとして婚姻証書の謄本が提出がされた場合、届出書類上において無効の原因があると判断することは不可能ですから、これを受理し戸籍に記載することになります。その後、同性の婚姻であることが判明した場合は、戸籍の記載は錯誤又は法律上許されない記載であることになるため、戸籍法第一一三条による戸籍訂正の手続によって当該婚姻事項を消除することになるものと考えます。

三　本問の検討

本問の場合、医師が作成した死体検案書の性別が男ですので、死亡届書の性別も男と記載することになります。その結果、死体検案書及び死亡届書の記載から死亡者が戸籍上の日本人A男の配偶者B女と認定できる場合は、いわゆる同性による婚姻ということになります。

日本人A男が、本籍地の甲区長に同居の親族としてフィリピン人B女の死亡の届出をした場合、戸籍の記載から当該死亡者が戸籍上の妻であることが確認されます。次に、死亡届書に添付の死体検案書からB女が男であることが確認されます。その結果、前述のように日本では、同性による婚姻は、無効な婚姻であると解されることから、A男は

B女の配偶者とはならず親族に該当しませんので、届出資格を同居者に補正させるか、又は、住民票と外国人登録原票の記載を確認の上、同居者と認める旨の符せんを付して処理することになります。以下で具体的な取扱いを検討します。

(1) 当該死亡届が本籍地である甲区長へ届出された場合

死亡届が、甲区長に届出された場合、届書に添付の死体検案書の性別と、届書に記載の性別が相違し、疑義があるとして管轄法務局の長へ受理照会されるケースと考えられます。照会を受けた管轄法務局では、調査後、次のような指示書を発することになると思われます。

「死亡届の受理照会については、下記の旨（下記の内容、性別を『男』、配偶者事項『いない』、『婚姻解消事項記載方の申出を消除』）の符せんを付した上、戸籍記載不要届書類として取り扱ってください。

なお、本件死亡届により日本人A男と死亡者であるフィリピン人B女の婚姻は、無効な婚姻であると認められるため、戸籍法第二四条第一項により、当該届出人に対し、戸籍法第一一三条の戸籍訂正を促す通知をしてください。」

なお、甲区長が、右の通知をしても戸籍訂正の申請をする者がないとき、又は通知することができないときは、戸籍法第二四条第二項により、管轄法務局の長の許可を得て、婚姻事項を消除する戸籍の訂正をすることになります。

(2) 当該死亡届が日本人A男の本籍地以外の市区町村長に届出された場合

(1)と同様に管轄法務局の長に受理照会された後、外国人の死亡届として受理し戸籍の記載を要しない事項に関する届書報告書その他の書類つづり（戸規五〇、標準準則三七①）として処理をした上、日本人配偶者の本籍地の甲区長に対し、当該死亡届書の謄本を添付してA男の婚姻の記載は男性同士の無効な婚姻である旨の戸籍法第二四条第三項の通知をすることになります。この通知を受けた甲区長は、遅滞なく、届出人に戸籍訂正の申請をするよう通知しなければなりません(戸二四①)。通知を受けた日本人配偶者は、戸籍法第一一三条の戸籍訂正の許可の審判を得た上で、婚姻事項を消除する戸籍訂正申請をしなければなりません。

また万一、死亡届が日本人男の本籍地以外において死体検案書と届書の性別の相違が見落とされて受理され、日本人男の本籍地の市区町村長に届書の謄本が送付された場合は、本籍地の市区町村長は性別につき疑義があるとして管轄法務局の長へ処理照会することになります(標準準則二三に準じて)。

処理照会を受けた管轄法務局の長は、受理した市区町村長は、前記(1)のように処理した上、当該届書を戸籍の記載を要しない届書類として保存すること及び、日本人男に戸籍法第二四条第一項の通知をするよう本籍地の市区町村長へ指示をすることになります。

〔60〕 嫡出子として父から出生届がされると同時に父母の代諾により養子となった者について、戸籍上の母との親子関係不存在確認の裁判が確定した場合の戸籍の取扱いについて

【問】 甲野花子と甲野梅子は姉妹ですが、両名とも乙野太郎・乙野陽子夫婦の嫡出子として父から出生の届出がされ、同時に父母の代諾により甲野松子の養子となる縁組により、養親の戸籍に入籍しています。今般、父の死亡後に母から両名との親子関係不存在確認の裁判が提起され、その裁判が確定しました。裁判の理由中では、実母は明らかにされていませんが、養親の甲野松子が実母であると推定されるだけです。同人は、花子の出生後、その出生届がされる前に分籍届をし、現在養親子とも同一戸籍になっています。戸籍の訂正が必要となりますが、どのように訂正したらよいでしょうか。

【答】 一　嫡出でない子について父がした嫡出子出生届が誤って受理された場合の効力及び戸籍の取扱い

嫡出でない子について、父が届出人の資格を父としてした嫡出子出生届をし、それが誤って受理された場合の効力については、最高裁判所昭和五三年二月二四日第二小法廷判決（民集三二巻一号一一〇頁）において、右の届出が誤って戸籍事務管掌者において受理された場合でも、その届出に認知届の効力が認められる旨の判決がされています。

これを受けて戸籍実務においては、昭和五七年四月三〇日民二第二九七二号民事局長通達により、嫡出でない子について、父がした嫡出子出生の届出又は非嫡出子出生の届出が、誤って受理された場合における戸籍の処理について明らかにしています。

右の通達では、「①嫡出でない子について嫡出子出生の届出が誤って受理されている場合、子と戸籍上の母との間に親子関係が存在しないことを理由として、戸籍法第一一六条又は第一一三条の規定に基づく戸籍訂正の申請があったときは、子の母欄及び父母との続柄欄の記載を訂正した上、子の記載全部を子の出生当時の実母の戸籍に移記しなければならないが、その際は、同申請書に添付された判決書謄本等の記載によって、届出人父と子との間に血縁上の父子関係がないことが明らかでない限り、父欄の記載を消除することなく、かつ、出生事項の記載も訂正しない。②実母の戸籍が明らかでないときは、子の記載を実母の戸籍に移記することができないので、子の母欄及び父母との続柄欄の記載を訂正した後、出生の届出人又は届出事件の本人に対して、実母の戸籍に移記する等の戸籍訂正の申請をすべき旨を通知する。その通知後、相当期間内に戸籍訂正の申請をする者がないときは、戸籍法第二四条第二項規定に基づき職権で子の記載を消除する。この場合においては、その後、母の戸籍が判明したときは、戸籍法第一一六条又は第一一三条の規定に基づく戸籍訂正の申請により、子を消除された戸籍に回復した上、母の戸籍に移記する。」としています。

二　一五歳未満の子が父母の代諾によって養子縁組をした後、その子と父母との間に親子関係不存在の裁判が確定した場合の縁組の効力

養子縁組は、当事者の合意により市区町村長に届出をすることによって成立します（民七九九・七三九）が、養子となる者が一五歳未満であるときは、その法定代理人が養子に代わって縁組の承諾をするものとされています（民七九七）。仮に、これら当事者のいずれかが縁組の意思を有しないときは、その縁組は無効とされ（民八〇二①）、その縁組の意思表示を法定代理人が代わってした場合も、その者が法定代理人の権限がなかったときも無効となります。

そこで、判例は、一五歳未満の子の戸籍上の父母の代諾による養子縁組について、その父母が真実の父母でないと

きは、代諾権者が縁組の承諾したことにならないことから無効であるとしていました。

ところが、最高裁判所昭和二七年一〇月三日第二小法廷判決（民集六巻九号七五三頁）は、養子が満一五歳に達した後は、代諾権のない父母がした自己の養子縁組を有効なものとして追認できることを明らかにし、その意思表示は、養子から養親の双方に対してすべきであり、養親の一方の死亡後は、他の一方に対してすれば足り、適法に追認されたときは、縁組はこれによって縁組時から有効になる旨の判決をしています。

一方、戸籍実務においては、①昭和三〇年八月一日民事甲第一六〇二号民事局長通達により、一五歳未満の子が父母の代諾によって養子縁組をした後に、その子の父母との間に親子関係不存在確認の裁判が確定した場合の戸籍の取扱いについて、また、②昭和三四年四月八日民事甲第六二四号民事局長通達により縁組の承諾権を有しない者の代諾によって他の養子となった一五歳未満の子が一五歳に達した後、自ら縁組届の追完をした場合の戸籍の取扱いについて明らかにしています。

右の①の取扱いは、それ以前の取扱いである親子関係不存在確認の裁判が確定した場合は、縁組の無効も戸籍上明らかなものとして縁組に関する訂正も併せて申請させ、その記載を消除するとした取扱いを変更し、前記の最高裁判所の判決がされたことから、縁組事項の記載は、その無効につき、別に戸籍法第一一六条の確定裁判又は第一一四条の許可の審判に基づく戸籍訂正の申請を待ってこれを消除することとしました。なお、親子関係不存在の確定判決に基づく戸籍訂正がなされた後、縁組について届出当時の養子の正当な代諾権者であった者から、縁組届の追完届があった場合には、これを受理し、関係戸籍に届出人の表示を補記できることが明らかとなりました。

先例②は、縁組の承諾権を有しない者の代諾によって他の養子となった一五歳未満の者が、一五歳に達した後、自ら縁組の追完届をした場合は、これを受理するとしています。これは、先例①における縁組当時の正当な代諾権者が死亡又は意思能力を喪失した場合等には追完届が不能であり、最高裁判決の趣旨に反するとの理由によります。

三　本問の戸籍訂正について

甲野花子と甲野梅子は、嫡出子として父から出生届がなされたことから、戸籍上の父母の戸籍に在籍した後、戸籍上の父母の代諾によって養子縁組し、その戸籍から除籍され、現在は養親甲野松子の養子として入籍しています。今般、戸籍上の母が提起した親子関係不存在確認の裁判が確定したことから、親子関係については**一**で述べた先例により、養子縁組については**二**で述べた先例により戸籍を訂正することとなります。

まず、親子関係不存在確認の裁判の確定による戸籍訂正をすることとなりますが、裁判の謄本及び確定証明書を添付した戸籍訂正申請により、甲野松子を筆頭者とする戸籍の甲野花子と甲野梅子の身分事項欄に「平成〇〇年〇〇月〇〇日乙野陽子との親子関係不存在確認の裁判確定同月〇〇日同人申請母の記載消除父母との続柄訂正㊞」と記載するとともに母欄の「乙野陽子」を朱線で消除し、父母との続柄欄を訂正します。なお、出生事項については、そのままにしておきます。また、養子縁組前の乙野太郎戸籍についても、右と同様の訂正をすることになります。

その後、実母との親子関係存在確認の裁判等が確定したときは、裁判の確定により戸籍法第一一六条又は第一一三条による戸籍訂正申請がされることとなります。ここで問題となるのは、前記**一**の先例①では、子の記載全部を出生当時の実母の戸籍に移記しなければならないとしていますが、甲野花子は、実母が分籍届をする前に出生していますので、本来であれば実母の出生当時の戸籍(分籍前の戸籍)に移記しなければならないことになります。しかし、現在は実母の分籍後の戸籍に親子が同籍し、母子関係の関連がついているのにこれを本来の取扱いをすると戸籍が別々となり、再び同籍したいとすれば、同籍する入籍の届出をするという迂遠な手続を要することとなります。そこで、現在の分籍後の戸籍を、便宜、花子の「出生当時の母の戸籍」と同一と見て処理するのが相当と考えます。

ただし、この場合の移記は、子の記載全部を出生当時の実母の戸籍に移記するとされています（前記**一**の先例）が、本問では、既に実母との縁組によって、子は実母の戸籍に入籍しています。これを先例どおりの方法で移記するとすれば、同戸籍の末尾に花子及び梅子ともに移記することになりますが、縁組によって既に移記したような状態になっていますので、右のような末尾移記の方法をする必要はないと考えます。

一方、乙野太郎戸籍の花子及び梅子についても、記載全部を実母の戸籍に移記しなければなりませんが、右に述べたとおり既に実母の戸籍に縁組によって移記されたと同じ状態になっていますから、本問では、便宜移記する取扱いではなく、出生事項及び縁組事項を消除し、花子及び梅子を乙野太郎戸籍から消除する取扱いが相当と考えます。なお、実母の戸籍における縁組事項は、乙野太郎戸籍から入籍した旨の記載になっていますが、これを同籍内の縁組とする訂正も同時にすることになるものと考えます。よって、訂正は、甲野松子戸籍の甲野花子の身分事項欄に「平成〇〇年〇〇月〇〇日甲野松子との親子関係存在確認の裁判確定同月〇〇日申請母の氏名記載㊞」と記載するとともに母欄に氏名を記載することとなります。一方、甲野梅子は、現在の戸籍が出生当時の母の戸籍となりますから、甲野花子と同様の処理をすることとなります。

次に、戸籍上の父母の代諾によって成立した養子縁組は、本来の正当な代諾権を有しない者がしたものですから、無効なものとなりますが、**二**による先例から、正当な代諾権者又は満一五歳以上の養子自らの追完届により、縁組時に遡及して有効とすることができ、養子縁組を無効とするか有効とするかは、その当事者の意思によることとなります。よって、養子縁組事項については、縁組を無効とする裁判が確定し戸籍訂正申請がされるまで、又は当事者の追完届がされるまでそのままとしておくこととなります。

〔61〕 縁組中の養女が出生した嫡出でない子について、離縁後、当該子が元の養父に認知され、さらに当該養子縁組について、養子縁組の無効の裁判が確定した場合の戸籍訂正について

【問】　甲野高子は、平成九年一〇月二〇日に東京都D区長に乙川三郎との養子縁組の届出をし、東京都C区に本籍のある養父乙川三郎戸籍に入籍しました。養女高子は、平成一〇年一月一〇日に嫡出でない子「未来」を出生し、その出生の届出を東京都D区長にして、同区に母子の新戸籍が編製されました。その後、三郎は、高子と協議離縁する届出と「未来」を認知する届出を平成一二年四月二〇日に東京都C区長にしました。一方、乙川三郎と甲野高子の養子縁組について、高子から縁組無効の訴えが提起され、平成一五年三月一〇日その裁判は確定し、高子から東京都C区長に戸籍法第一一六条の訂正申請がされましたが、その後の戸籍の訂正はどのようにすべきでしょうか。

また、この養子縁組無効の裁判確定により乙川三郎と甲野高子は婚姻することができるでしょうか。

【答】　婚姻の制限について民法は、養子、その配偶者、直系卑属又はその配偶者と養親又はその直系尊属との間では、親族関係が終了した後でも婚姻することができない旨を定めています（民七三六）。この規定は民法第七三五条（直系姻族間の婚姻の禁止）の規定と同様親子の秩序を乱すことを防ぐためであるとされており、この規定に反した婚姻の届出は受理されないが、何らかの事由で受理された場合は、取消しの対象となります（民七四四）。

一方、認知の制限については、民法において特に禁止規定がありません。戸籍の先例では、父が長女の嫡出でない

子を認知することができるとしています（昭和五・六・五民事六一一回答）。

それでは、本問について検討します。

まず、婚姻についてですが、乙川三郎と甲野高子は、養子縁組が無効になったことにより、はじめから養子縁組がなかったことになり、その結果、民法第七三六条の適用がないことになりますので、婚姻することができることになります。

次に戸籍の訂正についてですが、甲野高子が、東京都C区長に養子縁組無効の裁判の確定による戸籍法第一一六条に基づく戸籍訂正の申請をしたことにより、C区にある乙川三郎戸籍の養親子の縁組事項及びA区にある高子の実方の甲野次郎戸籍の高子の縁組事項を消除することになります。なお、協議離縁をした後、養子縁組無効の裁判が確定したときは、当該裁判による戸籍訂正申請により、縁組のみならず離縁についても訂正ができるものとされています（昭和三一・六・一三民事甲一二四四回答）。したがって、甲野次郎戸籍、乙川三郎戸籍及び子の出生により編製された乙川高子の戸籍の縁組及び離縁事項を消除し、さらに離縁により編製された甲野高子の離縁事項も消除し、高子は、甲野次郎戸籍に回復することになります。

その後高子については、当該回復戸籍と子の出生の届出によって編製された戸籍及び養子離縁の届出によって編製された戸籍については、原則として戸籍法第一一三条による戸籍訂正申請によって訂正することになるので、縁組事項消除の戸籍訂正後に届出人又は届出事件本人へ戸籍訂正を申請するよう通知をすることになります（戸二四①）。右の通知をしても所在不明等で返送されたとき、又は通知しても戸籍訂正の申請をしないときは、同法第二四条第二項の規定により管轄法務局の長の許可を得て訂正することになります。

参考までに養子縁組無効による戸籍法第一一六条の訂正申請に基づく訂正及びその後に戸籍法第二四条第二項によ

り関係戸籍を訂正した場合の例を示します。

図1―1は、高子が縁組によって除籍されている実方戸籍の東京都A区□□三丁目百番地甲野次郎の訂正前の戸籍です。

図1―2は、同戸籍の訂正後の戸籍です。

高子の身分事項欄に縁組による除籍事項を消除する旨の訂正をするとともに、高子を戸籍の末尾に回復記載し（ここまでは、縁組無効の訂正申請による。）、子の出生届による新戸籍編製事項を東京都C区××五丁目百二番地乙川三郎戸籍から移記します。これにより**図5**の戸籍が編製されます。

図2―1は、高子が縁組によって入籍し、子の出生によって除籍されている東京都C区××五丁目百二番地乙川三郎の訂正前の戸籍です。

図2―2は、同戸籍の訂正後の戸籍です。

三郎については、その身分事項欄に縁組及び離縁の記載を消除する旨の訂正をします（ここまでは、縁組無効の訂正申請による。）。三郎について認知事項中筆頭者の氏名を訂正します。

高子についても、その身分事項欄に縁組の記載を消除する旨の訂正をします（ここまでは、縁組無効の訂正申請による。）。高子については、子の出生による除籍事項を東京都A区□□三丁目百番地甲野次郎戸籍に移記することになります。

図3―1は、高子が子の出生によって新戸籍を編製した東京都D区○○一丁目三百番地乙川高子の訂正前の戸籍ですが、その後に養子離縁により高子は除籍となり、子が母の氏を称する入籍により全員除籍により除かれた戸籍です。

図3―2は、同除籍の訂正後の除かれた戸籍です。

高子の身分事項欄に縁組及び離縁の記載を消除する旨の訂正をします（ここまでは、縁組無効の訂正申請による。）。子の出生届による入籍事項は錯誤につき消除します。

未来については、母の氏を称する入籍は無効ですので、その記載を消除しますが、認知事項は有効ですから、母の縁組無効により、子の出生届によって編製される戸籍が**図5**になりますので認知事項を当該戸籍へ移記します。戸籍事項欄に消除事項を記載します。

図4―1は、高子が離縁によって編製された東京都C区××五丁目百二番地甲野高子の訂正前の戸籍です。

図4―2は、同戸籍の訂正後の戸籍です。

この戸籍は、協議離縁届により編製された戸籍ですが縁組無効による訂正申請によって、高子の身分事項欄に離縁事項の消除の訂正をします（ここまでは、縁組無効の訂正申請による。）。未来については、母の氏を称する入籍は、無効ですのでその記載消除の上消除し、戸籍事項欄に消除の記載をしてこの戸籍を消除することになります。

図5は、高子が子の出生届により本来編製されるべき実方戸籍からの入籍戸籍です。

この後、高子が夫の氏を称して婚姻した場合「未来」は、父母の婚姻により準正嫡出子となりますので、家庭裁判所の許可を得ることなく（民七九一②）入籍の届出をすることにより、父母の戸籍に入籍することができます（戸九八）。

図1－1　戸籍

本籍　東京都A区□□三丁目百番地

氏名　甲野次郎

（出生事項省略）

平成九年拾月弐拾日乙川三郎の養子となる縁組届出同月弐拾参日東京都D区長から送付東京都C区××五丁目百二番地乙川三郎戸籍に入籍につき除籍㊞

父　甲野次郎
母　百恵
長女
~~高子~~
出生　昭和四拾参年弐月拾七日

図1－2　戸籍

本籍　東京都A区□□三丁目百番地

氏名　甲野次郎

~~（出生事項省略）~~

~~平成九年拾月弐拾日乙川三郎の養子となる縁組届出同月弐拾参日東京都D区長から送付東京都C区××五丁目百二番地乙川三郎戸籍に入籍につき除籍㊞~~

平成拾五年参月拾日養父乙川三郎との養子縁組無効の裁判確定同月拾四日申請同月弐拾日東京都C区長から送付縁組の記載消除㊞

父　甲野次郎
母　百恵
長女
~~高子~~
出生　昭和四拾参年弐月拾七日

（出生事項省略）

平成拾年壱月弐拾日子の出生届出同月弐拾弐日東京都D区長から送付同区○○一丁目三百番地に新戸籍編製につき除籍平成　年　月　日許可　月　日東京都C区××五丁目百二番地乙川三郎戸籍から移記㊞

父　甲野次郎
母　百恵
長女
~~高子~~
出生　昭和四拾参年弐月拾七日

図2−1　戸籍

本籍	東京都C区××五丁目百二番地
氏名	乙川三郎

（編製事項省略）

（出生事項省略）
（婚姻事項省略）
平成九年拾月弐拾日甲野高子を養子とする縁組届出同月弐拾参日東京都D区長から送付㊞
平成拾弐年四月弐拾日養子高子と協議離縁届出㊞
平成拾弐年四月弐拾日東京都D区○○一丁目三百番地乙川高子同籍未来を認知届出㊞
平成拾四年弐月五日妻梅子と協議離婚届出㊞

父　乙川武蔵
母　通子
長男
夫　三郎
出生　昭和弐拾五年拾月拾壱日

（出生事項省略）
（婚姻事項省略）
（離婚事項省略）

父　丁川憲一
母　美代
三女
妻　梅子
出生　昭和参拾四年壱月参拾日

（出生事項省略）
平成九年拾月弐拾日乙川三郎の養子となる縁組届出同月弐拾参日東京都D区長から送付東京都A区□□三丁目百番地甲野次郎戸籍から入籍㊞
平成拾年壱月弐拾日子の出生届出同月弐拾弐日東京都D区長から送付同区○○一丁目三百番地に新戸籍編製につき除籍㊞

父　甲野次郎
母　百恵
長女
養父　乙川三郎
養女
高子
出生　昭和四拾参年弐月拾七日

図2−2　戸籍

本籍	東京都C区××五丁目百二番地
氏名	乙川三郎

（編製事項省略）

（出生事項省略）
（婚姻事項省略）
平成九年拾月弐拾日甲野高子を養子とする縁組届出同月弐拾参日東京都D区長から送付㊞
平成拾弐年四月弐拾日養子高子と協議離縁届出㊞
平成拾弐年四月弐拾日東京都D区○○一丁目三百番地乙川高子同籍未来を認知届出㊞
平成拾四年弐月五日妻梅子と協議離婚届出㊞
平成拾五年参月拾日養子高子との養子縁組無効の裁判確定同月拾四日養子申請縁組及び離縁の記載消除㊞
錯誤につき平成　年　月　日許可　月　日認知事項中筆頭者の氏を「甲野」と訂正㊞

父　乙川武蔵
母　通子
長男
夫　三郎
出生　昭和弐拾五年拾月拾壱日

（出生事項省略）
（婚姻事項省略）
（離婚事項省略）

父　丁川憲一
母　美代
三女
妻　梅子
出生　昭和参拾四年壱月参拾日

（出生事項省略）
平成九年拾月弐拾日乙川三郎の養子となる縁組届出同月弐拾参日東京都D区長から送付東京都A区□□三丁目百番地甲野次郎戸籍から入籍㊞
平成拾年壱月弐拾日子の出生届出同月弐拾弐日東京都D区長から送付同区○○一丁目三百番地に新戸籍編製につき除籍㊞
平成拾五年参月拾日養父乙川三郎との養子縁組無効の裁判確定同月拾四日申請縁組の記載消除㊞
錯誤につき平成　年　月　日許可　月　日子の出生による除籍事項を東京都A区□□三丁目百番地甲野次郎戸籍に移記につき消除㊞

父　甲野次郎
母　百恵
長女
養父　乙川三郎
養女
高子
出生　昭和四拾参年弐月拾七日

図3－1　除籍

本籍　東京都D区〇〇一丁目三百番地
氏名　乙川高子

平成拾年壱月弐拾日編製㊞
平成拾弐年五月拾参日消除㊞

（出生事項省略）
平成九年拾月弐拾日乙川三郎の養子となる縁組届出同月弐拾参日東京都D区長から送付東京都A区□□三丁目百番地甲野次郎戸籍から入籍㊞
子の出生届出平成拾年壱月弐拾日東京都C区××五丁目百二番地乙川三郎戸籍から入籍㊞
平成拾弐年四月弐拾日養父乙川三郎と協議離縁届出同月弐拾四日東京都C区長から送付同区××五丁目百二番地に新戸籍編製につき除籍㊞

父　甲野次郎
母　百恵
長女
養父　乙川三郎
養女
高子
出生　昭和四拾参年弐月拾七日

平成拾年壱月拾日東京都D区で出生同月弐拾日母届出入籍㊞
平成拾弐年四月弐拾日東京都C区××五丁目百二番地乙川三郎認知届出同月弐拾弐日東京都C区長から送付㊞
平成拾弐年五月拾日母の氏を称する入籍親権者母届出同月拾参日東京都C区長から送付同区××五丁目百二番地甲野高子戸籍に入籍につき除籍㊞

父　乙川三郎
母　乙川高子
女
未来
出生　平成拾年壱月拾日

図3－2　除籍

本籍　東京都D区〇〇一丁目三百番地
氏名　乙川高子

平成拾年壱月弐拾日編製㊞
平成拾弐年五月拾参日消除㊞
錯誤につき平成　年　月　日許可　月　日消除事項消除の上消除㊞

（出生事項省略）
平成九年拾月弐拾日乙川三郎の養子となる縁組届出同月弐拾参日東京都D区長から送付東京都A区□□三丁目百番地甲野次郎戸籍から入籍㊞
子の出生届出平成拾年壱月弐拾日東京都C区××五丁目百二番地乙川三郎戸籍から入籍㊞
平成拾弐年四月弐拾日養父乙川三郎と協議離縁届出同月弐拾四日東京都C区長から送付同区××五丁目百二番地に新戸籍編製につき除籍㊞
平成拾五年参月拾日養父乙川三郎との養子縁組無効の裁判確定同月拾四日申請同日東京都C区長から送付縁組及び離縁の記載消除㊞
子の出生届出錯誤につき平成　年　月　日許可　月　日子の出生による入籍事項を消除㊞

父　甲野次郎
母　百恵
長女
養父　乙川三郎
養女
高子
出生　昭和四拾参年弐月拾七日

平成拾年壱月拾日東京都D区で出生同月弐拾日母届出入籍㊞
平成拾弐年四月弐拾日東京都C区××五丁目百二番地乙川三郎認知届出同月弐拾弐日東京都C区長から送付㊞
平成拾弐年五月拾日母の氏を称する入籍親権者母届出同月拾参日東京都C区長から送付同区××五丁目百二番地甲野高子戸籍に入籍につき除籍㊞
母の氏を称する入籍無効につき平成　年　月　日許可　月　日その記載消除の上認知事項を東京都D区〇〇一丁目三百番地甲野高子戸籍に移記につき消除㊞

父　乙川三郎
母　乙川高子
女
未来
出生　平成拾年壱月拾日

図4－1　戸籍

本籍　東京都C区××五丁目百二番地

氏名　甲野高子

平成拾弐年四月弐拾日編製㊞

（出生事項省略）
平成拾弐年四月弐拾日養父乙川三郎と協議離縁届出東京都D区○○一丁目三百番地乙川高子戸籍から入籍㊞

父　甲野次郎
母　百恵
長女
高子
出生　昭和四拾参年弐月拾七日

平成拾年壱月拾日東京都D区で出生同月弐拾日母届出入籍㊞
平成拾弐年四月弐拾日東京都C区××五丁目百二番地乙川三郎認知届出同月弐拾弐日東京都C区長から送付㊞
平成拾弐年五月拾日母の氏を称する入籍親権者母届出東京都D区○○一丁目三百番地乙川高子戸籍から入籍㊞

父　乙川三郎
母　甲野高子
女
未来
出生　平成拾年壱月拾日

図4－2　戸籍

本籍　東京都C区××五丁目百二番地

氏名　甲野高子

平成拾弐年四月弐拾日編製㊞
平成　年　月　日消除㊞

（出生事項省略）
~~平成拾弐年四月弐拾日養父乙川三郎と協議離縁届出東京都D区○○一丁目三百番地乙川高子戸籍から入籍㊞~~
平成拾五年参月拾日養父乙川三郎との養子縁組無効の裁判確定同月拾四日申請離縁の記載消除㊞

父　甲野次郎
母　百恵
長女
~~高子~~
出生　昭和四拾参年弐月拾七日

平成拾年壱月拾日東京都D区で出生同月弐拾日母届出入籍㊞
平成拾弐年四月弐拾日東京都C区××五丁目百二番地乙川三郎認知届出同月弐拾弐日東京都C区長から送付㊞
~~平成拾弐年五月拾日母の氏を称する入籍親権者母届出東京都D区○○一丁目三百番地乙川高子戸籍から入籍㊞~~
母の氏を称する入籍無効につき平成　年　月　日許可　月　日その記載消除の上消除㊞

父　乙川三郎
母　甲野高子
女
~~未来~~
出生　平成拾年壱月拾日

図5　戸籍

本籍　東京都D区○○一丁目三百番地

氏名　甲野高子

平成　年　月　日編製㊞

（出生事項省略）

子の出生届出平成拾年壱月弐拾日東京都A区□□三丁目百番地甲野次郎戸籍から入籍平成　年　月　日許可　月　日記載㊞

父　甲野次郎
母　百恵
長女

高子

出生　昭和四拾参年弐月拾七日

平成拾年壱月拾日東京都D区で出生同月弐拾日母届出入籍㊞

平成拾弐年四月弐拾日東京都C区××五丁目百二番地乙川三郎認知届出同月弐拾弐日東京都C区長から送付平成　年　月　日許可　月　日東京都D区○○一丁目三百番地乙川高子戸籍から移記㊞

父　乙川三郎
母　甲野高子
女

未来

出生　平成拾年壱月拾日

〔62〕日本人男が国籍喪失前にブラジル人女との婚姻をブラジル国の方式で成立させていたが、外国籍の取得による日本国籍喪失後に、当該婚姻証書の謄本が本籍地市区町村長に郵送されてきた場合の戸籍訂正について

【問】　当K区に本籍を有するの甲野C夫の戸籍に在籍していたA男は、平成二年にブラジル人B女と同国の方式により婚姻をしましたが、婚姻証書の謄本を提出しないまま、平成一三年にブラジル国籍を取得をしたため、在サンパウロ日本総領事より国籍喪失の報告がされ、その旨の記載が戸籍にされています。

今般、A男から婚姻証書の謄本の提出がブラジルの住所地から郵送で本籍地である当区長に提出されました。

当該証書謄本についてどのように取扱いをすればよいでしょうか。

【答】　一　**外国における日本人と外国人との婚姻**

外国に在る日本人が外国人とその国の方式に従って婚姻をし、当該婚姻に関する証書を作らせたときは、三か月以内にその国に駐在する日本の大使、公使又は領事にその証書の謄本を提出しなければならないとされ（戸四一①）、大使、公使又は領事がその国にいないときは、三か月以内に本籍地の市区町村長に証書の謄本を送付しなければなりません（戸四一②）。

また、領事等が駐在している場合でも、本籍地の市区町村長あてに郵便で直送したり、帰国後に直接提出することもできます（大正三・一二・二八民事甲八九三回答一二、昭和五・六・一九民事二八〇回答）。

なお、届出期間経過後であっても、本籍地の市区町村長は受理しなければならないとされています（戸四六）。

一方、外国において日本人が外国人と婚姻する場合、その国に駐在する大使、公使、領事等に直接創設的な婚姻届をすることは、当事者が日本人のみの場合（戸四一）と異なり、法例第一三条第二項及び第三項（現行の通則法二四②③）の規定から認められません。もし、当該婚姻の届出が誤って受理され、本籍地の市区町村長へ送付された場合は、本籍地の市区町村長に届出されたときに婚姻の効力が生じるものとして取り扱われています（昭和一一・二・三民事甲四〇回答）が、これは、当事者の一方の本国法による方式に基づくものとして（法例一三③・通則法二四③、戸四七）認められることになります。

二　外国人との婚姻による戸籍の記載

夫婦は、婚姻の際に定めるところに従い、夫又は妻の氏を称し（民七五〇）、夫又は妻になる者がその氏を称して戸籍の筆頭者に記載してある場合を除き、夫婦について新戸籍を編製することになります（戸一六①②）。また、日本人と外国人との婚姻の届出があったときは、その日本人が戸籍の筆頭者の場合は身分事項欄に婚姻事項を記載し、筆頭者でないときはその日本人について新戸籍を編製します（戸一六③）。

婚姻による新戸籍の編製については、昭和五九年に戸籍法の一部が改正される前は、戸籍の筆頭者でない者が外国人と婚姻した場合、従来その者については新戸籍は編製されませんでしたが、改正後に婚姻の届出（戸四一の証書の謄本の提出を含む。）があったときは、戸籍法第一六条第三項により外国人と婚姻した日本人配偶者について従来の氏により新戸籍を編製することとされ、また、改正前に外国の方式により婚姻をし、その証書の謄本が改正後に提出されたときも同様の取扱いとされています（昭和五九・一一・一民二－五五〇〇通達）。

三　国籍の喪失

国籍喪失の届出は、日本人が国籍法に定めるところによって日本国籍を喪失した場合にそのことを報告する届出ですが、この届出により、事件本人は戸籍から除籍されます。

この国籍喪失届をすべき場合は、次のとおりです。

1　外国への帰化など自己の志望によって外国国籍を取得した場合（国一一①）

2　重国籍者が外国国籍を選択した場合（国一一②）

3　重国籍者が日本国籍を離脱した場合（国一三①）

4　重国籍者が国籍選択の催告時に日本国籍を選択しなかった場合（国一五③）

5　重国籍者が、日本国籍の喪失を宣告された場合（国一六②⑤）

日本国籍を喪失したときは、速やかに戸籍から消除する必要があるため、戸籍法は国籍喪失届（戸一〇三）及び国籍喪失報告（戸一〇五）について規定していますが、前記3～5による国籍の喪失については、法務省民事局長又は法務局若しくは地方法務局の長から国籍喪失報告がされるので（昭和五九・一一・一民二―五五〇〇通達第三の三㈡）、その結果、国籍喪失の届出は前記1及び2の場合に限られることになります。

四　本問の検討

日本人A男とブラジル人B女は、同国の方式により婚姻が有効に成立しましたので、本来であれば婚姻の証書謄本をA男が提出することになります（戸四一）。しかし、本問の場合、その手続を怠っていたためA男の戸籍の身分事項に婚姻事項が記載されないまま、前記三の1による国籍喪失の届出がされたため国籍喪失による除籍がされてしまいました。したがって、本問の提出時にはA男は日本国籍を喪失していますが、同一性に疑義がない限り届出資格は認められると考えられます（「戸籍」五二四号五九頁・六二二号八一頁）。

A男の戸籍については、もし、A男が戸籍の筆頭者だった場合は身分事項欄に婚姻事項を記載することになりますが、既に国籍喪失により除籍されていることから、市区町村長は、管轄法務局の長に処理照会の上、その指示により当該除籍に証書提出の旨を記載します。本問のように筆頭者でないときも、便宜的に筆頭者だった場合と同様に婚姻による新戸籍を編製せずにその旨を記載する考え方もありますが、原則的な取扱いとしては、新戸籍を編製してその身分事項欄に婚姻事項を記載し、その後国籍喪失事項を婚姻によって編製された戸籍へ移記することになるものと考えます。この場合は原則として戸籍法第一一三条による戸籍訂正申請によることになりますが、本問のように、事件本人が外国人で外国に居住していることから戸籍法第二四条第一項の通知をしても戸籍訂正の申請をすることが期待できないときは、市区町村長は、管轄法務局の長の許可を得て、戸籍訂正をすることになるものと考えます（戸二四②）。

五　戸籍の処理

本問では、事件本人が外国に居住し通知ができない場合として、本籍地のK区長が管轄法務局の長の許可を得て戸籍訂正する場合の記載例を参考として以下に示します。

A男の戸籍についてはA男が戸籍の筆頭者でなく、既に国籍喪失届により除籍されていますから、A男の身分事項欄に記載されている国籍の喪失による除籍事項の次行に、婚姻証書謄本の提出による婚姻の除籍事項を記載することになります。これによって除籍事項が並んで記載されることになりますが、本問の場合は、管轄法務局の長の許可によって国籍喪失による除籍事項をA男の新戸籍に移記します（**図1**）。さらに、婚姻により編製された新戸籍のA男の身分事項欄に婚姻事項を記載後、管轄法務局の長の許可によって婚姻前の戸籍から国籍の喪失による除籍事項の移記をします（**図2**）。

図1

本籍	東京都K区□□三丁目二百三十番地
氏名	甲野C夫

（出生事項省略）
~~平成拾参年拾月九日ブラジルの国籍を取得したため国籍喪失同年拾壱月弐日在サンパウロ総領事報告除籍㊞~~
平成弐年拾壱月弐拾八日国籍ブラジル国○○○、△△△（西暦千九百六拾五年八月弐拾壱日生）と同国の方式により婚姻平成拾六年壱月弐拾参日証書提出東京都K区□□三丁目二百三十番地に新戸籍編製につき除籍㊞
錯誤につき平成拾六年参月拾日許可同月拾五日国籍喪失事項を東京都K区□□三丁目二百三十番地甲野A男戸籍に移記につき消除㊞

父	甲野C夫
母	D子
	長男
	A男
出生	昭和参拾八年参月八日

図2

本籍	東京都K区□□三丁目二百三十番地
	平成拾六年壱月弐拾参日編製㊞
	平成拾六年参月拾五日消除㊞
氏名	甲野A男

（出生事項省略）
平成弐年拾壱月弐拾八日国籍ブラジル国○○○、△△△（西暦千九百六拾五年八月弐拾壱日生）と同国の方式により婚姻平成拾六年壱月弐拾参日証書提出東京都K区□□三丁目二百三十番地甲野C夫戸籍から入籍㊞
平成拾参年拾月九日ブラジルの国籍を取得したため国籍喪失同年拾壱月弐日在サンパウロ総領事報告除籍㊞
錯誤につき平成拾六年参月拾日許可同月拾五日国籍喪失事項を東京都K区□□三丁目二百三十番地甲野C夫戸籍から移記㊞

父	甲野C夫
母	D子
	長男
	末
	A男
出生	昭和参拾八年参月八日

図 1

	全部事項証明書
本　　籍 氏　　名	東京都K区□□三丁目２３０番地 甲野　C夫
戸籍事項 　戸籍編製	（編製事項省略）
戸籍に記録されている者 除　　籍	【名】A男 【生年月日】昭和３８年3月８日 【父】甲野C夫 【母】甲野D子 【続柄】長男
身分事項 　出　　生	（出生事項省略）
婚　　姻	【婚姻日】平成２年１１月２８日 【配偶者氏名】○○○，△△△ 【配偶者の国籍】ブラジル国 【配偶者の生年月日】西暦１９６５年8月２１日 【婚姻の方式】ブラジル国の方式 【証書提出日】平成１６年1月２３日 【新本籍】東京都K区□□三丁目２３０番地
移　　記	【移記日】平成１６年3月１５日 【移記事項】国籍喪失事項 【移記事由】錯誤 【許可日】平成１６年3月１０日 【移記後の戸籍】東京都K区□□三丁目２３０番地　甲野A男 【従前の記録】 　【国籍喪失日】平成１３年１０月9日 　【喪失事由】ブラジル国の国籍取得 　【報告日】平成１３年１１月2日 　【報告書】在サンパウロ総領事
	以下余白

図 2

	全部事項証明書
本　　籍 氏　　名	東京都K区□□三丁目２３０番地 甲野　A男
戸籍事項 　戸籍編製 　戸籍消除	 【編製日】平成１６年1月２３日 【消除日】平成１６年3月１５日
戸籍に記録されている者 消　　除	【名】A男 【生年月日】昭和３８年3月8日 【父】甲野C夫 【母】甲野D子 【続柄】長男
身分事項 　出　　生	 （出生事項省略）
婚　　姻	【婚姻日】平成2年１１月２８日 【配偶者氏名】○○○，△△△ 【配偶者の国籍】ブラジル国 【配偶者の生年月日】西暦１９６５年8月２１日 【婚姻の方式】ブラジル国の方式 【証書提出日】平成１６年1月２３日 【従前戸籍】東京都K区□□三丁目２３０番地　甲野C夫
国籍喪失	【国籍喪失日】平成１３年１０月9日 【喪失事由】ブラジル国の国籍取得 【報告日】平成１３年１１月2日 【報告者】在サンパウロ総領事
移　　記	【移記日】平成１６年3月１５日 【移記事由】錯誤 【許可日】平成１６年3月１０日 【移記前の戸籍】東京都K区□□三丁目２３０番地　甲野C夫
	以下余白

〔63〕日本人男と離婚した韓国人女が、離婚六か月を経過後、日本人他男と婚姻し、離婚後三〇〇日以内に子を出産した場合において、母からの出生届によって前夫の戸籍に入籍後、前夫との親子関係不存在確認の裁判が確定したときの出生子の戸籍訂正について

【問】　韓国人A女と日本人B男は平成一四年三月一三日に婚姻し、平成一六年一月一〇日に離婚しました。

その後、A女は、C男と待婚期間満了後の同年七月一三日に婚姻し、同年八月二〇日にA女は、子Dを出産し、同年九月一日にB男との嫡出子としてDの出生の届出をしました。

この度、A女は、DとB男との親子関係不存在確認の裁判が確定したとして、戸籍訂正申請及び出生届の追完の届出をしました。

右裁判に基づくDの戸籍の訂正はどのようになるでしょうか。なお、B男とC男の本籍地は当市（E市）です。

【答】　一　まず、民法第七七二条の嫡出推定に関連する基本的な戸籍の取扱い及び戸籍先例について触れておきたいと思います。

民法第七七二条の嫡出の推定を受ける生来の嫡出子は、民法上出生と同時に当然にその地位を取得します。戸籍先例も、嫡出の推定は戸籍記載にかかわりなくはたらくものと解しており、例えば、母が前夫と離婚後三〇〇日以内に出生した子について、後夫の嫡出子として出生届をしてその戸籍に入籍している場合であっても、それにより後夫の嫡出子となるわけではなく、前夫の嫡出子であることに変りはないので、戸籍法第一一三条の規定にもとづ

き前夫の嫡出子として戸籍訂正をすべきことになります（昭和三九・二・六民事甲二七八回答）。
前夫の嫡出推定を受けるべき子を、後夫の嫡出子とする出生届を受理した後であっても、その事情が判明し届出人が追完の催告に応じないときには、市区町村長は、管轄法務局の長の許可を得て、その子を前夫の戸籍に入籍させて差し支えないことになります（昭和三八・四・五民事二発一三二回答）。

嫡出の推定を受ける子については、嫡出子出生届だけができる（戸五二①）のであって、仮に事実（血縁）上の父が夫以外の者であっても妻からの嫡出でない子としての出生届をすることはできない、とするのが戸籍上の取扱いです。
しかし、このように民法上推定される嫡出子として取り扱われる場合であっても、実際に母が夫の子を懐胎することが不可能な場合には、いわゆる「推定を受けない嫡出子（推定されない嫡出子）」に該当することになり、母が夫の子を懐胎することが不可能なことが裁判上明確にされ当該裁判書の謄本を添付して出生の届出がされた場合は、嫡出でない子又は後婚の嫡出子として取り扱って差し支えないことになります（「戸籍時報」五七三号九一頁）。また、母が夫の子を懐胎することが不可能な場合には、必ずしも嫡出否認の訴えの手続を要することなく、母等の利害関係人から親子関係不存在確認の裁判によることが可能となります（大審院昭和一五・九・二〇判決・民集一九巻一五九六頁）。

二　推定されない嫡出子と戸籍

(1)　婚姻成立後の出生子について

民法第七七二条の規定を厳格に適用した場合には、婚姻前に懐胎し、ついでその父母が婚姻届出をし、婚姻成立後二〇〇日以内に生まれた子は嫡出推定を受けないことになりますが、そうするとその子は嫡出子ではなく非嫡出子となるのか、ということが問題となります。

現在の通説・判例では、婚姻成立後二〇〇日以内の出生子については、婚姻前に内縁が先行していると否とにかかわらず、これをすべて嫡出子と解しています。

もっとも、このことは婚姻成立後二〇〇日以内に生まれた子を嫡出子としての地位を与えるということにとどまり、民法第七七二条の嫡出推定を受ける嫡出子として取り扱うということではありません。判例も、婚姻成立後の出生子は嫡出子ではあるが、婚姻成立後二〇〇日以内に生まれた場合には嫡出推定を受けない嫡出子であり、したがってその地位を争うには一般の親子関係不存在確認の訴えによることができるとしています（前掲大審院昭和一五・九・二〇判決）。

これが、いわゆる「推定を受けない嫡出子」又は「推定されない嫡出子」と呼ばれるものであり、嫡出子には、このような場合と婚姻成立の日から二〇〇日後に生まれて嫡出推定を受ける嫡出子との二種類あることになります。

結局、嫡出子の概念として、民法第七七二条のほかに、同条の適用はないものの嫡出子として認められる場合が追加されたといえます。

(2)　戸籍の取扱い

戸籍の取扱いは、婚姻届出後二〇〇日以内の出生子については、その事実関係に基づいて、父の認知を得るまでもなく父又は母から嫡出子出生届をすることが可能です（昭和一五・四・八民事甲四三二通牒）し、母から嫡出でない子としての出生届も可能です（昭和二六・六・二七民事甲一三三二回答）。なお、母から嫡出でない子としての出生届がされた後に、父から認知の届がされた場合は、認知による準正嫡出子の取扱い（父子の身分事項欄に認知の記載をする）をすることなく、当該認知届を母からされた嫡出でない子の出生届に対する嫡出子への訂正申出書と解して、戸籍法第二四条第二項の規定により管轄法務局の長の許可を得た上、職権で父欄に父の氏名を記載し、父母との続柄を訂正することになります（昭和三四・八・二八民事甲一八二七回答）。

また婚姻期間が極めて短く、婚姻成立後二〇〇日以内で、かつ婚姻解消後三〇〇日以内に子が生まれた事例としては、夫が婚姻届出後一九日目に死亡したというような場合に、推定されない嫡出子として出生届をすることが許された事例があります（昭和三〇・七・一五民事甲一四八七回答）。

三　本問について

Dは、母A女から前夫B男との嫡出子として出生の届出がされ、B男の戸籍に入籍しています。しかし、その後の親子関係不存在確認の裁判の確定によって、DとB男との嫡出推定は排除されたため、その裁判が確定した旨の書面を添付して、戸籍訂正申請と出生届の追完の届出をした場合の取扱いを検討します。

本問においては、A女から、DとB男との親子関係不存在確認の裁判確定に基づき、DはC男の嫡出子とする追完の届出がされ、追完届には、氏を訂正する旨、父の氏名及び本籍を訂正する旨、さらにB男との親子関係不存在確認の裁判が確定した旨を記載することになります。

DとB男との親子関係不存在確認の裁判の確定によって、嫡出推定が排除された時点で、いったんDは韓国人A女の嫡出でない子となり、戸籍の記載を要しない者となるため、戸籍法第一一六条の訂正により、B男の戸籍に入籍しているDは消除されることになりますが、母A女の出生届の追完届によって、Dは出生時から母の後夫であるC男の嫡出子として父C男の戸籍に入籍することになります。

本問のような事例で母が日本人の場合は、前婚の嫡出推定が排除されても、日本人母の嫡出でない子となることから、戸籍の取扱いは、入籍している戸籍の父欄を消除及び続柄欄を訂正して、出生当時の母の戸籍に移記することになりますが、母が外国人の場合は、母の戸籍がないことから移記する取扱いはできません。

四　具体的な戸籍の訂正については、以下のとおりです。

(1)　B男（A女の前夫）の戸籍

A女からのDとB男との親子関係不存在確認の裁判確定による戸籍訂正申請（戸一一六）により、B男の戸籍に入籍しているDにつき、その記載の全部を消除します。

Dの身分事項欄

「平成〇年〇月〇日Bとの親子関係不存在確認の裁判確定平成〇年〇月〇日A申請戸籍の記載全部消除㊞」

(2)　C男（A女の夫）の戸籍

A女からの出生届及び同届の追完届により、DをC男の嫡出子として父C男の戸籍に入籍することになります。

Dの身分事項欄

「平成拾六年八月弐拾日東京都〇市で出生同年九月壱日母届出同年〇月〇日追完届出（平成〇年〇月〇日Bとの親子関係不存在確認の裁判確定）入籍㊞」

第一五　追　　完

〔64〕日本人母と韓国人父の嫡出子として昭和五三年に出生し、父から韓国人として出生届がされている子につき、父母の婚姻無効の裁判が確定したことにより、子の出生届についてする追完届の処理等について

【問】　私は、戸籍事務に従事して一年になるA区役所の職員です。

先日、外国人として出生届がされている人の出生届について、当区長に追完届がされました。

事案は、おおむね、次のとおりです。

甲（日本人女性）は、昭和五二年一月に乙（韓国人男性）と婚姻し、昭和五三年八月に長女丙を出産しました。

丙の出生届は、韓国人としてB区長に父乙が届出をしています。

この度、甲乙間の婚姻無効の裁判が確定したことから、丙の国籍に変動をきたすとして、丙の出生届について追完届がされました。

追完届の内容中には、事件本人を「嫡出でない子」、父母との続柄を「女」、氏を「甲野」（母の氏）とそれぞれ訂正し、母の戸籍「東京都A区○○町三丁目五二三番地　甲野○○」に入籍させる旨の記載があります。

この事案について、以下の点を教えてください。

一　丙の国籍は、父母の婚姻無効の裁判が確定したことにより、どのようになりますか。
二　父母の婚姻が無効とされたことから、出生届の父欄の氏名を消除する必要はないでしょうか。
三　当区は基本の届書の受理地ではなく、事件本人の本籍地になりますが、追完届は、当区長が受理してもよいでしょうか。
四　もし、追完届を受理してもよいとした場合、届書等の送付はどのようにすればよいでしょうか。

【答】　一　丙の国籍について

1　出生による国籍の取得

出生による国籍の取得においては、血統主義の法制を採る国と生地主義の法制を採る国の二つに概ね分けられ、これによって出生子の国籍取得も違いがあります。

わが国は、従来から親の国籍を基準とする血統主義の法制を採っており、補充的に生地主義を採ってきました。

現行の国籍法は、昭和二二年五月三日から施行された新憲法（日本国憲法）第一〇条の趣旨に沿って制定された国籍法（昭和二五年法律第一四七号）（以下「新国籍法」という。）であり、昭和二五年七月一日から施行されています。そして、新国籍法も、旧国籍法と同様に血統主義の法制を採っています。

新国籍法は、その制定後の国際情勢の変化及び近年における国際交流の活発化に伴う渉外婚姻等の増加に対応するため、また、わが国政府が昭和五五年に署名した「女子に対するあらゆる形態の差別の撤廃に関する条約」（女子差別撤廃条約―昭和六〇年条約第七号）の批准に備えるために、昭和五九年に大幅に改正されました（以下、改正以前（昭和五九年一二月三一日以前）の新国籍法を「改正前国籍法」といい、改正以後（昭和六〇年一月一日以降）の新国籍法を「改正国籍法」といいます）。改正国籍法は、血統主義の原則は維持しながら、父系血統主義を改め父母両系血統主義を採り、昭和六〇年一月一日から施行されて、現在に至っています。

改正国籍法が父母両系血統主義に改められたことにより、昭和六〇年一月一日以降に出生した子は、出生の時に父又は母のいずれかが日本国民であれば、出生と同時に日本国籍を取得することになりました。これに対し、昭和五九年一二月三一日以前に出生した子は、改正前国籍法が父系血統主義であったため、父が日本国民であれば、母が日本国民の場合はもちろん外国人の場合でも、日本国籍を取得しましたが、父が外国人の場合には、たとえ母が日本国民であっても、日本国籍を取得することはありませんでした。

丙は、韓国人父と日本人母の嫡出子として、改正前国籍法施行時である昭和五三年に出生していますから、出生によって日本国籍を取得することはありません。一方、昭和五三年当時の韓国国籍法第二条第一号は、出生の時に父が韓国国民である場合、子は出生により韓国国籍を取得すると定め、父系血統主義を採っていました。

そこで、丙は、韓国国籍法第二条第一号の規定により父の国籍である韓国国籍を取得したものとして出生届がされたものと思われます。

2　父母の婚姻無効の裁判確定による丙の国籍の変動

父母の婚姻無効の裁判が確定したことにより、甲乙間の婚姻関係は当初から存在しなかったこととなり、丙は、婚姻関係にない男女間に出生した子、つまり、嫡出でない子ということになります。嫡出でない子の国籍について、改正前国籍法第二条第三号は、「父が知れない場合又は国籍を有しない場合において、母が日本国民であるとき」は、子は日本国籍を取得すると定め、補則的に母系血統主義を採っていました。

したがって、丙は、日本人母の国籍、つまり、日本国籍を取得することになります。

二　出生届の父欄の氏名について

任意認知は、嫡出でない子の父が、自らすすんでその子を自己の子として認める身分法上の法律行為であるといわれています。そして、任意認知は要式行為であることから、原則として認知届の方式によらなければなりません。しかし、準正嫡出子については、戸籍法第六二条により、父からの嫡出子出生届に認知の届出の効力が認められていることから、認知届によらなくても認知の効力が生じます。

そこで、本問のように結果的に嫡出でない子について、父が自己の子として出生の届出をした場合にも、右と同様に認知の届出の効力を認めるべきか否かについて従来から問題とされてきました。

戸籍実務においては当初これを否定していましたが、逐次肯定説に立つようになり、最高裁判所昭和五三年二月二四日第二小法廷判決（民集三二巻一号一一〇頁）にかんがみて、昭和五七年四月三〇日民二第二九七二号民事局長通達が発出され、戸籍実務においてもこれを肯定する取扱いが示されました。

右の通達一の2は、父が嫡出子出生届をした後に父母の婚姻無効の裁判が確定した場合にも、出生届に認知の届出の効力が認められることを明らかにしています。

ご質問の趣旨は、父母の婚姻が無効とされたことにより、乙丙間の法律上の父子関係が否定されたのであるから、出生届の父欄の記載を消除する必要があるのではないか。というものであると思われます。

本事案を見てみると、丙は、嫡出子として出生し、父によってその出生届がされており、その後に父母の婚姻無効の裁判が確定していますから、右通達一の2に該当しており、出生届に認知の届出の効力が認められることになります。

したがって、出生届の父欄の記載を消除する必要はありません。

三　追完届の届出地について

追完届は、市区町村長が戸籍の届出を受理した後に、届書に不備があるため戸籍の記載ができない場合に、届出人に催告して、その不備を補正させ、戸籍の記載ができるようにするための手続です（戸四五）。

追完届は、基本の届出とは別個の形式でしますが、直接基本の届出を受理した市区町村長にするのが通例です。また、外国人に関する届出は、通常、戸籍に記載する必要がないため届書は送付されずに、基本の届出を受理した市区町村に保管されることとなるので、追完届は、基本の届出を受理した市区町村長にするのが望ましいとされています（「戸籍」五一九号八〇頁参照）。したがって、一般に、追完届は、基本の届出を受理した市区町村長にするのが望ましく、通常は、そのように指導されているものと思われます。

しかしながら、追完届も広義においては一つの届出であり、その性質に反しない限り、届出に関する一般の規定が適用されますから、届出地は、基本の届出を受理した市区町村長のほか、届出事件本人の本籍地又は届出人の所在地の市区町村長のいずれでもよいことになります（戸二五）。また、基本の届書の記載事項証明書を添付して追完届があれば、受理地の市区町村長にその届出の事実の有無等を確認する必要はありませんから、あえて基本の届出を受理した市区町村長に届け出るよう指導する必要はないものと考えます。

以上のとおり、本件追完届は、A区長が受理しても差し支えないものと考えます。ただし、この場合は次の**四**の1に述べるような繁雑な取扱いをすることになりますので、前述のように基本の届出を受理したB区長に追完届をしたほうが簡便と考えられます（**四**の2参照のこと）。

四　届書の送付について

1　本問では、基本の届出である出生届を受理したのはB区長ですが、追完届はA区長にされていますので、そのまま受理してもよいことになります。この場合、A区における追完届の本籍人、非本籍人の区分が問題になります。本籍人に関する届出とは、届出を受理した市区町村長が届出事件本人について戸籍の記載をする必要がある届出のことであり、非本籍人に関する届出とは、届出を受理した市区町村長が届出事件本人について戸籍の記載をする必要がない届出のことです。

本問では、A区は、丙の本籍地となりますが、追完届については、基本の届書である出生届書の送付を受けていませんから、これにより戸籍の記載ができない届出（戸籍の記載をする必要がない届出）ということになります。したがってA区では、追完届を非本籍人に関する届出として処理することになります。すなわち、非本籍人に関する戸籍受附帳に登載し（戸籍受附帳の備考欄に、B区で受理した出生届の追完届である旨記載する。）、追完届書原本を基本の届出の受理地であるB区長へ送付します。追完届の送付を受けたB区長においては、非本籍人に関する届出として戸籍受附帳に登載し、その備考欄と先に受理した出生届に係る戸籍受附帳の備考欄に、それぞれ「○月○日受附○○号参照」と記載して、相互の関連を付けておきます（標準準則三五参照）。そして、丙の出生届書及び追完届書の各原本をA区長に送付します。

B区長から届書の送付を受けたA区長は、出生届と追完届が同時に送付されてきますから、通常の処理によって戸籍の記載をすることになります。

2　追完届がB区長にされた場合は、非本籍人に関する届出として戸籍受附帳に登載し、その備考欄と先に受理した出生届に係る戸籍受附帳の備考欄に、それぞれ「○月○日受附○○号参照」と記載して、相互の関連を付けておきます。そして、B区長は基本の届書である出生届書と追完届書をA区長に送付します。

〔65〕外国で出生した日本人女の嫡出でない子として出生届がされ、戸籍に記載された子について、事実は、母が中国人男と婚姻後に出生した嫡出子であることが明らかになった場合の国籍留保の追完届と、父の氏名の記載及び父母との続柄の訂正について

【問】この度、日本人女の本籍地である当区長に平成九年四月一日に中国で婚姻が成立した旨の中国人男と日本人女の婚姻の証書謄本の提出がありました。日本人女の戸籍には、平成一〇年九月二五日に中国で出生した子が、同年一二月二〇日嫡出でない子として出生の届出がされ、戸籍に記載されています。この子は、本来中国人男と日本人女の婚姻中に出生しているため嫡出子となり、中国と日本の重国籍者になると考えます。この場合、日本国籍を留保することは可能でしょうか。また、父の氏名の記載及び父母との続柄の訂正等は、どのようにしたらよいのでしょうか。

【答】一　国籍留保を伴う出生届について

1　国籍留保の届出について

出生により外国の国籍を取得した日本国民で外国で生まれた者は、戸籍法の定めるところにより日本の国籍を留保する意思を表示しなければ、その出生の時にさかのぼって日本の国籍を失うとされています(国一二)。つまり、国籍留保届を要する者とは、①出生によって日本国籍を取得するとともに生地主義国で出生したことにより外国籍を取得した子、②外国で出生し、日本国籍を取得するとともに血統主義の法制を採る外国人父又は母の国籍を取得した子とい

うことになります。そして国籍留保の届出は、出生の届出をすることができる者（戸五二③の規定によって届出すべき者を除く。）が、出生の日から三か月以内に、出生の届出とともに日本の国籍を留保する旨の届出をすることによって、これをしなければならないとされています（戸一〇四）。

2　届出期間経過後の届出について

届出期間を経過した場合、出生子は、出生の時にさかのぼって日本国籍を喪失しますから、期間経過後の出生届は外国で出生した外国人についての出生届ということになり、戸籍法の適用を受けないことから受理することはできません。しかし、届出期間経過後であっても、届出義務者の責めに帰することのできない事由によって届出が遅延した場合には、届出をすることができるに至った時から一四日以内であれば届出は可能です（戸一〇四③）から、届出がされた場合には、遅延理由が右事由に該当するか否かを判断しなければなりません。また、届出期間経過の遅延理由について、疑義があるときには、管轄法務局の長に指示を求めて、その指示によって受否を決めることになります。

なお、昭和六〇年一月一日から施行された改正戸籍法により、届出期間が伸長されたこと及び国籍法第一七条により国籍再取得の制度が設けられたことにより、届出期間経過の届出については、かなり厳格に判断するべきものとされています（「戸籍」六〇七号八四頁）。

3　国籍留保の旨の記載遺漏をした出生届出があった場合の取扱いについて

日本国籍を留保する旨の意思表示を要する出生届について、当該出生届書に国籍を留保する旨の記載を遺漏している場合には、当該出生届出が法定の届出期間内に届出されたものであるときは、国籍留保の旨の追完届をさせることができるとされています（昭和三二・六・三民事甲一〇五二回答、昭和三五・六・二〇民事甲一四九五回答）。また、前記の届出のように、追完届をさせて処理する場合において、届出人が所在不明又は死亡等によってその意思を確認することができないときは、出生届自体をもって国籍を留保する意思表示と解して、国籍留保の届出がされたものとして取り扱って差し支えないとされています。この場合には、国籍の留保の意思表示の記載を追記できない旨を符せん処理する等適宜な方法によって明らかにしておくべきものとされています（前掲民事甲一〇五二回答）。

二　父の氏名の記載及び父母との続き柄の訂正等について

嫡出でない子として、母の戸籍に記載されている子について、父の認知後に、父母の婚姻又は、父母の婚姻後に父からの認知があった場合は、当該戸籍に記載されている子は、準正嫡出子の身分を取得します（民七八九）。この場合には、婚姻届又は、認知届の「その他欄」に、婚姻又は認知により嫡出子の身分を取得したことを記載し、父母との続柄を訂正する旨を記載することにより、戸籍に記載されている父母との続柄を市区町村長限りの職権で訂正することができるとされています。

しかし、前記のように子の嫡出子の身分の取得による訂正の場合でなく、子の出生届の記載が、届出人の錯誤によって記載されているものであることが、戸籍及び届書等で明らかな場合については、原則として戸籍法第一一三条の規定により、家庭裁判所の許可を得て戸籍訂正をしなければなりません。

三　本問の検討

本問の子については、母が、本籍地の市区町村長に提出した婚姻証書の謄本により父母が婚姻中に出生したことが明らかであり、出生により中国と日本の国籍を取得しているので、出生の届出とともに日本国籍を留保する旨の届出もしなければならなかったはずです。また、先に母がした嫡出でない子としてした出生届に錯誤があったことになり、戸籍に記載されている父母との続柄及び父の氏名が記載されていないことは誤りで、これらの記載を訂正する必要があります。

四　本問の結論

本問の子は、父母婚姻中に出生した嫡出子であることが明らかであることから、出生の届出とともに日本国籍を留保する旨の届出をしなければならなかったのですが、本問の子は、嫡出でない子として出生の届出がされたことから、国籍を留保する意思表示がされていません。そこで、この嫡出でない子の出生届に国籍を留保する旨の追完届をしなければなりません。ところで本問の場合、子の出生から三か月を経過していることから、国籍を留保する旨の追完届が可能であるか否か疑義が生じますが、基本の出生届自体が、三か月以内の法定期間内に届出されていることから、日本国籍を留保する旨の追完届は、可能であると考えます（前掲民事甲一〇五二回答、民事甲一四九五回答参照）。したがって、国籍を留保する旨の追完届によりその旨を戸籍に記載することになります。

また、父母との続柄の訂正及び父の氏名の記載等は、届出人の錯誤であることが明らかであることから、原則のとおり戸籍法第一一三条の規定により、家庭裁判所の許可を得て訂正することになります。しかし、戸籍訂正の申請がされず、戸籍法第二四条第一項による催告にも応じない場合には、戸籍法第二四条第二項により訂正することも可能であると考えます。

なお、本問の子が入籍している戸籍が、子の出生を原因として母について編製された戸籍である場合には、本問の婚姻証書謄本の提出により母について新戸籍を編製し、子の出生により編製した戸籍は、戸籍法第一一三条の規定により戸籍訂正許可の審判により消除することになりますが、子が在籍しているので、この子の記載を「父母との続柄」訂正、父欄の記載をした上で、母の婚姻により編製した戸籍に移記して消除する許可も併せて得る必要があります。なお、戸籍法第二四条第一項の規定により催告しても訂正申請がされない場合には、同条第二項の規定により、同様の訂正をすることになります。

また、国籍留保の旨の追完事項の記載は、訂正後の戸籍に記載するのが相当と考えます。

〔66〕 中国人男と日本人女の婚姻の届出により、同女について新戸籍が編製された後、同夫婦の子が出生し、母の戸籍に入籍している事案において、同男が日本国籍を有していることが判明し、出生の届出により、父母の戸籍に入籍したため、先に届出されている外国人男と日本人女の婚姻届について、外国人男が日本国籍を有していた旨等の追完届がされた場合の戸籍の処理について

【問】 平成五年六月六日に甲野乙子が中国人陳漢民との婚姻により東京都A区に新戸籍が編製され（図1―1）、甲野乙子の婚姻前の千葉県B市の戸籍には、外国人との婚姻による除籍の記載がされています（図2―1）。ところが、陳漢民の父が中国残留者であり、東京都E区に桑野利一として就籍届による新戸籍が編製された後、同人と中国人陳美珍との報告的婚姻届出及び同夫婦の子一郎の嫡出子出生届出がされ戸籍に記載されています（図4―1）。

今般、先に提出された、中国人陳漢民と甲野乙子の創設的婚姻届について、夫の氏名（桑野一郎）・生年月日、夫の戸籍の表示、夫婦の称する氏（桑野）、新戸籍編製の場所（東京都C区）の追完届がされたため、桑野一郎を筆頭者とする夫婦の新戸籍が当区（C区）に編製されました（図3―1）。ところが、同人らには平成六年五月二五日に長女麗華が出生し、甲野乙子戸籍に入籍しています（図1―1）。

このような場合の戸籍の処理について教えてください。

【答】

戸籍の筆頭者でない者が、外国人と婚姻の届出（戸四一の証書の謄本の提出を含む）をしたときは、その者について従来の氏により新戸籍を編製することとされています（戸一六③）。本問は、中国人男と日本人女の婚姻の届出により日本人女について新戸籍が編製され、その夫婦間の子が出生届により同戸籍に入籍した後に、当該外国人男の父について就籍届により新戸籍が編製され、父母の報告的婚姻届及び本問の中国人男について日本人桑野一郎として出生届が受理され戸籍に記載されています。そして、先に届出された中国人男と日本人女の創設的婚姻届について夫の氏名・生年月日、夫の戸籍の表示、夫婦の称する氏を夫の氏とする旨、婚姻後の新戸籍編製の場所を東京都C区○○町三丁目三番地とする旨の追完届がされ、夫婦の新戸籍が編製されたため、日本人女について、既に編製されている戸籍の婚姻事項及び出生により同戸籍に入籍している子の出生事項、さらに妻の婚姻前の戸籍の婚姻による除籍事項についての訂正をどうしたらよいかとの質問であります。

本問の場合は、戸籍法第一一三条の戸籍訂正申請により訂正することになりますが、その訂正申請をしないときは、戸籍の記載に錯誤又は遺漏があるものをそのまま存置しておくことは相当ではなく、同法第二四条第二項の規定により管轄法務局の長の許可を得て訂正することになります。本問においては、管轄法務局の長の許可を得て訂正する場合について考えてみたいと思います。

一　図1―1戸籍については、婚姻届に対する追完届により東京都C区に夫婦の新戸籍が編製されましたので、乙子についてA区に新戸籍を編製したことは誤りであったことになるから、同人の婚姻事項を消除の上同人を同戸籍から消除します。また、長女麗華については、入籍すべき戸籍はC区の桑野一郎戸籍であり、A区の甲野乙子戸籍に入籍したことは誤りになるから父の氏名を訂正し、母の氏を消除した上、同人をC区の桑野一郎戸籍に移記することになります。記載例は次のとおりです。

①乙子の身分事項欄に次の記載をした上消除する。

「婚姻による入籍の記載は錯誤につき平成　年　月　日許可　月　日東京都C区長から許可書謄本送付婚姻事項消除の上消除㊞」

②麗華の身分事項欄に次の記載をした上消除する。

「出生による入籍の記載は錯誤につき平成　年　月　日許可　月　日東京都C区長から許可書謄本送付父の氏名訂正及び母の氏消除の上同区○○町三丁目三番地桑野一郎戸籍に移記につき消除㊞」

③戸籍事項欄

「平成　年　月　日消除㊞」

以上の結果訂正後の戸籍は除籍となり、**図1―2**のようになります。

二　**図2―1**戸籍については、国籍中国陳漢民との婚姻により除籍とされているのを日本人桑野一郎との夫の氏を称する婚姻により除籍と訂正することになります。記載例は次のとおりです。

①乙子の身分事項欄に次の記載をする。

「錯誤につき平成　年　月　日許可　月　日東京都C区長から許可書謄本送付婚姻事項を「平成五年六月六日桑野一郎と婚姻届出同月拾参日東京都A区長から送付東京都C区○○町三丁目三番地に夫の氏の新戸籍編製につき除籍」と訂正㊞」

以上の結果訂正後の戸籍は**図2―2**のようになります。

三　**図3―1**戸籍は、前記**一**の②により長女麗華が入籍すべき戸籍ですので、**図1―1**戸籍から移記した旨を記載します。

記載例は次のとおりです。

①戸籍の末尾に長女麗華を記載する。

「平成六年五月弐拾五日東京都A区で出生同年六月六日父届出入籍㊞」

「平成　年　月　日許可　月　日東京都A区○○町一丁目四番地甲野乙子戸籍から移記㊞」

以上の結果訂正後の戸籍は**図3―2**のようになります。

四　**図4―2**戸籍は、中国人男と日本人女の婚姻届出がされ、その記載前に追完届出がされていることから、両届書を合わせて完全な届書とみなして、追完事項の記載は省略して差し支えないと考えます（「戸籍」六三五号三九頁）。

なお、国籍変動を伴う追完届については、市区町村長は、管轄法務局の長に受理照会をして処理することになりますが、本問のように外国人夫の婚姻届及び出生届の記載事項証明書（含添付書類）を添付させることにより（戸規六三）同一人であることが明らかな場合は受理照会をすることなく処理して差し支えないと考えます（「戸籍」五九四号三九頁）。

図1−1

本籍	東京都A区○○町一丁目四番地
氏名	甲野乙子

平成五年六月六日編製㊞

出生事項（省略）
平成五年六月六日国籍中国陳漢民（西暦千九百五拾八年参月参日生）と婚姻届出千葉県B市○○町四千六百四十九番地甲野丙助戸籍から入籍㊞

父	甲野丙助	長女
母	光子	
妻	乙子	
出生	昭和四拾弐年九月七日	

平成六年五月弐拾五日東京都A区で出生同年六月六日父届出入籍㊞

父	陳漢民	長女
母	甲野乙子	
	麗華	
出生	平成六年五月弐拾五日	

図1−2　**除籍**

本籍	東京都A区○○町一丁目四番地
氏名	甲野乙子

平成五年六月六日編製㊞
平成　年　月　日消除㊞

出生事項（省略）
~~平成五年六月六日国籍中国陳漢民（西暦千九百五拾八年参月参日生）と婚姻届出千葉県B市○○町四千六百四十九番地甲野丙助戸籍から入籍㊞~~
婚姻による入籍の記載は錯誤につき平成　年　月　日許可　月　日東京都C区長から許可書謄本送付婚姻事項消除の上消除㊞

父	甲野丙助	長女
母	光子	
妻	乙子	
出生	昭和四拾弐年九月七日	

~~平成六年五月弐拾五日東京都A区で出生同年六月六日父届出入籍㊞~~
出生による入籍の記載は錯誤につき平成　年　月　日許可　月　日東京都C区長から許可書謄本送付父の氏名訂正及び母の氏消除の上同区○○町三丁目三番地桑野一郎戸籍に移記につき消除㊞

父	~~陳漢民~~ 桑野一郎	長女
母	~~甲野~~乙子	
	麗華	
出生	平成六年五月弐拾五日	

図2－1

本籍　千葉県B市○○町一丁目四千六百四十九番地

氏名　甲野丙助

編製事項（省略）

出生事項（省略）
婚姻事項（省略）

父　甲野幸雄
母　松子
男長
夫　丙助
出生　昭和五年六月拾七日

出生事項（省略）
婚姻事項（省略）

父　田中忠治
母　春子
女二
妻　光子
出生　昭和拾五年八月五日

出生事項（省略）
平成五年六月六日国籍中国陳漢民（西暦千九百五拾八年参月参日生）と婚姻届出同月拾参日東京都A区長から送付同区○○町一丁目四番地に新戸籍編製につき除籍㊞

父　甲野丙助
母　光子
女長
乙子
出生　昭和四拾弐年九月七日

図2－2

本籍　千葉県B市○○町一丁目四千六百四十九番地

氏名　甲野丙助

編製事項（省略）

出生事項（省略）
婚姻事項（省略）

父　甲野幸雄
母　松子
男長
夫　丙助
出生　昭和五年六月拾七日

出生事項（省略）
婚姻事項（省略）

父　田中忠治
母　春子
女二
妻　光子
出生　昭和拾五年八月五日

出生事項（省略）
~~平成五年六月六日国籍中国陳漢民（西暦千九百五拾八年参月参日生）と婚姻届出同月拾参日東京都A区長から送付同区○○町一丁目四番地に新戸籍編製につき除籍㊞~~
錯誤につき平成　年　月　日許可　月　日東京都C区長から許可書謄本送付婚姻事項を「平成五年六月六日桑野一郎と婚姻届出同月拾参日東京都A区長から送付東京都C区○○町三丁目三番地に夫の氏の新戸籍編製につき除籍」と訂正㊞

父　甲野丙助
母　光子
女長
乙子
出生　昭和四拾弐年九月七日

図3―1

本籍　東京都C区○○町三丁目三番地

氏名　桑野一郎

平成八年八月八日編製㊞

昭和参拾参年参月参日中国上海市で出生平成七年七月七日父届出平成八年弐月弐拾八日東京都D区長から送付入籍㊞

平成五年六月六日甲野乙子と婚姻届出平成八年八月壱日追完届出同月八日東京都A区長から送付東京都E区○○町四丁目四番地桑野利一戸籍から入籍㊞

父　桑野利一
母　陳美珍
長男
夫　一郎
生出　昭和参拾参年参月参日

出生事項（省略）

平成五年六月六日桑野一郎と婚姻届出平成八年八月壱日追完届出同月八日東京都A区長から送付千葉県B市○○町一丁目四千六百四十九番地甲野丙助戸籍から入籍㊞

父　甲野丙助
母　光子
長女
妻　乙子
生出　昭和四拾弐年九月七日

図3―2

本籍　東京都C区○○町三丁目三番地

氏名　桑野一郎

平成八年八月八日編製㊞

昭和参拾参年参月参日中国上海市で出生平成七年七月七日父届出平成八年弐月弐拾八日東京都D区長から送付入籍㊞

平成五年六月六日甲野乙子と婚姻届出平成八年八月壱日追完届出同月八日東京都A区長から送付東京都E区○○町四丁目四番地桑野利一戸籍から入籍㊞

父　桑野利一
母　陳美珍
長男
夫　一郎
生出　昭和参拾参年参月参日

出生事項（省略）

平成五年六月六日桑野一郎と婚姻届出平成八年八月壱日追完届出同月八日東京都A区長から送付千葉県B市○○町一丁目四千六百四十九番地甲野丙助戸籍から入籍㊞

父　甲野丙助
母　光子
長女
妻　乙子
生出　昭和四拾弐年九月七日

平成六年五月弐拾五日東京都A区で出生同年六月六日父届出入籍㊞

平成　年　月　日許可　月　日東京都A区○○町一丁目四番地甲野乙子戸籍から移記㊞

父　桑野一郎
母　乙子
長女
麗華
生出　平成六年五月弐拾五

図4－1

本籍　東京都E区○○町四丁目四番地

氏名　桑野利一

編製事項（省略）

出生事項（省略）
婚姻事項（省略）

父　桑野高市
母　芽依
長男

夫　利一

出生　昭和参拾参年参月拾日

昭和参拾参年参月参日中国上海市で出生平成七年七月七日父届出平成八年弐月弐拾八日東京都D区長から送付入籍㊞

父　桑野利一
母　陳美珍
長男

一郎

出生　昭和参拾参年参月参日

図4－2

本籍　東京都E区○○町四丁目四番地

氏名　桑野利一

編製事項（省略）

出生事項（省略）
婚姻事項（省略）

父　桑野高市
母　芽依
長男

夫　利一

出生　昭和参拾参年参月拾日

昭和参拾参年参月参日中国上海市で出生平成七年七月七日父届出平成八年弐月弐拾八日東京都D区長から送付入籍㊞
　平成五年六月六日甲野乙子と婚姻届出平成八年八月八日東京都A区長から送付東京都C区○○町三丁目三番地に夫の氏の新戸籍編製につき除籍㊞

父　桑野利一
母　陳美珍
長男

~~一郎~~

出生　昭和参拾参年参月参日

〔67〕　昭和五九年の国籍法の改正前に、日本人女と在日韓国人男の嫡出子として韓国国籍のみを取得した子について、父母の婚姻無効の裁判が確定したことにより、子は出生時から日本国籍があったことを追完する必要が生じた場合に、当該追完届をする者が死亡等によりいないときの当該子からの追完の届出について

【問】　日本人女と韓国人男の夫婦につき、今般、婚姻無効の裁判が確定しました。当該夫婦には、日本で出生した子（昭和五五年生まれ）があり、嫡出子として当区長に母から出生の届出がされていますが、昭和五九年の国籍法の改正前の出生子なので、韓国の単一国籍者として「戸籍の記載を要しない事項に関する届書報告書その他の書類つづり」につづられています。

婚姻無効の裁判の確定に伴い当該子については、日本人女の嫡出でない子として出生時から日本国籍を有することとなり、当該出生届の追完を要することになりましたが、父母は既に死亡しています。当該子から追完届をすることはできるでしょうか。

【答】　一　**婚姻無効の裁判の確定と戸籍の処理について**

婚姻の無効は、民法第七四二条第一号及び第二号に規定され、裁判上で無効を主張するには、相手方の住所地又は当事者の合意で定める地の家庭裁判所へ調停の申立てをし（家審規一二九）、無効についての当事者の合意に相当する審判を求めることになります（調停前置主義・家審一八・二三）。この審判が確定しない場合は、家庭裁判所に訴えを提起す

ることになります(人訴四)。なお、夫婦の一方が既に死亡していて生存配偶者が原告となる場合又は夫婦双方が既に死亡していて第三者が原告となる場合は、被告は検察官となり調停前置主義の例外として直ちに訴えを提起できると解されています(人訴一二)。

婚姻無効の裁判が確定すると、その婚姻は当初から無効であったこととなり、この裁判の効果は当事者のみでなく第三者にも及ぶこととなります(人訴二四、家審二五③)。これを受けて審判の申立人又は訴えの提起者は、その裁判の確定した日から一か月以内に、当該裁判の謄本と確定証明書を添付して戸籍訂正の申請をしなければなりません(戸一一六)。また家庭裁判所からは本籍地の市区町村長に対し裁判確定の通知がされる(家審規一四二の三)ので、婚姻無効の裁判が確定したのに戸籍訂正申請がされない場合は、相手方から申請するか(戸一一七・六三②)、又は市区町村長が管轄法務局の長の許可を得て職権で訂正処理することとなります(戸四四・二四②)。

二　昭和五九年の国籍法の改正前の出生子の国籍について

昭和五九年の改正前国籍法では、第二条第一号において「出生の時に父が日本国民であるとき」と規定し、原則として父系血統主義を採用していたため、子は出生の時に父が日本国民であるとき日本国籍を取得しました。

したがって、外国人男と日本人女が婚姻後、その嫡出子として日本で生まれた子は、日本国籍を取得しないことになりますが、戸籍法は日本国内で発生した外国人に関する報告的届出にも適用があるので(戸籍法の属地的効力・昭和二四・三・二三民事甲三九六一回答、昭和三九・七・四民事甲二三〇三回答)、出生の届出については日本国籍を取得しない場合でも届出義務があり、届出があった場合には、届出を受理した市区町村において、「戸籍の記載を要しない事項に関する届書報告書その他の書類つづり」につづって、受理した年の翌年から一〇年間保管するものとされています(戸規五〇②)。ただし、在日の韓国・朝鮮人等に関する届書類については、戸籍法施行規則第五〇条第二項にかかわらず当分の間保存すべきものとされています（昭和二三・一一・二民事甲三四八六通達、昭和四一・八・二二民事甲二四三一通達）。

三　追完届の届出人について

追完届は、本来、受理された届書に誤記又は遺漏があった場合に、戸籍に記載する前に受理されている基本の届書を補完する届出ですが、届出の当時に記載された届書によって戸籍に記載された後に、その届出を形成する身分関係の一部が、無効によって消滅した場合には、その届出は事実と齟齬する不備な届出となることから、この場合にも追完届をすることによって戸籍の訂正をする場合があります。

例えば、日本人男と外国人女の夫婦間に婚姻後に出生した子の嫡出子出生届に基づき子が父の戸籍に入籍後、婚姻無効の裁判が確定した場合には、嫡出子出生届を嫡出でない子の出生届とする追完届をさせた上で、当該子は日本国籍を有しないことになるので、父の戸籍から消除する取扱いをします。

ところで、この追完届は基本の届出を補完する届出ですので、当該届出をした者の他、届出することのできる者が限定されています。それを列挙すると次のとおりです（青木惺編「戸籍訂正ＡＢＣからＺまで〔基礎編〕」六〇頁〜六一頁）。

1　当該事件について届出人以外に届出すべき者があれば（報告的届出のように）その者からでも追完の届出ができることになっています（大正三・一二・二八民一九六二回答）。

2　婚姻、養子縁組のように届出人が数人ある創設的届出については、追完することによりその効力に影響を及ぼすおそれのあるものについては、すべての届出人から追完すべきですが（大正八・六・二六民事八四一回答、昭和三〇・一一・三〇民事甲二四六七回答）、効力に影響がない限りそのうちの一人から追完届をしても差し支えないことになっています（大正八・六・二六民事八四一回答）。

3　正当な届出人からの追完届は認められます。

4　正当な代諾を欠いた養子縁組でも、一五歳以上になった養子からの一方的な追完が許されています（昭和三四・五・三〇民事甲一一一三回答、昭和三四・五・二五民事二発二六五回答）。

5　婚姻届における夫婦の氏、夫婦の一方からされた転籍届等の場合に夫婦の一方が死亡や、行方不明の場合には、他の一方のみで追完ができることになっています（昭和三〇・六・二八民事二発二五五回答）。

四　本問の検討

本問については、日本人女と在日韓国人男の婚姻が無効となったことから、当該婚姻中に出生した子は、日本国籍を有する母の嫡出でない子となり、昭和五九年改正前の国籍法第二条第三号の「父が知れない場合又は国籍を有しない場合において、母が日本国民であるとき。」に該当することとなります。したがって、当該子は、出生の時から日本国籍を有することになります。

そこで、母から韓国国籍を有する嫡出子として届出されている出生届について、日本国籍を有する嫡出でない子とする追完届をさせて、当該子を出生当時の母の戸籍に入籍させることになります。しかし、本問の事例においては、追完届ができる父母は既に死亡しており、また、前記三の追完届ができる者の中に当該子は含まれませんので、追完の届出をすることはできないこととなります。

ところで、報告的届出である出生や死亡について、届出する者がいないときは、その事実を知った市区町村長は、戸籍法第四四条第三項で準用する同法第二四条第二項により、管轄法務局の長の許可を得て職権でその記載をすることができるとされています。したがって、本問については、当該子から、市区町村長に、当該子の出生届に係る追完事項について、職権記載を促す記載の申出をさせた上で戸籍の処理をすることになると考えます。

なお、当該出生子の出生の届出が父からされていた場合で、婚姻無効の裁判の謄本等の記載において当該父と子の親子関係について明らかにそれを否定する事項の記載がない場合には、当該届出は認知の届出の効力を有することから、そのことを戸籍に反映させる必要があります。このことについては、「嫡出でない子について父がした嫡出子出生の届出又は嫡出でない子の届出が誤って受理された場合における戸籍の処理について、昭和五七年四月三〇日付け法務省民二第二九七二号民事局長通達をめぐって」と題する解説の中で（「戸籍」四五一号一九頁以下）、追完届に応じない場合における処理方法及び記載例が掲載（前掲「戸籍」三七頁）されていますが、本問と同様の事例であると考えますので、これに準じて処理することで差し支えないと考えます。

〔68〕　帰化許可前に成立している養子縁組事項が、帰化者の戸籍に記載されていない場合の処理について

【問】　日本人男鈴木鉄男が養子縁組の届出をしたいとして、当区役所に来ています。

　同男は、従前は中国国籍でしたが、平成一五年二月五日帰化によって日本国籍を取得し、同月一七日当区内に本籍地を定める帰化の届出をし、戸籍が編製されています。

　ところが、持参している中国民政部門発行の収養証によると、平成一四年一月八日中国人陳麗君（西暦一九八六年五月五日生）との養子縁組が中国（大陸）において成立していることがわかりました。どのように対応、処理したらよいでしょうか。

【答】　一　帰化届出について

　帰化の届出は、帰化した者が、官報への告示の日から一か月以内に、これをしなければなりません（戸一〇二の二前段）。帰化者を戸籍に登載する場合において、帰化前に成立した認知、縁組、婚姻等の身分事項があるときは、これらの事項も戸籍に記載することとなります（戸一三、戸規三〇Ｉ・三五）。帰化届書の記載事項については、国籍取得届書の記載事項に関する規定が準用され、①国籍取得の年月日、②国籍取得の際に有していた外国の国籍、③父母の氏名及び本籍、父又は母が外国人であるときは、その氏名及び国籍、④配偶者の氏名及び本籍、配偶者が外国人であるときは、その氏名及び国籍、⑤その他法務省令で定める事項を記載しなければなりません（戸一〇二の二後段・一〇二②Ｖ、戸

規五八の二)。また、帰化者の①出生に関する事項、②認知に関する事項、③現に養親子関係の継続する養子縁組に関する事項、④現に婚姻関係の継続する婚姻に関する事項、⑤現に未成年者である者についての親権又は未成年者の後見に関する事項、⑥推定相続人の廃除に関する事項でその取消しのないものについては、生来的日本人と同程度に可能な限り把握し、帰化者の戸籍に反映させるべきものであるから、記載事項となっており、これらの事項がある場合は、それを証する書面を添付することになります(戸規五八の二)。

帰化の届出をするときは、届書に帰化許可申請事件の許可に当たって把握された身分事項を記載した法務局又は地方法務局の長が発行する帰化者の身分証明書(以下「身分証明書」という。)を添付することになっています。また、帰化の届出の場合の届書の記載事項には、右に述べた事項のほかに「その他法務省令で定める事項」を記載し、帰化を証すべき書面を添付しなければならないとされています(戸一〇二②V・一〇二の二)が、これに当たるものが、右の身分証明書です。このことは、届書の「その他」の欄に「帰化事項の他に記載すべき身分事項は、別紙「帰化者の身分証明書」のとおりです」と記載し、戸籍の記載は、これに基づいて行われます(昭和三〇・一・一八民事甲七六通達―なお、届書の標準様式には「その他」欄にその旨の印刷がされています。)。

帰化の届書及び身分証明書には、右に述べたように帰化前の身分事項を記載することになっていますが、これを遺漏した場合は、当該身分事項が戸籍に記載されていないことになり、帰化の届出に不備があることになるため、届出義務者からの追完の届出を待って戸籍に記載することとなります(「戸籍」六六七号五五頁)。

二　帰化前の養子縁組について

帰化前に成立していた身分関係は、前述のように、帰化後の戸籍に反映させなければなりません。

養子縁組で問題となるのは、帰化前の本国法における縁組制度が一様ではないという点です。諸外国には普通養子縁組制度と並んで、養子とその実方の血族との親族関係を終了させる、いわゆる断絶型の縁組制度を採用している国が多くあります。日本民法においても、養子とその実方の血族との親族関係を終了させる断絶型の特別養子縁組制度が採用されています。しかしながら諸外国の断絶型養子縁組の要件・効果は様々であり、日本民法における特別養子のそれらとは同一ではありません。したがって、これらを一様に特別養子として取り扱おうとすると、日本民法上の特別養子が成立したとの誤解を招くなど混乱を生じるおそれがあります。

そこで戸籍実務上は、日本民法を準拠法として成立した断絶型の養子のみを特別養子として取り扱っています。

しかし、養親の本国法である外国法を準拠法として外国人養親と日本人養子の断絶型養子縁組が成立した場合に、普通養子と同様の戸籍の処理をするとすれば、当該養子縁組により実方との親族関係が終了しているにもかかわらず、実親をそのまま表示し、しかも、実親の戸籍に在籍したままという矛盾した戸籍の記載になってしまいます。そこで、外国法を準拠法とする断絶型養子縁組が成立した場合の日本人養子の戸籍の処理としても、養子と実方の血族との親族関係が終了していることを戸籍上明らかにすることとしています（平成六・四・二八民二－二九九六通達）。

三　本問の検討

本問の場合、養親である鈴木鉄男は帰化により日本国籍を取得していますが、中国人陳麗君との養子縁組が成立したのは帰化の許可前ですから、前述のように、帰化届の際に養子縁組事項を遺漏したことになります。この縁組事項を戸籍に記載するには、養子縁組が成立していることを証する書面を添付して、追完の届出をしてもらうことになります。

追完届における追完の事由は「帰化の告示前に養子縁組が成立しているため」とし、追完する事項は「縁組事項（縁組年月日、縁組の方式、養子の氏名、養子の国籍、養子の生年月日）」となります。

次に、養親は現在日本国籍ですが、養子縁組時には中国国籍ですので、縁組における準拠法は中国法となります。中国法における養子縁組は、中国人同士の養子縁組の場合、従前は、実父母を探し出せない棄児及び児童並びに社会福祉機関が撫養する孤児を養子とする場合にのみ、民政部門への登記を縁組の成立要件としていました。しかし、一九九九年四月一日施行の改正により、すべての養子縁組について民政部門に登記をしなければならず、縁組関係は登記の日より成立することとされました（中国養子法一五①）。本問の場合、中国民政部門の収養証を持参していますが、この収養証は養子縁組登記機関が縁組の登記をした上で、当事者に発行する証明書ですので、中国の方式によって成立しているということになり、この収養証が追完届の添付書面となります。

さらに、中国法は養子と実父母及びその他の親族との間の権利義務関係は、養子縁組関係の成立によって消滅する（中国養子法二三②）断絶型の養子縁組制度を採用していますので、断絶効が認められます。

しかし前述のとおり、戸籍実務上は、日本民法を準拠法として成立した断絶型の養子のみを特別養子として取り扱っていますので、中国法を準拠法とした本問については、特別養子として戸籍に記載することはできません。ただし、養子とその実方の血族との親族関係が終了していることを戸籍上明らかにすることが必要となります。戸籍の記載例については**図1**（コンピュータ戸籍の場合は、**図2**）によるのが相当と考えます。

なお、帰化によって編製された戸籍が、その後コンピュータ戸籍に改製されている場合の追完届による記載については、基本の届出である帰化事項の記載のある改製原戸籍に、**図1**の記載をすることとなり、養親についての縁組事項は移記事項でないため、改製後のコンピュータ戸籍には特段の記録は要しません。

図1

本籍　東京都E区S一丁目一番地

氏名　鈴木鉄男

平成拾五年弐月拾七日編製㊞

昭和弐拾年六月七日中国上海市で出生㊞

平成拾五年弐月五日帰化同月拾七日届出入籍（帰化の際の国籍中国従前の氏名劉鉄民）㊞

平成拾四年壱月八日中国の方式により国籍中国陳麗君（西暦千九百八拾六年五月五日生）を養子とする縁組成立（実方の血族との親族関係の終了）平成拾五年参月参日追完届出㊞

父　劉　小龍
母　楊　香蘭
長男

鉄　男

出生　昭和弐拾年六月七日

図 2

	全　部　事　項　証　明
本　　籍 氏　　名	東京都Ｅ区Ｓ一丁目１番地 鈴木　鉄男
戸籍事項 　戸籍編製	 【編製日】平成１５年２月１７日
戸籍に記載されている者	【名】鉄男 【生年月日】昭和２０年６月７日 【父】劉小龍 【母】楊香蘭 【続柄】長男
身分事項 　出　　生	【出生日】昭和２０年６月７日 【出生地】中国上海市
帰　　化	【帰化日】平成１５年２月５日 【届出日】平成１５年２月１７日 【帰化の際の国籍】中国 【従前の氏名】劉鉄民
養子縁組	【縁組日】平成１４年１月８日 【養子氏名】陳麗君 【養子の国籍】中国 【養子の生年月日】西暦１９８６年５月５日 【縁組の方式】中国の方式 【特記事項】実方の血族との親族関係の終了 【縁組追完日】平成１５年３月３日

第一六　その他

〔69〕平成一二年四月以降に後見終了の審判書謄本を持参して窓口に届出の相談があった場合の対応について

【問】　このたび、後見終了の審判がされたとして、被後見人の本籍地である当区役所に、後見人がその審判書謄本を持って来ました。審判は平成一二年四月に確定していますが、成年後見開始の審判に基づく登記はされていないとのことです。この場合、どのようなアドバイスをするのが適切でしょうか。

【答】　一　**新しい成年後見登記制度について**

平成一二年四月一日から、新しい成年後見制度が創設されました。この制度は、認知症の方、知的障害のある方、精神障害のある方など判断能力の十分でない方々の権利を保護する制度です。大きな特色の一つとして従来の禁治産、準禁治産の制度によると、禁治産宣告又は準禁治産宣告が確定した場合、その者の戸籍に、その旨の記載がされることとされていましたが、戸籍に記載されることが、禁治産、準禁治産制度の利用を妨げる要因の一つでもあるとされていたことから、戸籍記載によらない公示制度に移行することになったものです。また、禁治産、準禁治産制度を、後見、保佐、補助の三類型の制度に改正するとともに（民法の一部改正・平成一一年法律第一四九号）、本人が自己の判断能力が不十分になった場合に備える任意後見制度も創設されました（任意後見契約に関する法律・平成一一年法律第一五八号）。

後見登記等に関する法律（平成一一年法律第一五二号）、後見登記等に関する政令（平成一二年政令第二四号）及び後見登記等に関する省令（平成一二年法務省令第二号）は、いずれも平成一二年四月一日から施行されています。それによると、それまでの禁治産者、後見人は、それぞれ成年被後見人、成年後見人となり、準禁治産者、保佐人は、それぞれ被保佐人、当該保佐に係る保佐人とみなされるとされています（改正民法附則三①②）。

ただし、浪費を原因とする準禁治産者は、成年被保佐人とはみなされず、改正前と同様の取扱いとなります（改正民法附則三③）ので、新しい制度の対象にはなりません。

二　戸籍から後見登記への移行について

新制度施行までに禁治産、準禁治産宣告（ただし、心神耗弱を原因とする場合に限る。）を受け、その旨戸籍に記載がされている者については、本人、配偶者、四親等内の親族等の申請により、戸籍記載から登記による公示へ移行することができます（後見登記附則二①②）。そして、登記へ移行した者については、登記官が市区町村長に対してその旨通知することになり（後見登記附則二④）、通知を受けた市区町村長は、成年被後見人とみなされる者又は被保佐人とみなされる者の戸籍を再製します（後見登記附則二⑤）。この再製の手続については、滅失のおそれがある戸籍の再製手続に準じて行うことになります（戸籍法施行規則の一部を改正する省令（平成一二年法務省令第七号）附則四、改正後の戸規九・一〇）。登記官から通知を受けた市区町村長は、平成一二年三月一五日民二第六〇〇号民事局長通達の別紙により管轄法務局若しくは地方法務局又はその支局に対し報告します（改正後の戸規九・一〇）。さらに、報告を受けた法務局からの指示により、市区町村において平成一二年三月一五日民二第六〇一号民事局長通達で示された記載例により再製することとなります。

三　後見の終了手続について

①法施行後に後見開始の審判に基づく後見の登記がされている場合、及び②法施行前に禁治産宣告がありその旨の記載がある戸籍について後見登記に移行がされている場合には、いずれも戸籍には後見終了の旨の記載を要しないことになります。②について、登記に移行した場合、登記官は成年被後見人の本籍地の市区町村長にその旨の通知をすることになり（後見登記附則二④）、登記官から通知を受けた市区町村長は、当該通知により、被後見人とみなされる者の戸籍を、戸籍の滅失のおそれがある場合の手続に準じて再製することとなります（後見登記附則二⑤、戸籍法施行規則の一部を改正する省令（平成一二年法務省令第七号）附則四、改正後の戸規一〇）。もっとも、登記への移行がされても、登記官からの通知が未到着や、市区町村長において再製手続中の場合などがあるので、再製手続が終了するまでは、戸籍に禁治産者である旨の記載がされたままになります。

これらの後に、後見等の取消しの審判が確定した場合の後見の終了の手続についてですが、その旨の裁判所書記官からの登記嘱託が登記官にされ、登記官はその旨を登記するとともに成年被後見人の本籍地市区町村長に通知することになります。通知を受けた市区町村長は、戸籍事務上何らの手続をすることなく登記所からの通知書類つづりに編てつすることになります（平成一二・三・一五民二―六〇三通達参照）。

四　本問の検討

ところで、本問は、従前の禁治産者及び準禁治産者について、その旨戸籍に記載があり、後見登記に移行されていない者について、後見終了の審判がされた事案ですので、この場合について検討します。

裁判所から登記所に嘱託があるまでは、前記**三**と同じです。嘱託を受けた登記官は、後見等の登記がありませんから、そのままでは後見終了の登記をすることができません。そこで、後見等の登記がない場合、登記官は職権で後見の登記を行い、その旨市区町村長に通知することになります（後見登記附則二③④）。登記官から通知を受けた市区町村長は、通知により、被後見人の戸籍を、戸籍の滅失のおそれがある場合の再製の手続に準じ、処理することになります（戸籍法施行規則の一部を改正する省令（平成一二年法務省令第七号）附則四、改正後の戸規一〇・九）。

なお、平成一二年三月中に後見終了の審判が確定している場合であれば、改正法の適用は受けませんので、従前どおり改正前の戸籍法第八四条により、後見終了の届出をすることになります。

本件については、平成一二年四月以降に確定した審判に基づくものですから、窓口ではまず、上記の成年後見登記の流れを簡潔に説明するとともに、何らの届出も要しないことをアドバイスすることになります。この場合の具体的なアドバイスは、「裁判所書記官から登記の嘱託がされることになり、戸籍記載から登記へと移行することとなりますので、後見人等から、何ら後見終了の登記の申請、又は後見終了届をする必要はありません。」と説明することになります。

〔70〕　養親が戸籍法第一〇七条の二の規定により名を変更したため、養子が縁組事項中の養親の名を変更後の名に更正する旨の申出をした場合の取扱いについて

【問】「乙山春男」は「甲野太郎」の養子となる養子縁組をし、「甲野」の氏を称して養親の戸籍に入籍しました。甲野太郎には同籍している実子「良彦」がいます。
　今般、甲野太郎は戸籍法第一〇七条の二の規定により家庭裁判所の許可を得て名を「一郎」と変更し、名の変更の届出をすると同時に良彦の父欄の名及び養子春男の養子縁組事項中の養父の名、及び養父欄中の名をそれぞれ「一郎」と更正する旨の申出をしています。どのように取り扱えばよいでしょうか。

【答】一　名の変更について
　戸籍法第一〇七条の二は「正当な事由によって名を変更しようとする者は、家庭裁判所の許可を得て、その旨を届け出なければならない。」と規定しています。名は、氏とともに社会生活上で個人を特定する重要な意義を有しており、みだりに変更を認めることは社会生活上望ましくありません。そのため名の変更は「正当な事由」がある場合に限って認められるとされています。その事由の有無は家庭裁判所が個々の事案について判断することになります。
　名の変更をする者は、家庭裁判所の名変更許可の審判書の謄本を添付して名の変更届をします。これは創設的届出であり、名の変更の効力はその届出が市区町村長に受理されることによって生じます。届出期間の定めはなく、届出人に届出の義務が発生することもありません。また、名を変更するに当たっての「正当な事由」は家庭裁判所の判断

によるものですから、市区町村長はこの事由について審査をすることなく届書を受理して差し支えありません。

二　名の変更届が受理された場合の戸籍の処理について

名の変更届が受理された場合、本人の戸籍の身分事項欄に名の変更事項が「平成　年　月　日名の変更届出㊞」の振合いで記載され、名欄の名の記載が更正されます（法定記載例一八七）。名を変更する者が筆頭者であるときは、筆頭者氏名欄の名も更正されることになります（戸規附録九号様式「第二　一部の訂正」参照）。

名の変更をした者に子がある場合は、子が同籍か異籍かにかかわらず、名の変更届書の「その他」欄に父母欄の名の更正を要する子の氏名、戸籍の表示及び父母との続柄とを記載することになります（昭和二六・一二・二〇民事甲二四一六回答、「戸籍」五九二号九頁参照）。父又は母が名を変更している場合、子の父母欄中の父又は母の名を変更後の名と一致させておく必要があるからです。この場合、子の戸籍の身分事項欄の記載は「父(母)名変更につき　年　月　日父(母)欄更正㊞」となります。

また、夫婦の一方が名の変更届と同時又は届出後に、他の一方の配偶者の婚姻事項中の配偶者の名を更正する申出がされた場合には、市区町村長限りの職権によりその記載を更正して差し支えないとされています（平成四・三・三〇民二―一六〇七通達）。それは、例えば戸籍の筆頭に記載されている者が名を変更した場合に、筆頭者の配偶者が自己の戸籍抄本の交付を受けた場合、筆頭者氏名欄に記載されている者の名が、当該配偶者の身分事項欄に記載されている婚姻事項中の夫（又は妻）の名と相違することになり、戸籍の公示機能上に問題が生ずる不都合があると考えられるからです。

なお、名の変更をした者について、管外転籍等によって新戸籍が編製されると、名の変更事項は移記されますが、変更前の名は新戸籍には記載されません。これは名の変更をした者のプライバシーに配慮した取扱いです（「戸籍」五九二号一二頁）。

三　本問の検討

前掲の民二第一六〇七号通達は、夫婦の一方が名を変更した場合に、その配偶者の婚姻事項中の名を更正する申出についてのものですので、これを本問に適用することについて検討します。

本問では単身の「乙山春男」が「甲野太郎」の養子となっていますので、春男は養親の氏を称して養親の戸籍に入籍しています（民八一〇、戸一八③）。養親と養子の戸籍が同一であるから、養子の戸籍抄本が交付されたときには、夫婦の場合と同様の不都合が生じることになります。戸籍制度が日本国民の親族的身分関係を登録し公証する制度であることを考えると、養子の入籍している戸籍の身分事項欄に記載された縁組事項中の養親の名と、戸籍の筆頭者である養親の名が一致しない状態には、やはり公示上の問題があるといえます。

名を変更した者に子がある場合は、前記**二**のように子が同籍か異籍かにかかわらず、名の変更届書の「その他」欄に父又は母欄の名を更正する旨を記載させる取扱いとなっています。本問では実子の良彦がこの取扱いによって父の名を更正することとなり、本戸籍について管外転籍等により新戸籍が編製された場合は、変更後の名を父欄に記載することになります。春男の養親の名の更正については、戸籍の公示機能を考えると、養親子関係についても婚姻事項及び実子の父又は母欄の更正と同様、更正の申出によって養子縁組事項及び養父又は養母欄の更正をする必要があるといえます。養子縁組は血縁的親子関係のない者、又は嫡出親子関係のない者の間に嫡出親子関係を創設する制度であり、養子は縁組の日から嫡出子としての身分を取得します（民八〇九）から、戸籍の記載によって親子関係を公示するという点において、実子と養子に異なる取扱いを認めることは相当とはいえません。したがって、本問における更正の申出は、前項の通達の取扱いに準じて処理すべきものと考えます。

四　結論

養親が戸籍法第一〇七条の二の規定により名を変更した場合、名の変更届と同時又は届出後に、前記**二**に準じて養父母欄の名を更正する申出がされた場合、及び縁組事項中の養親の名及び養父母欄中の名を変更後の名に更正する申出をしたときは、更正事項が特定されることから、市区町村長限りの職権でその記載を更正して差し支えありません。

参考として記載例を掲げます。

甲野春男（養子）の戸籍中、身分事項欄

「養父名変更につき　年　月　日縁組事項及び養父欄中養父の名更正㊞」

なお、この更正後、甲野春男について管外転籍による新戸籍編製等による記載をする場合、養父の名は更正後の名で記載することになり、また、養父の名の更正事項は移記を要しないことになります（「戸籍」五九二号一八頁）。

〔71〕フィリピン人女と日本人男の婚姻中の出生子について、同女の後婚の日本人夫が真実の父であると判明した場合の戸籍の取扱いについて―出生子の日本国籍の得喪を中心として―

【問】　フィリピン人A女は、日本人B男と婚姻し、二人の子をもうけましたが、夫の暴力などから夫婦仲が悪くなり、他の日本人D男と交際中に、三人めの子であるCを妊娠しました。

日本で出生したCは、D男との間の子であるにもかかわらず、B男との婚姻中であることから、B男との嫡出子として出生の届出をして、B男の戸籍に入籍しました。

その後、A女は、B男と、協議離婚をして、六か月後にD男と再婚しました。

A女とD男は、これまでCの日本国籍が心配で、そのままにしていましたが、Cの小学校入学を控えて、D男が真実の父であることを戸籍に記載したいと考えています。

今般、A女とD男が当市役所の窓口に、相談に訪れましたが、どのような説明が適切なのでしょうか。

最近は特に子供の日本国籍の有無についての相談が増加していて、苦慮しているところです。

【答】　一　Cの出生届について

本問の場合、Cは、フィリピン人A女が日本人B男と婚姻中であることから、A女とB男との嫡出子として、B男の戸籍に入籍しています。

これは、日本人と外国人夫婦間に出生した子の嫡出性については、法例第一七条（現行の通則法二八）の規定により、子の出生当時の父又は母のいずれか一方の本国法により嫡出となる場合には嫡出子とされます。父の本国法である日本法上は、民法第七七二条第一項により「妻が婚姻中に懐胎した子は、夫の子と推定する。」と規定されていることから、CはA女とB男の嫡出子となります。

また、母の本国法であるフィリピン法上は、「父母の婚姻中に懐胎又は出生した子は嫡出子とする。」（フィリピン家族法一六四）とされているので、CはA女とB男の嫡出子となります。

ところが、本問の場合、Cの血縁上の父はD男であるとのことですから、D男がCの法律上の父となるには、Cを認知する必要があります。しかし、CはB男の嫡出子とされているので、認知するにはこの嫡出性が排除されることが必要となります。

二　B男とCの嫡出性の排除と戸籍訂正

嫡出親子関係にあるとみなされるB男とCについて、親子関係を否定するためには、確定判決を得ることが必要となります。

具体的には、民法第七七五条による嫡出否認の訴えが原則となりますが、場合によっては、父子関係不存在確認の訴えを提起することもできます。

そして、右の裁判が確定した場合は、戸籍法第一一六条の規定による戸籍訂正申請をすることになります。

その結果、B男の戸籍からCは消除されることとなり、Cはフィリピン人A女の嫡出でない子となりますので、日本国籍を有せずフィリピン国籍のみを有することとなります（フィリピン共和国憲法一Ⅱ）。

三　Cの日本国籍の取得（渉外的認知）

Cの出生届について、B男が父の資格で届出をしている場合は、父としての届出資格はないことになりますが、それ以外の届出資格、例えば、同居者としての届出資格もない場合は、届出資格のない者からの届出となり、母が改めて出生の届出をすることになります。

また、母が出生の届出をしている場合は、届出資格に誤りはないから、先の嫡出子出生届を嫡出でない子の出生届とする追完届をすることになります。

以上の手続きによって、戸籍の訂正がなされ、Cは、A女の嫡出でない子となりますから、真実の父である日本人D男から認知することが可能となります。

渉外的な親子関係の成立についての準拠法は、法例第一八条（通則法二九）に規定されており、同規定によれば子の出生当時、若しくは認知当時の認知する者の本国法又は認知当時の子の本国法によるとされています。

なお、認知する者の本国法を適用した場合、子の本国法の保護要件も備えなければならないとされています。

本問においては、D男の本国法である日本法を適用して認知することとなりますが、この場合は、Cの本国法上の保護要件を考慮することになります。しかし、Cの本国法であるフィリピン家族法には認知の規定はなく、また、同国には認知制度はないとされていますので、その場合は、子の保護要件もないと解されています。

CがD男に認知されることにより、父母であるA女とD男が婚姻しているので、Cについて、民法第七八九条第二項の規定により認知準正が成立し、Cは準正嫡出子となります。

準正嫡出子については日本国籍の取得届が認められています（国三）。その届出条件として

1　父母の婚姻及び父の認知により嫡出子の身分を取得したこと

2　準正により国籍を取得しようとする者が二〇歳未満であること
3　認知した父が、子の出生の時に日本国民であったこと
4　認知した父が、現に日本国民であること、又はその死亡のときに日本国民であったこと
5　取得者が日本国民であった者でないこと

が掲げられています。

以上の条件を、本問のCが充たしていれば、法務大臣に対する届出によって、その届出の時から日本国籍を取得することになります。

この届出は、取得者が日本に住所を有するときは、その住所地を管轄する法務局又は地方法務局の長を経由してします。

取得者が外国に住所を有するときは、その国に駐在する領事官を経由してすることになります（国規一①②、国附則2）。

また、届出人は国籍を取得しようとする者で、取得者本人が一五歳未満であるときは、法定代理人が代わって届出をしなければならないとされています（国一八）。

本問のCについては、小学校入学直前とのことで、一五歳未満ですから、法定代理人である親権者A女とD男が届出人となります（法例二一・通則法三二、フィリピン家族法二一一）。

この届出が適法な手続によってされ、かつ、国籍を取得する者がその条件を備えているときは、法務局又は地方法務局の長より届出人に国籍取得証明書が交付されますので、この証明書を添付して、親権者である父母が国籍取得届（戸一〇二）をすることにより、Cは父D男の戸籍に入籍することになります。

四　渉外的胎児認知の取扱い

本問については以上のとおりですが、本問に関連して渉外的胎児認知について述べてみたいと思います。

もし、本問がフィリピン人A女が前婚中に夫のB男以外の日本人D男の子を妊娠し、その出生前にD男から胎児の認知の相談があった場合は、どのようになるかについて触れてみたいと思います。

日本人男が外国人女の胎児を認知した場合、胎児が出生すると出生時に日本人男と出生子の間に法律上の親子関係が生じ、出生子は、出生と同時に日本国籍を取得することになります（国二Ⅰ）。

したがって、胎児認知の相談、又は届出があった場合は、生来的な日本国籍取得という重大な問題がありますから、慎重な対応が必要となります。

外国人であるフィリピン人A女が婚姻中に、同女の胎児について胎児認知届が夫以外の日本人D男から届出された場合は、不受理処分をして届出人に届書を返戻します。

しかし、Cの出生後に嫡出親子関係にある父B男とCとの間において嫡出否認の訴え又は親子関係不存在確認の訴えが提起され、その裁判が確定した場合は、当初の不受理処分により返戻された胎児認知届は、嫡出性を排除する裁判の謄本及びその確定証明書を添付して再度届出をすることにより、先になされた不受理処分が撤回され、当初の届出がされた受付日に遡及して受理処分がされます（平成一一・一一・一一民二・民五―二四二〇通知2の(2)のエ）。

また、Cが出生後B男の戸籍に入籍しているので、前記**二**の戸籍訂正申請に基づき、B男の戸籍中のCを消除するとともに、出生届にも前記**三**の追完届をし、胎児認知の旨の記載も追完届に記載します。

右により、D男の戸籍の身分事項欄に胎児認知の記載がされ、Cについては、母が届出した出生届に右の追完届及びD男からの胎児認知届によってCは、生来的に日本国籍を取得しているので、Cの新戸籍が編製され、出生及び認知事項が記載されます。

Cの出生後その出生届出前に、B男の嫡出性を排除する裁判が確定し、その裁判の謄本と確定証明書を添付して、父母婚姻後父D男から出生届がされた場合は、婚姻準正となり直接D男の戸籍に入籍し、出生事項と胎児認知事項が記載されますから、B男の戸籍に入籍させる必要はありません（昭和六〇・二・一九民二－八七一回答）。

五　以上、日本人と外国人の出生子の日本国籍取得ということは、当事者らにとって、極めて重要な関心事であり、切実な問題であろうと思います。

そして、事務手続的には、種々の新たな案件も増えていて、複雑化した面があることから、より慎重な対応が望まれることとなります。

〔72〕日本人女と米国人男の婚姻届出後、米国人男は日本国籍をも有していることが判明した場合の戸籍の訂正について

【問】当区役所に次のような相談がありました。どのように説明したらよいでしょうか。

A男は、日本人父母の子として昭和三六年アメリカ合衆国カリフォルニア州で出生し、アメリカ国籍を取得しました。出生以来、同州に居住しています。

平成二年に同州において日本人B女と同州の方式で婚姻し、B女は婚姻証書の謄本を本籍地の市区町村長に提出し、同女を筆頭者とする戸籍が編製され、同女の戸籍にはアメリカ合衆国の国籍を有する者との婚姻の記載がされています。しかし、A男は日本人父母の子として出生により日本国籍も取得し、現在も日本国籍を有していることが婚姻後に判明しました。そこでこの度、A男の戸籍に妻B女を入籍させたいと考えていますが、このような場合、どのような手続をしたらよいですか。

【答】一　外国で生まれた日本人夫婦間の子の国籍

血統主義の法制を採る外国で出生した日本人夫婦間の子は、出生により日本国籍のみ取得することになりますが（国二ＩⅡ）、生地主義の法制を採る外国で出生した日本人夫婦間の子は、父母との血縁関係により日本国籍を取得するとともに生地主義国の国籍も取得することになります。

国籍法は、出生により外国の国籍を取得した日本国民で国外で生まれたものは、戸籍法の定めるところにより日本

国籍を留保する意思を表示しなければ、その出生の時にさかのぼって日本国籍を失うとしています(国一二)。したがって、日本人夫婦間の子であっても、この国籍留保届をしない限り、出生の時にさかのぼって日本国籍を喪失し、当該出生国の国籍のみを保有することになります。また、本問の場合、A男は昭和五九年法律第四五号の国籍法の一部改正前に出生していますが、改正前国籍法第九条においても「外国で生まれたことによつてその国の国籍を取得した日本国民」については、同様に国籍留保の意思表示をしなければ出生時にさかのぼって日本国籍を喪失すると規定されていました。

なお、国籍留保をしたことにより日本国籍をそのまま保持し、出生国の国籍との重国籍となった日本人は、その時が二〇歳に達する以前であるときは二二歳に達するまでに、その時が二〇歳に達した後であるときはその時から二年以内に、いずれかの国籍を選択しなければなりません(国一四)。

二　国籍の選択制度について

国籍の選択制度は、昭和五九年の国籍法の一部改正により、出生による国籍の取得に関する父系血統主義が、父母両系血統主義に改められたことに伴い、飛躍的に増加することとなった重国籍の解消を図るため新設されたものです。したがって、その対象となるのは、改正法の施行後に重国籍となる者ですが、重国籍者は、改正法の施行前から存在していたので、国籍立法の理想とされる国籍唯一の原則を実現するために、改正法は、既存の重国籍者についても、国籍の選択義務を課すことにしました。

しかし、既存の重国籍者については、従来、国籍の選択義務が課せられなかったことから、改正法は、既存の重国籍者の国籍の選択に関し、選択の期限及び期限内に国籍の選択をしなかった場合の期限について経過措置を定めました(国附則三)。

それによると、選択の期限については、改正法の施行時（昭和六〇年一月一日）に重国籍になったものとみなすこととしていますので、既存の重国籍者は、昭和六〇年一月一日に二〇歳未満であったときは二二歳までに、また、その日に二〇歳以上になっていたときはその日から二年以内に、国籍を選択しなければならないとされています。

また、既存の重国籍者が期限内に国籍の選択をしなかった場合の取扱いについては、期限が到来した時に日本国籍の選択宣言をしたものとみなすこととしていますので、期限内に国籍の選択をしなかった場合でも日本国籍を喪失することはありません。

このように、既存の重国籍者については、期限内に国籍の選択をしないときは、期限が到来した時に日本国籍の選択宣言をしたものとみなされますが、この選択宣言は重国籍者本人の自発的意思によるものでないことから、自発的意思によって選択宣言をした者についての外国籍の離脱義務に関する国籍法第一六条第一項の規定及び日本国籍の喪失宣告に関する同条第二項の規定は、法律上選択宣言をしたものとみなされる既存の重国籍者には適用がないものと解されます。

三　重国籍者の本国法

法例第二八条第一項本文（現行の通則法三八①本文）は、「当事者ガ二箇以上ノ国籍ヲ有スル場合ニ於テハ其国籍ヲ有スル国中当事者ガ常居所ヲ有スル国若シ其ノ国ナキトキハ当事者ニ最モ密接ナル関係アル国ノ法律ヲ当事者ノ本国法トス」と定め、重国籍者については、当事者の国籍国のうち当事者に最も密接な関係を有する国の法律をもって、その本国法とするものとしています。

さらに同項ただし書きは、「但其一ガ日本ノ国籍ナルトキハ日本ノ法律ヲ其本国法トス」と定め、内国国籍を優先させています。

このように、事件本人が日本国籍を有する場合、他に国籍を有しているかどうか、すなわち重国籍者であるかどうかを調査することなく、日本国籍のみを有しているものと同様に日本の法律を適用することになります。

四　本問の検討

次に、A男の国籍について検討したいと思います。

A男は、日本人夫婦間の子として生地主義国で出生したことにより、日本国籍と生地国のアメリカ合衆国籍を取得しており、「日本国籍を留保する」旨の届出を出生届とともにしていることから、日本国籍を失っていません。また、国籍法改正前に既に重国籍だったことから、現在も日本国籍及びアメリカ合衆国籍を保有していることになります。

A男とB女との婚姻は、法例第二八条一項（通則法三八①）の規定により、わが国においては日本人同士の婚姻として取り扱うことになりますので、婚姻届に対する追完届が必要となりますが、この届出については夫婦双方からすることになります。追完届については、届出によっていったん戸籍の記載がされた場合は、仮に届出の不備によりその戸籍の記載に不備があったとしても、原則としてこれを追完によって補正することは認められません。しかし、届出の不備のために戸籍記載の一部が遺漏しているような場合は、その部分については追完届によって補完することが認められています（大正四・六・二四民六三四回答）。

したがって、本問のように日本人女と外国人男の婚姻届が受理され、戸籍の記載後にその外国人男が日本国籍をも有する重国籍者であることが判明した場合は、届出の不備（日本国籍を有する旨を欠いている）のために戸籍記載の一部が遺漏している場合に該当しますので、追完届で補完することになります。

本問の追完する事項は、①夫の氏名、生年月日、②夫の戸籍の表示、③夫婦の称する氏、④新戸籍編製の場所（本問の場合は、夫の氏を称する場合なので追完事項となります）となります。

なお、既に編製された日本人妻B女の戸籍については、戸籍法第一一三条による家庭裁判所の許可を得た上で戸籍訂正をする取扱いとなります（昭和三〇・六・二八民事二発二五五回答、昭和三〇・一〇・一五民事甲二二五六回答）。

五　戸籍の処理

本問の事例において、妻B女の戸籍はS市にあり、追完届が夫の本籍地であるA市長に届出され、夫婦の婚姻による新本籍をA市と定めた場合であれば、戸籍の処理は次のようになります。

1　A市に夫のA男を筆頭者とする新戸籍を編製し、同人の身分事項欄にB女との婚姻事項の記載をし、B女を入籍させます。また、A男の実方戸籍の同人の身分事項欄に、㈢のように記載をします。

㈠　夫婦の新戸籍中夫の身分事項欄

「平成弐年六月拾弐日甲野B美とアメリカ合衆国カリフォルニア州の方式により婚姻平成拾七年六月拾七日証書提出同日追完届出東京都A市○○一丁目五十番地山田○雄戸籍から入籍㊞」

㈡　同戸籍中妻の身分事項欄

「平成弐年六月拾弐日山田A夫とアメリカ合衆国カリフォルニア州の方式により婚姻平成拾七年六月拾七日証書提出同日追完届出東京都S市□□町一丁目四番地甲野□郎戸籍から入籍㊞」

㈢　夫の従前戸籍中その身分事項欄

「平成弐年六月拾弐日甲野B美とアメリカ合衆国カリフォルニア州の方式により婚姻平成拾七年六月拾七日証書提出同日追完届出東京都A市○○一丁目五十番地に夫の氏の新戸籍編製につき除籍㊞」

2　次に、妻B女について、先に婚姻により編製した戸籍は複本籍となるから、その戸籍の消除及び妻の実方戸籍の婚姻除籍の訂正を要しますが、これは原則として戸籍法第一一三条の規定により訂正することになります。その場合について参考として訂正後の記載を示します。

(一) 婚姻により編製した妻の新戸籍は、夫の氏を称する婚姻となったことから、この戸籍を編製したことが誤りとなりますので、消除することになります。

(1) 婚姻により編製した妻の戸籍中の戸籍事項欄

「平成拾七年　月　日消除㊞」と記載し、欄外の右上に「除籍印」を押して除籍します。

(2) 同戸籍中妻の身分事項欄

「婚姻の届出錯誤につき平成拾七年　月　日戸籍訂正許可の裁判確定同月　日申請消除㊞」と記載し、婚姻事項を朱線を縦に一本引く方法により消除し、配偶者欄に朱線がかからないように名欄に朱線を交さする方法により消除します。

(二) S市にあるB女の実方戸籍は、日本人男と夫の氏を称する婚姻事項に訂正します。

実方戸籍中妻の身分事項

「錯誤につき平成拾七年　月　日戸籍訂正許可の裁判確定同月　日申請婚姻事項を「平成弐年六月拾弐日山田A夫とアメリカ合衆国カリフォルニア州の方式により婚姻平成拾七年六月拾七日証書提出同日追完届出東京都A市〇〇一丁目五十番地に夫の新戸籍編製につき除籍」と訂正㊞」と記載し、従前の婚姻事項を朱線を縦に一本引く方法により消除します。

戸籍実務相談 III
—明快！解決へのアプローチ—

定価：本体4,400円（税別）

平成19年11月29日　初版発行　　レジストラー・ブックス⑿⓪

編　者　東京戸籍事務研究会
発行者　尾　中　哲　夫

発行所　日本加除出版株式会社
本　社　郵便番号 171-8516
東京都豊島区南長崎３丁目16番６号
TEL (03)3953-5757（代表）
(03)3952-5759（編集）
FAX (03)3951-8911
URL http://www.kajo.co.jp/
東日本営業所　郵便番号 171-8516
東京都豊島区南長崎３丁目16番６号
TEL (03)3953-5642
FAX (03)3953-2061
西日本営業所　郵便番号 532-0011
大阪市淀川区西中島５丁目６番３号
チサンマンション第２新大阪301号
TEL (06)6308-8128
FAX (06)6307-2522

組版 ㈱郁　文 ／ 印刷・製本 ㈱倉田印刷

落丁本・乱丁本は本社でお取替えいたします。

ISBN978-4-8178-0320-7 C3032 ¥4400E